丝绸之路历史语言研究丛刊 · I

Series of Historical & Philological Studies of the Silk Road. I

白玉冬　王　丁　主编

兰州大学敦煌学研究所 · 教育部人文社会科学重点研究基地

北京外国语大学历史学院

牢山剑水

鲁尼文叶尼塞碑铭译注

The Lao-Mountain and the Jian-River

The Runic Inscriptions of Yenisei in a New Translation and Commentary

白玉冬　著

by Bai Yudong

上海古籍出版社

Shanghai Chinese Classics Publishing House

教育部人文社会科学重点研究基地
兰 州 大 学 敦 煌 学 研 究 所

丝绸之路历史语言研究丛刊

白玉冬　王　丁　主编

本书是国家社科基金重大项目“北朝至隋唐民族碑志整理与研究”（18ZDA177），中央高校基本科研业务费专项资金资助（Supported by the Fundamental Research Funds for the Central Universities）项目“胡语和境外汉语碑刻与唐代西北地区历史”（211zujbkyjh004）阶段性研究成果。

E1 乌尤克塔尔拉克（Uyuk Tarlak）碑

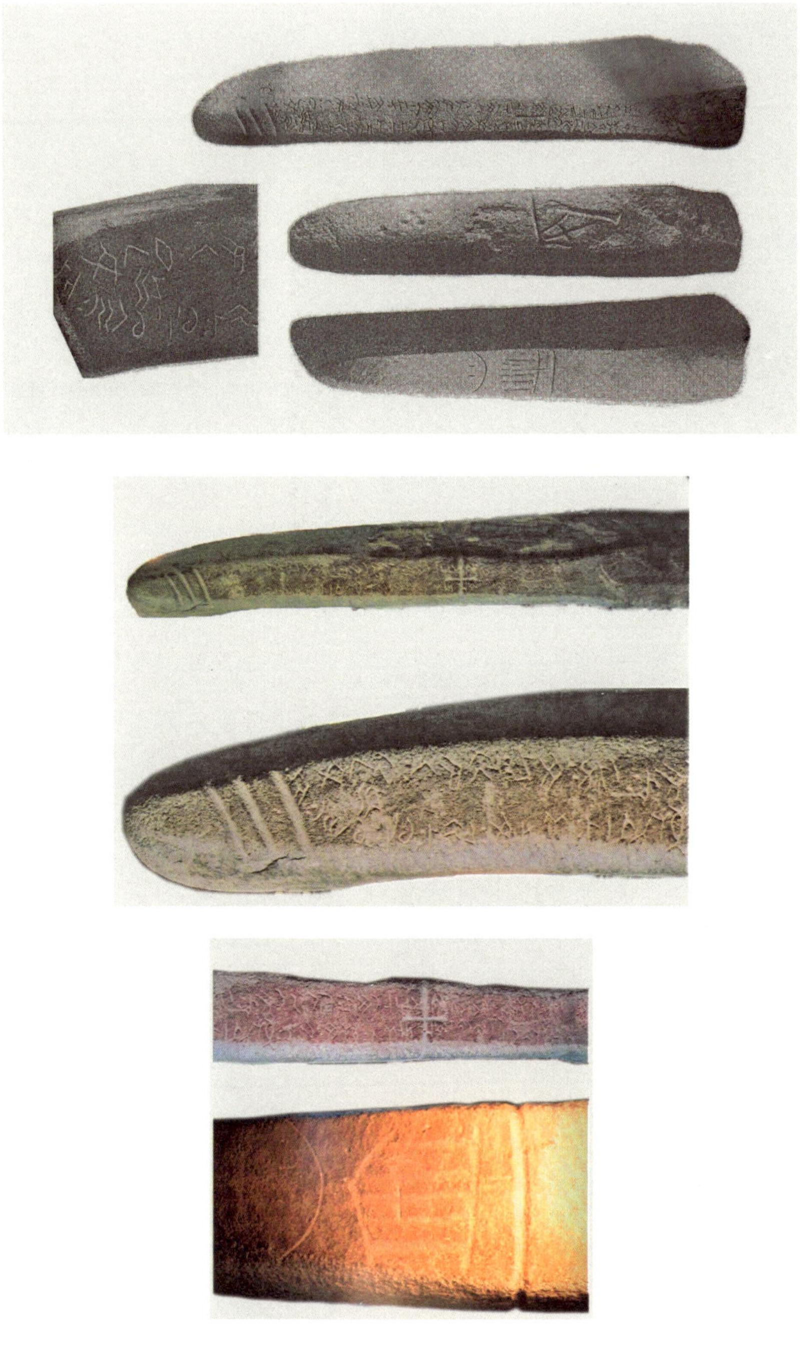

E2 乌尤克阿尔江（Uyuk Arzhan）碑

E3 乌尤克图兰（Uyuk Turan）碑

E4 奥图克达失（Ottuk Dash）第一碑

E5 巴里克（Baryk）第一碑

E6 巴里克（Baryk）第二碑

E7 巴里克（Baryk）第三碑

E8 巴里克（Baryk）第四碑

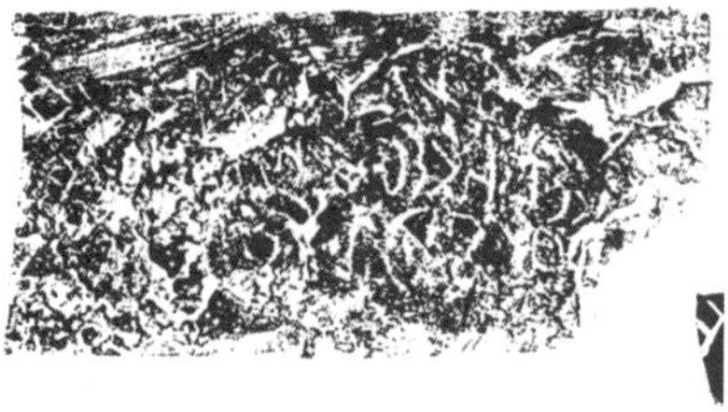

E9 喀喇苏格（Kara Sug）碑

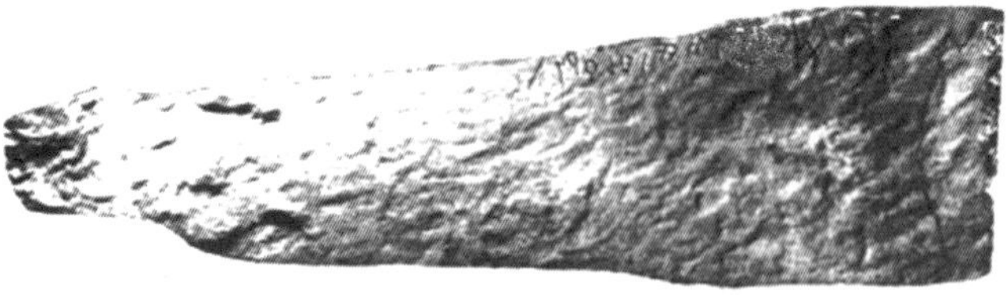

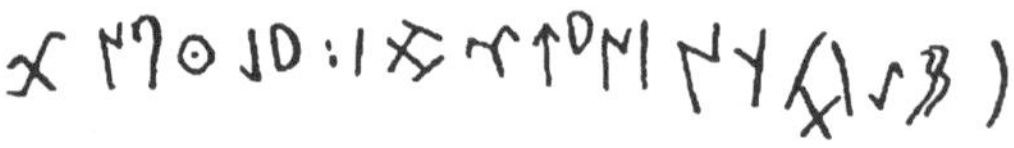

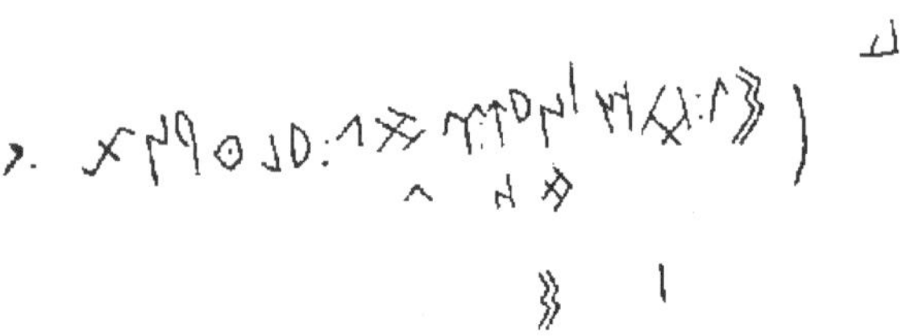

E10 埃列格斯特（Elegest）第一碑

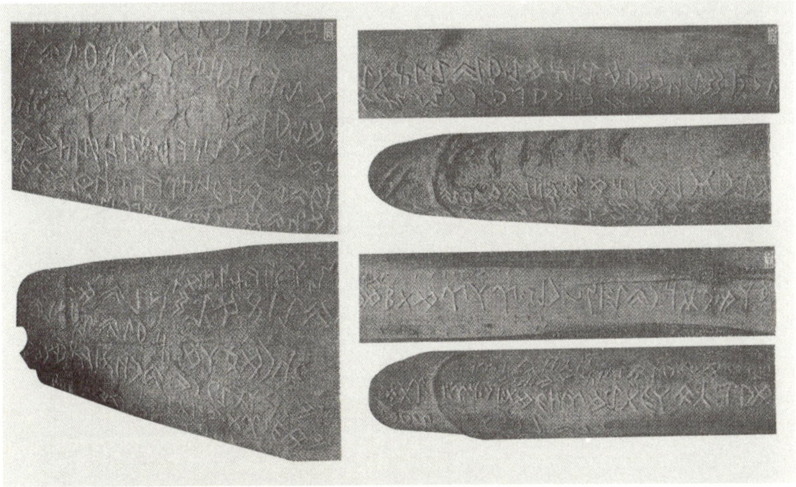

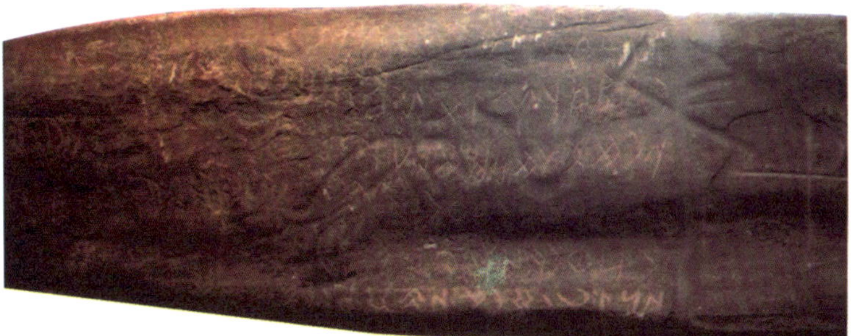

E11 贝格烈（Begre）碑

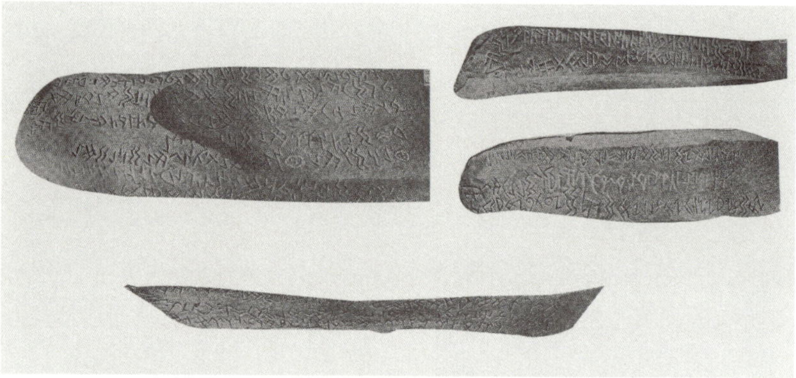

E12 阿勒地贝勒（Aldyy Bel'）第一碑

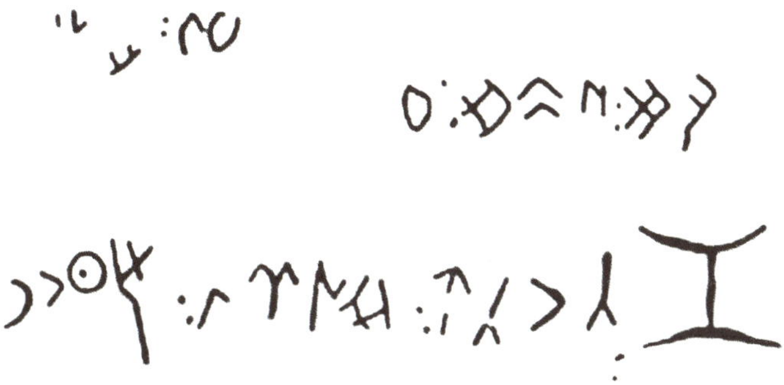

E13 查浩勒（Chaa Hol'）第一碑

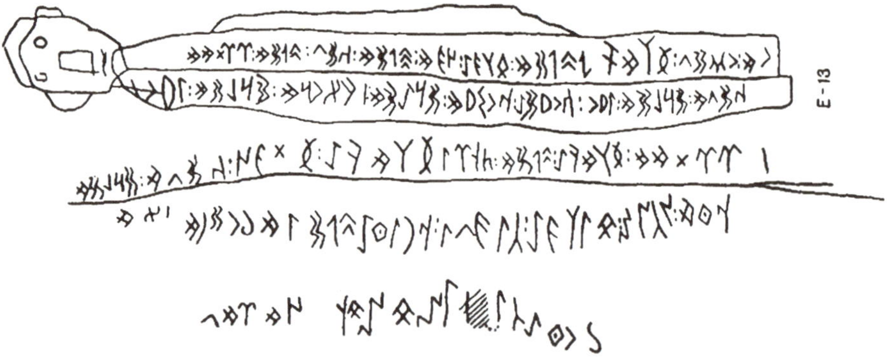
E-13

E14 查浩勒（Chaa Hol'）第二碑

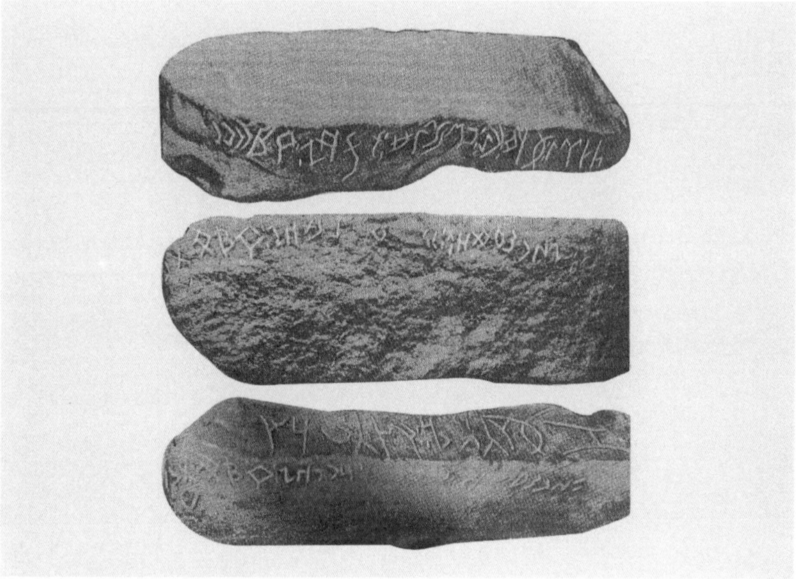

E15 查浩勒（Chaa Hol'）第三碑

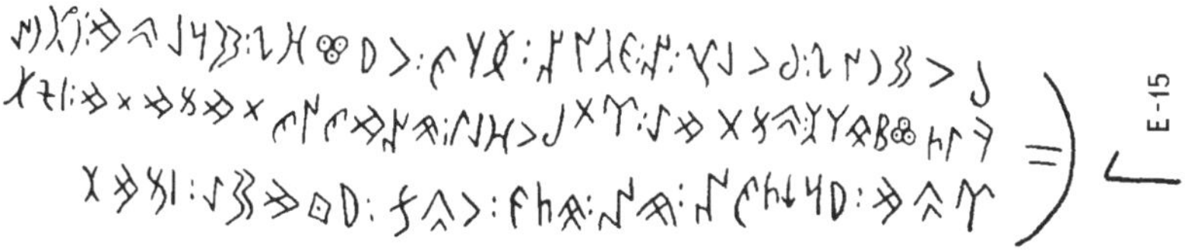

E16 查浩勒（Chaa Hol'）第四碑

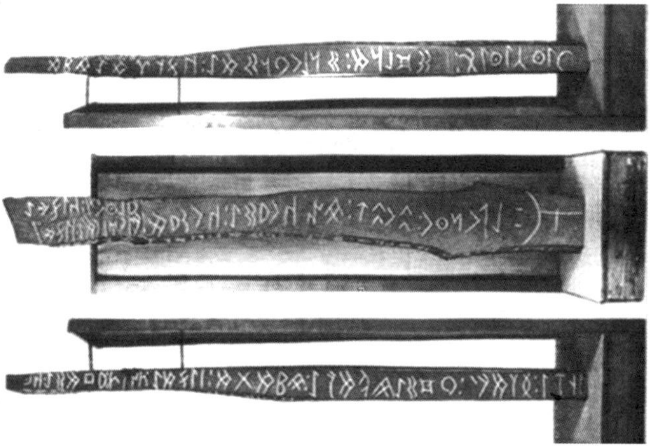

E17 查浩勒（Chaa Hol'）第五碑

E18 查浩勒（Chaa Hol'）第六碑

E19 查浩勒（Chaa Hol'）第七碑

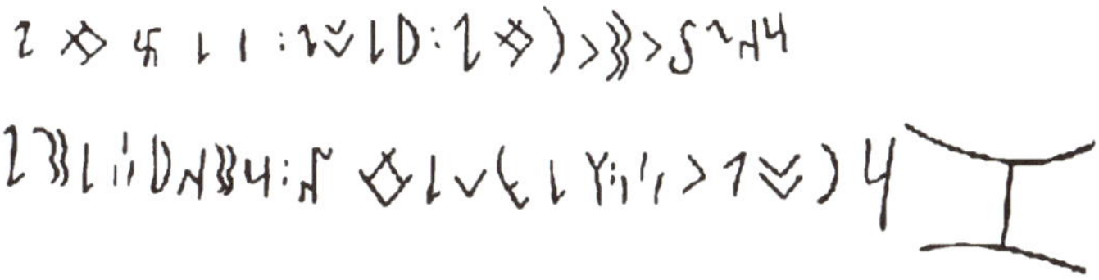

E20 查浩勒（Chaa Hol'）第八碑

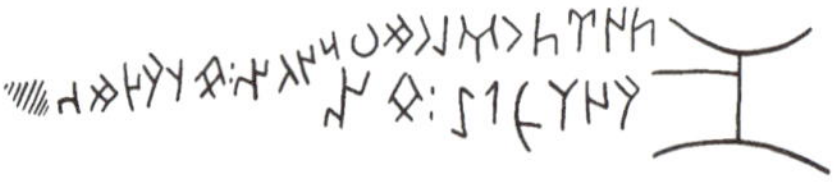

E21 查浩勒（Chaa Hol'）第九碑

E22 查浩勒（Chaa Hol'）第十碑

E23 查浩勒（Chaa Hol'）第十一碑

E24 卡娅乌珠（Khaya Uzhu）刻铭

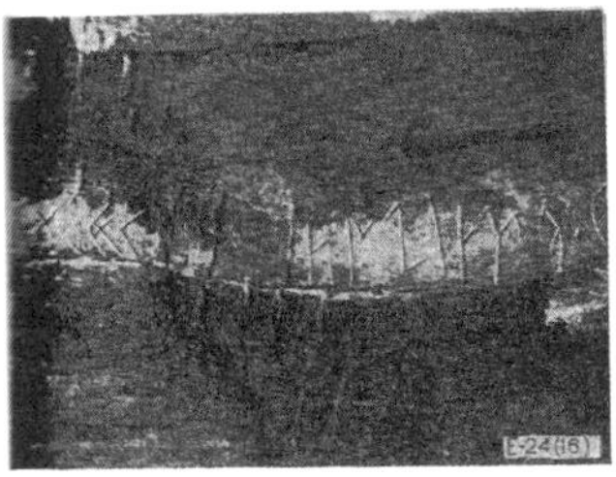

E-24(16)

E-24(20)

E-24(21)

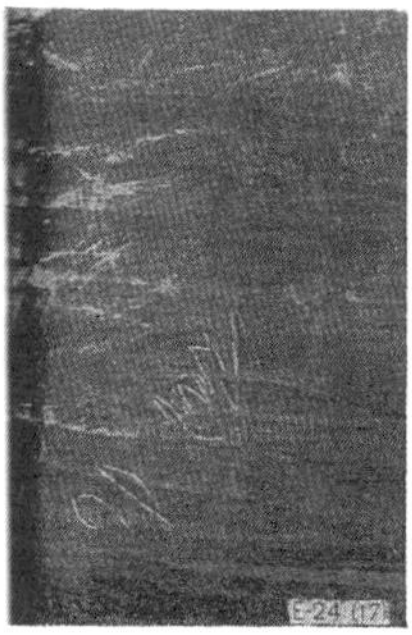

E-24(17)

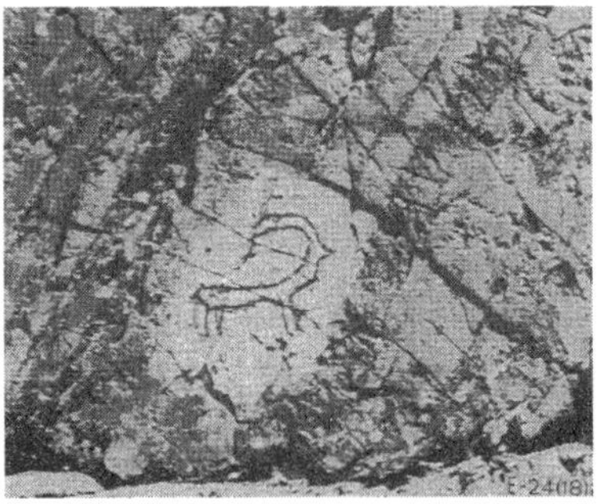

E-24(18)

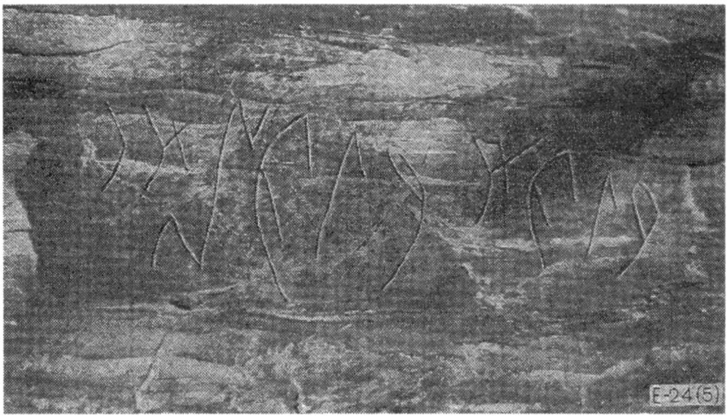
E-24(5)

E-24(7)

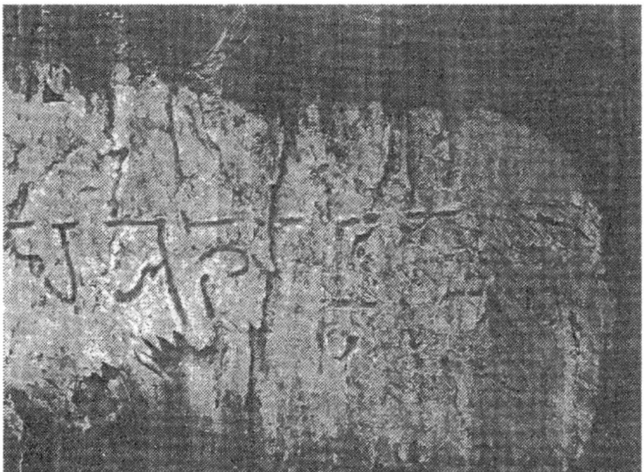
E-24(9)

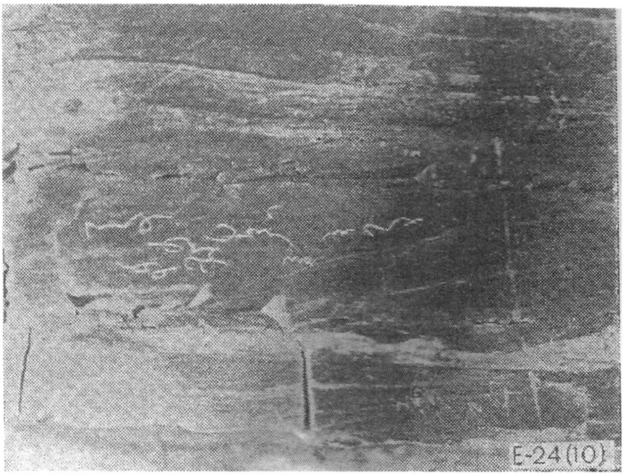
E-24(10)

E-24(6)

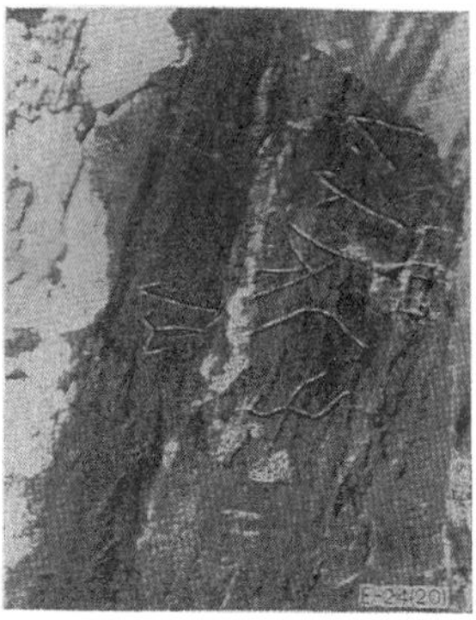
E-24(20)

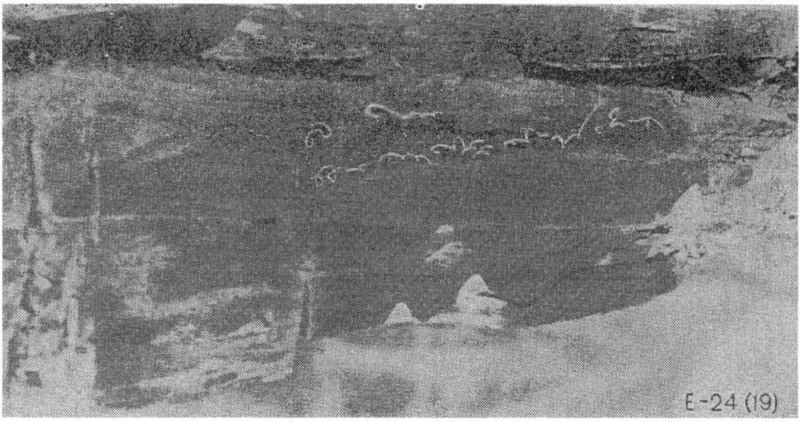
E-24(19)

E25 奥兹纳切诺（Oznachennoe）碑

E26 奥楚瑞（Ochury）碑

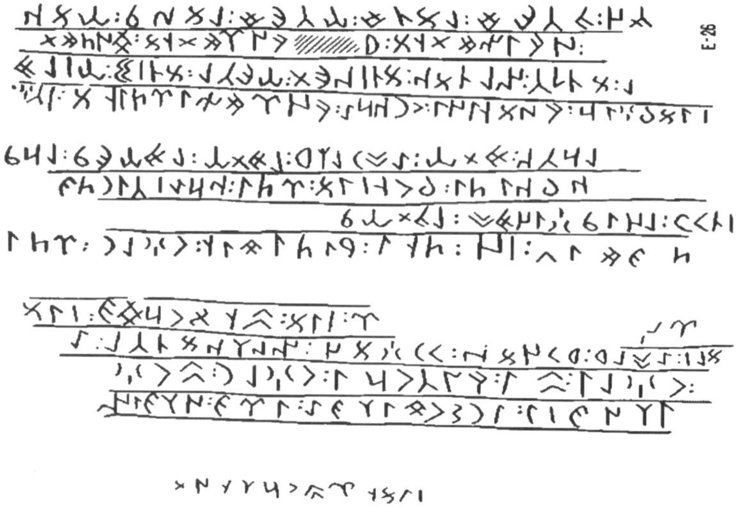

E27 奥娅（Oya）碑

E28 阿勒屯考勒（Altyn Kyol'）第一碑

E29 阿勒屯考勒（Altyn Kyol'）第二碑

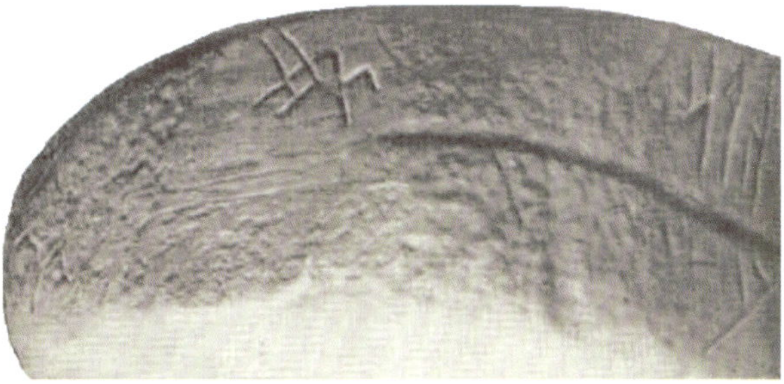

E30 威巴特（Ujbat）第一碑

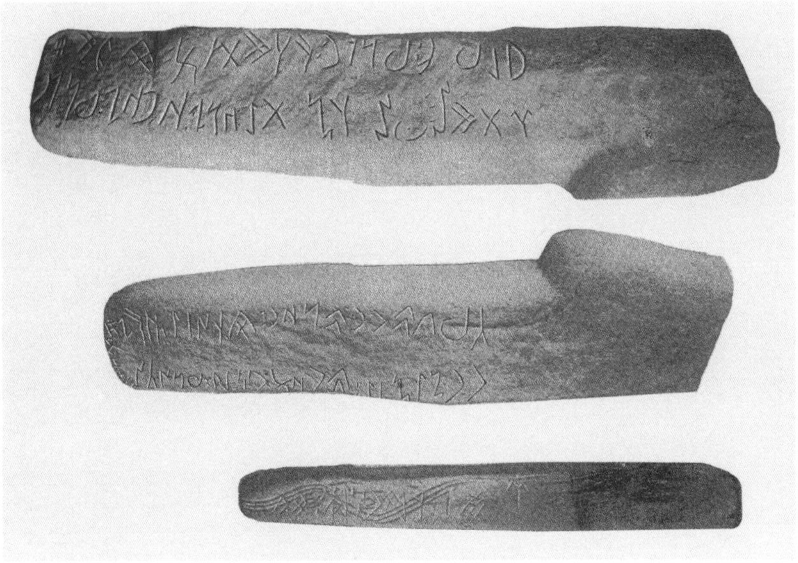

E31 威巴特（Ujbat）第二碑

E32 威巴特（Ujbat）第三碑

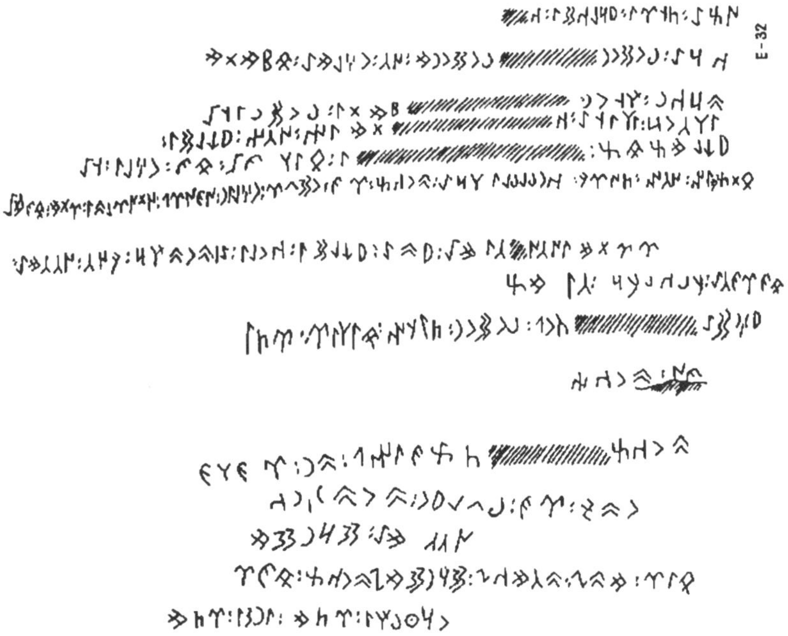

E33 威巴特（Ujbat）第四碑

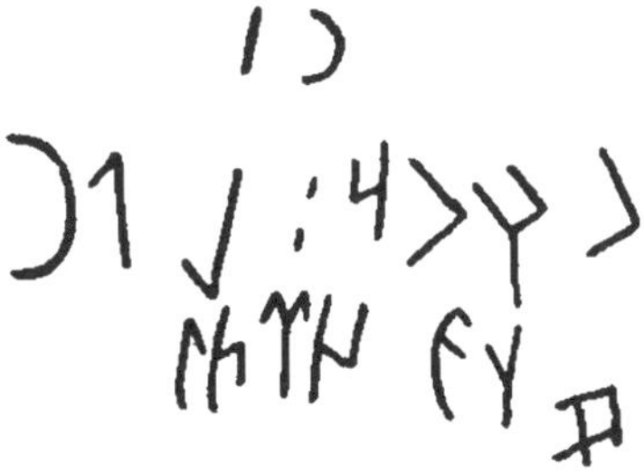

E34 威巴特（Ujbat）第五碑

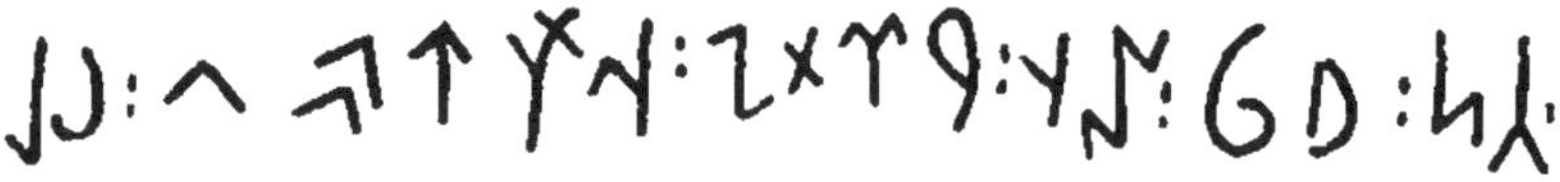

拉德洛夫摹写

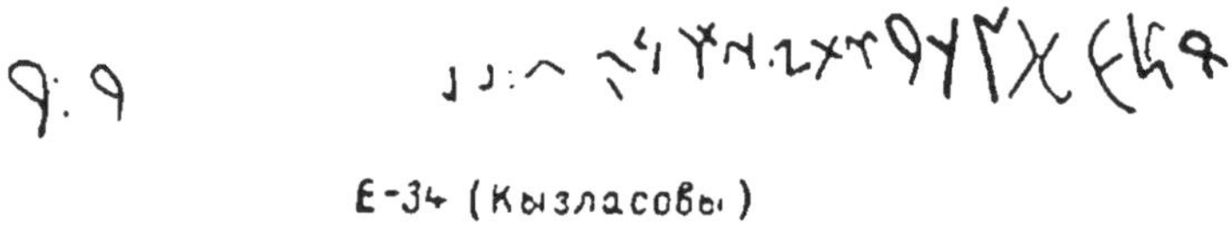

库兹拉索夫摹写

E35 图瓦（Tuba）第一碑

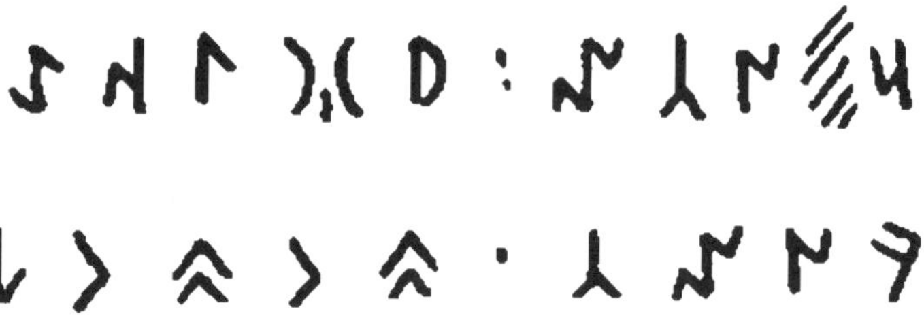

E36 图瓦（Tuba ）第二碑

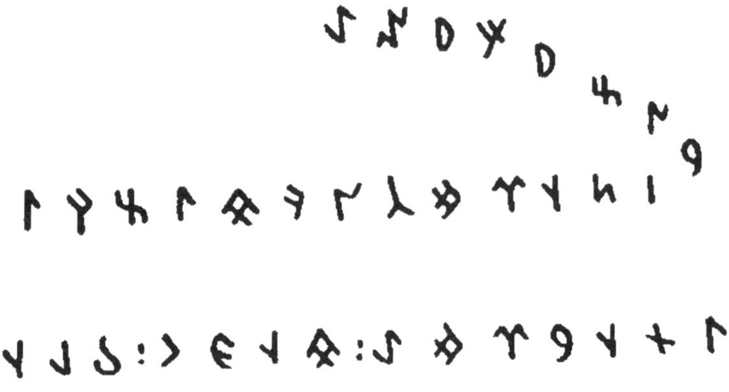

E37 图瓦（Tuba）第三碑

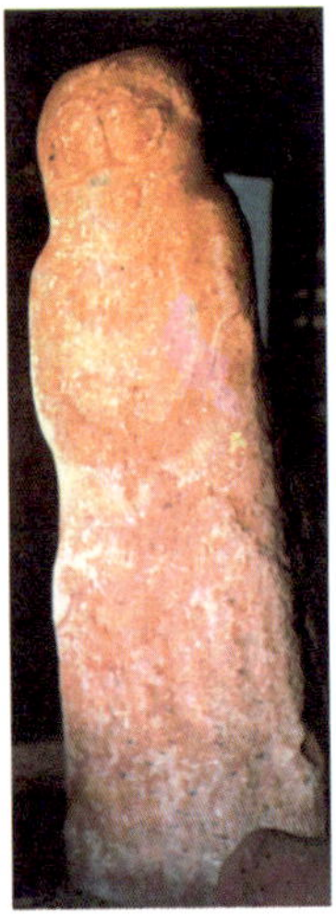

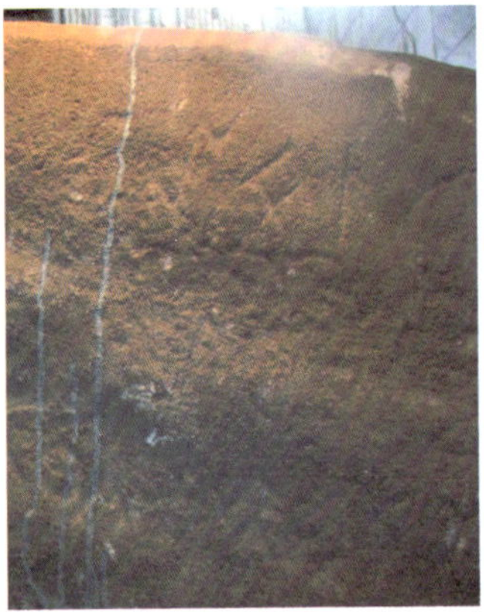

E38 阿克尤斯（Ak Yus）刻铭

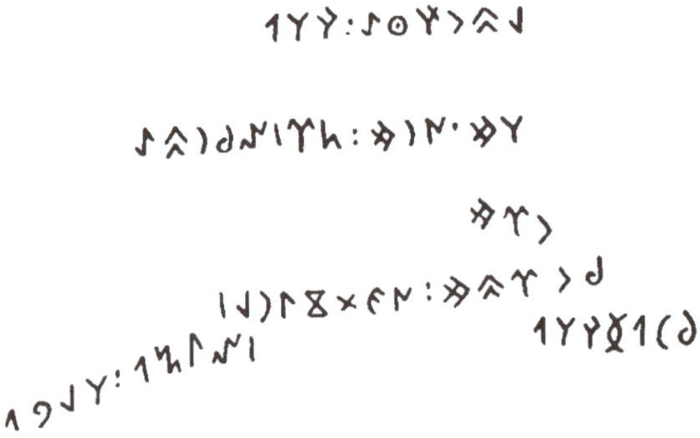

E39 喀喇尤斯（Kara Yus）刻铭

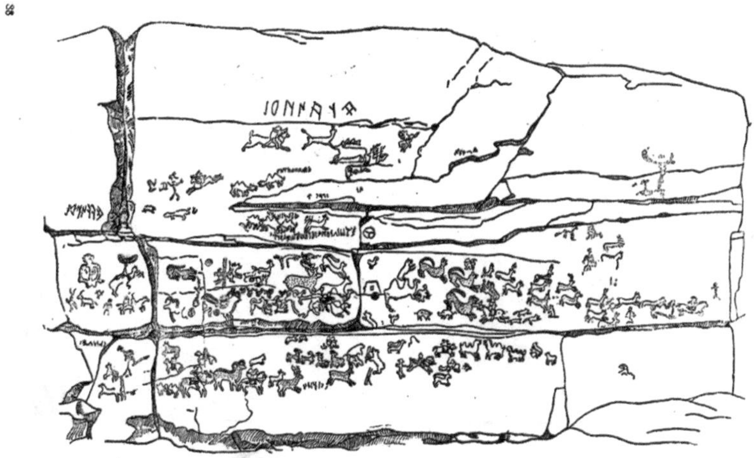

Рис. 172. Сулекская писаница, или „Писаная гора“ у Солёного озера. Хакассия.

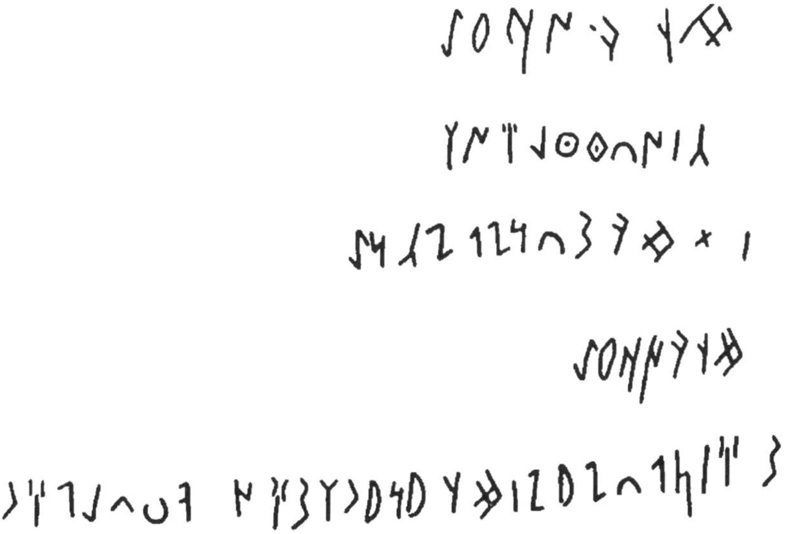

瓦西里耶夫摹写

E40 踏谢巴（Tasheba）碑

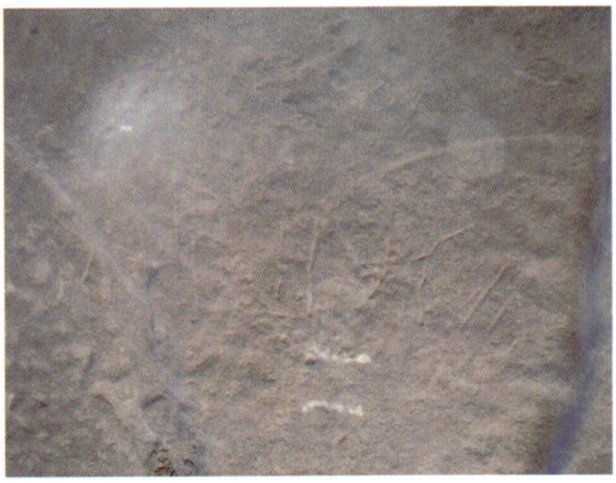

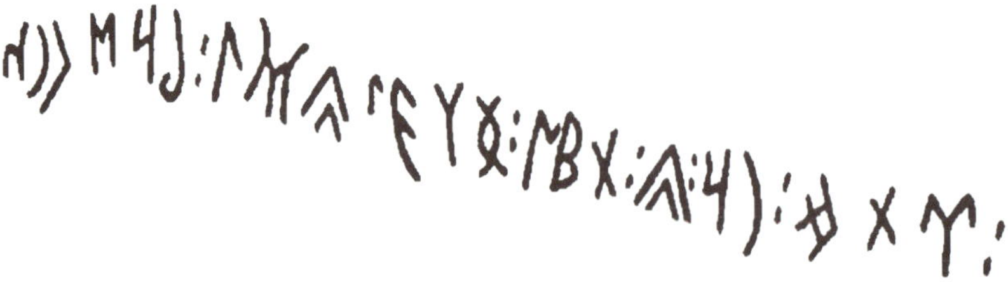

瓦西里耶夫摹写

E41 赫姆奇克·奇尔噶克（Hemchik Chyrgaky）碑

E42 拜布伦（Baj Bulun）第一碑

E43 克孜勒奇拉（Kyzyl Chyraa）第一碑

E44 克孜勒奇拉（Kyzyl-Chyraa）第二碑

E45 克哲力格浩布（Kezheelig Khovu）碑

E46 铁列（Tele）碑

E47 苏吉（Suji）碑

E48 阿巴坎（Abakan）碑

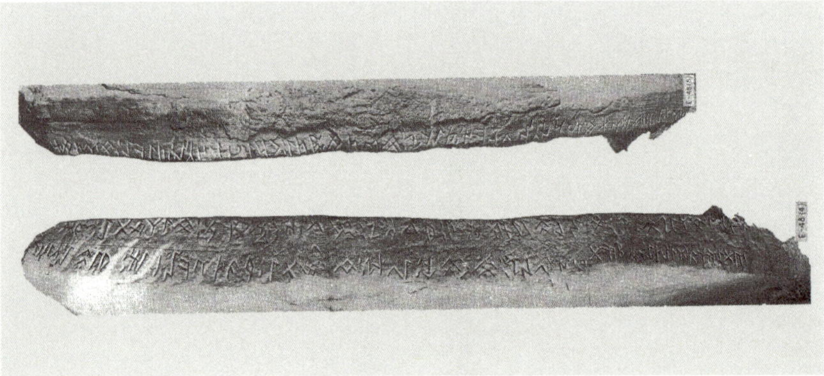

E49 拜布伦（Baj Bulun）第二碑

E50 图瓦（Tuba）B 碑

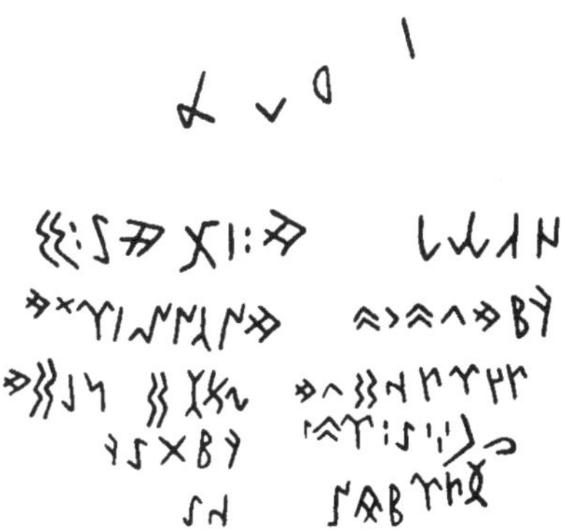

E51 图瓦（Tuba）D 碑

E52 埃列格斯特（Elegest）第二碑

E53 埃列格斯特（Elegest）第三碑

E54 奥图克达失（Ottuk Dash）第三碑

E55 图瓦（Tuba）G 碑

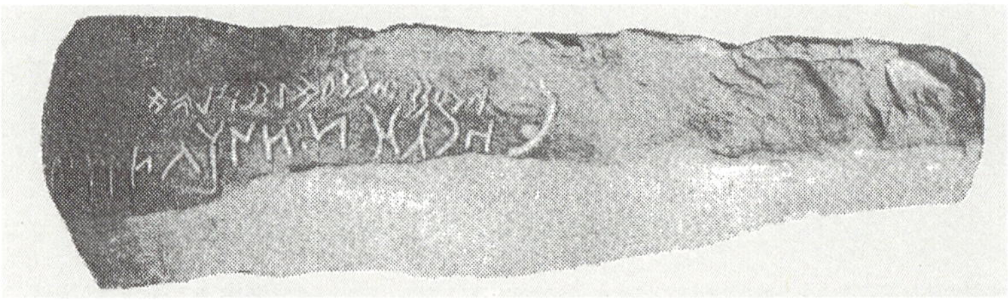

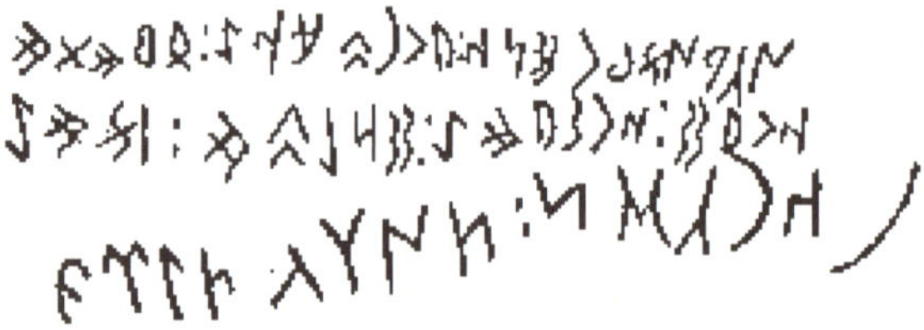

E-55

E56 马里诺夫卡（Malinovka）碑

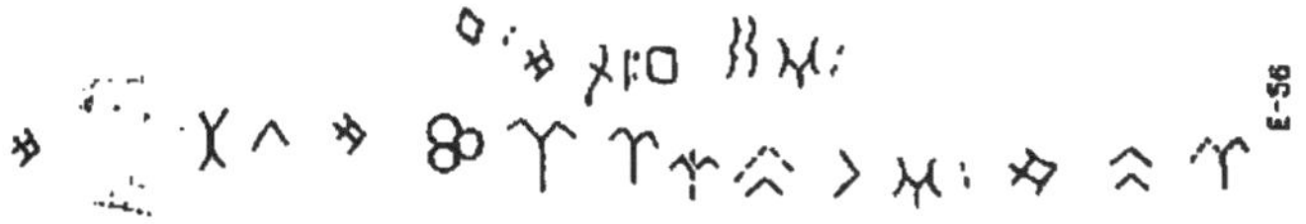

E57 塞依根（Saygyn）碑

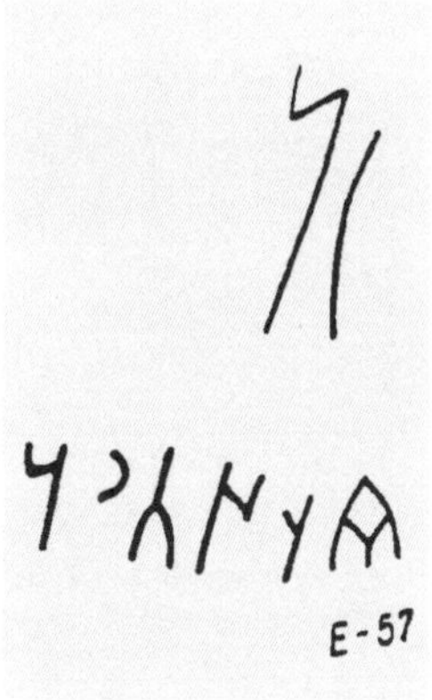

E58 克兹克胡勒（Kezek Khure）碑

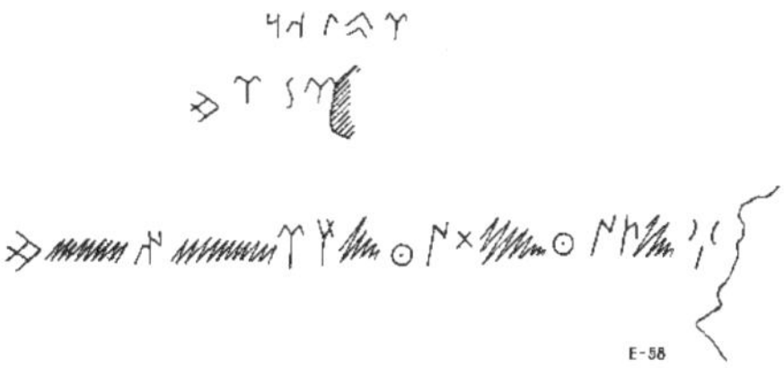

E59 科尔比斯巴雷（Kherbis Baary）碑

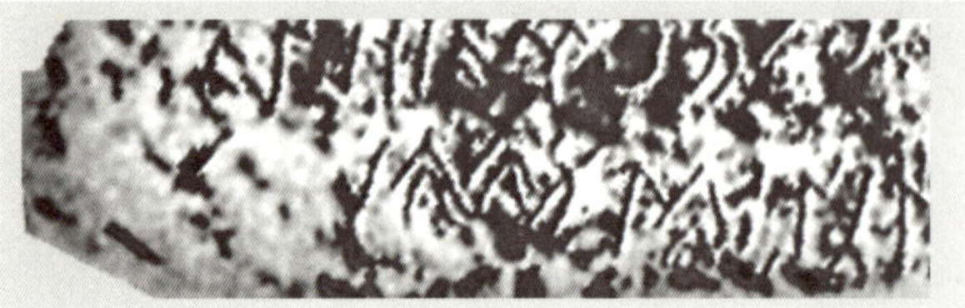

E60 萨尔噶乐阿克斯（Sargal Aqsy）碑

E68 埃勒巴基（El Bazhy）碑

E-68(5)

E69 车尔查瑞克（Cher Charyk）碑

E98 威巴特（Ujbat）第六碑

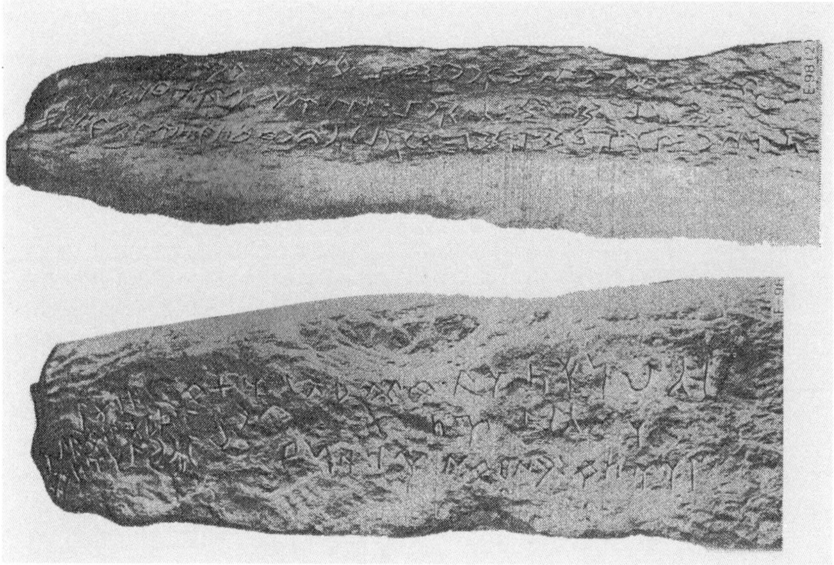

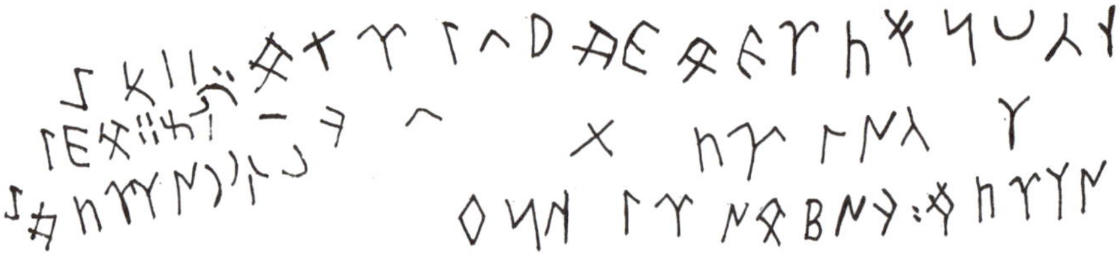

E100 巴彦考勒（Bayan Khol）碑

E108 乌尤克欧尔匝克（Uyuk Oorzaq）第一碑

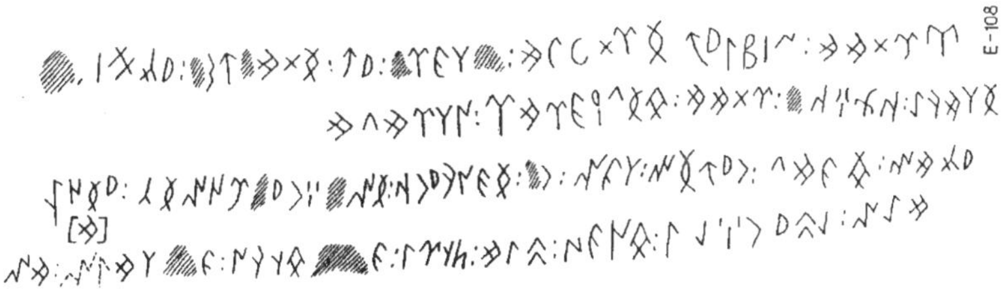

E147 埃尔别克（Eerbek）第一碑

E149 埃尔别克（Eerbek）第二碑

威巴特（Ujbat）第九碑

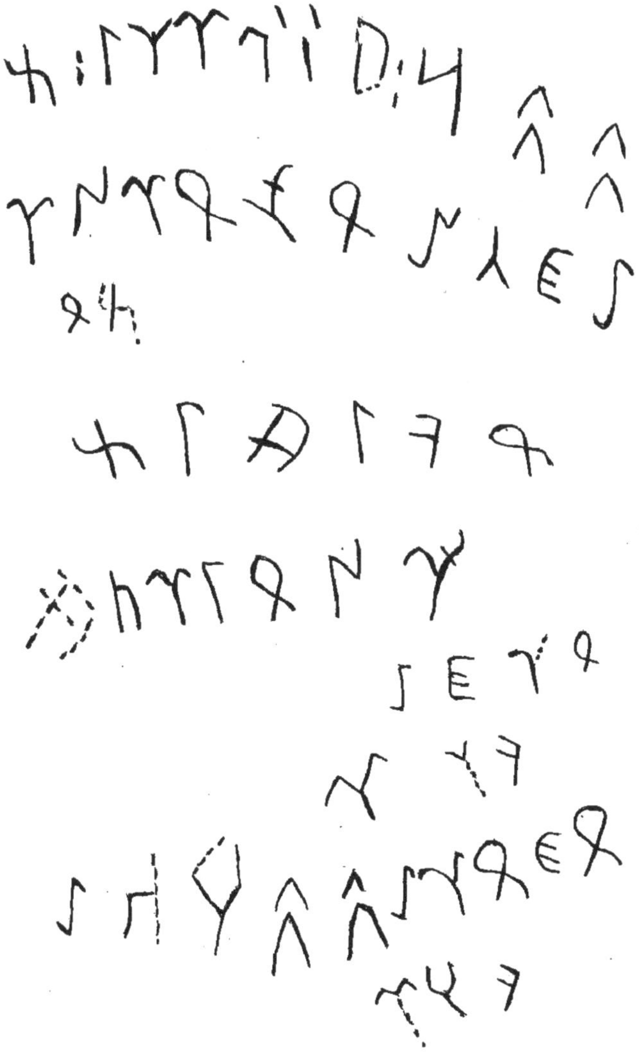

丝绸之路历史语言研究丛刊

出版弁言

丝绸之路是欧亚大陆的一大交通动脉，在东西方物质文化、精神文化交流上扮演了重要的角色，对人类文明的发展产生了深广的影响。“丝绸之路”本来是个外来词（德：die Seidenstrasse，英：the Silk Road，法：la route de la soie，日：絹の道，学术拉丁语：via serica/sericaria），所指的是那条贯通欧亚大陆、通向遥远的东方国度“丝国”（Σηρικά，Serica）之路——在希腊罗马人心目中，中国就是产丝之国。随着百年来研究的加深拓广，在人们对东西方之间认知中逐渐呈现出一个巨大的人马车船汇成的陆路和海路空间交通路网、一幅数千年时间维度里中迭次登场的多民族生活的长卷。因此之故，丝绸之路一词在西文中又多以复数形式使用。

中国有悠久的史学传统，编年史起源早、延续时间长；记载媒介形态多，举凡书籍、官私文书、碑志铭刻、器物题铭等等，均属广义的史料；地下埋藏丰富，使得中国考古学得与史学并驾齐驱，共司文化记忆的守护职守；涉及多种语言，在汉语言文字的主流之下，北朝、辽金西夏、蒙元、满清时期的记载具有多语性；内容广涉域内域外，所记录的毗邻国家、地区乃至世界范围的史事，往往为他处所阙载，汉文史料因此成为更早乃至唯一史源，素来为国际学界重视利用。会通中外，深入发掘，考辨分析，是历史研究应该、也值得不懈努力的任务。

《丝绸之路历史语言研究丛刊》秉承实证与理论并重、多学科多方法兼收并蓄的精神，从“以汉还汉、以唐还唐”出发，探索“以胡还胡、以洋还洋”之路，追求从多语种语料的汇合解读汲取史料的方法，组织出版研究著作、报告集以及重要外文著作的中译本，推陈出新，发明创新。

白玉冬　王　丁

2021 年 2 月 3 日 农历立春

翁金碑上的阿史那氏标志

翁金碑发现于蒙古国前杭爱省奥岩噶苏木，
现藏蒙古国前杭爱省阿尔拜赫雷地方博物馆

序　一

丝绸之路于人类文明史上的重要性无须赘言。广义上的丝绸之路是指历史上连接欧亚大陆东西南北的交通干线，其东段延伸于欧亚大陆东部，也就是华夏及其周边地区。反映和记录丝绸之路东段历史的材料，往往与记载华夏周边地区和族群历史的材料相互重叠或交相呼应，主要涉及汉语、藏语、于阗语、回鹘语、粟特语、梵语、吐火罗语、叙利亚语、波斯语、契丹语、党项语、女真语、蒙古语等。用于书写这些语言材料的文字众多，包括汉文、藏文、于阗文、鲁尼文、回鹘文、粟特文、吐火罗文、叙利亚文、摩尼文、婆罗米文、契丹文、西夏文、女真文、蒙古文等。这些以多种语言文字书写的材料，绝大部分具有“现地语材料”特色，是记录边疆历史的第一载体。如果我们能够深入理解并掌握这些汉语与非汉语文字材料，那么就可以进一步加深对边疆历史的独特性、丰富性和复杂性的了解。我们兰州大学“大西域”（此处主要指中亚、青藏高原、新疆、内外蒙古高原和西伯利亚地区）的研究对象，就是上述多文种、多语种的传统典籍、出土文献、碑刻题记等，核心理念就是致力于掌握上述“大西域”历史叙述话语权。

编辑单位兰州大学敦煌学研究所始创于 1979 年，是国家首个敦煌学博士授权点和博士后流动站，首批入选教育部人文社会科学重点研究基地，历史文献学（敦煌学）是国家重点培育学科。研究所遵照习近平主席“将敦煌学做强做大，为国争光”的指示，经过 40 年的建设，成为国际敦煌学学术研究、人才培养、学术交流、图书资料的中心，占领了学术制高点，掌握了学术研究话语权。形成了自己的研究群体，在敦煌学、胡语文献、石窟艺术等领域研究优势明显，完成学术著作数百部，丛书十余种，获省部级优秀成果奖 20 余项、国家和省级图书奖 10 余项。所创办的 CSSCI 来源期刊《敦煌学辑刊》是本学科研究成果的重要刊布平台。承担国家级和省部级项目 160 余项，项目经费三千余万。培养敦煌学博士生 142 余名，其中 14 人晋升博导，47 人晋升教授，50 余人晋升副教授，6 人获全国百篇和省级优秀博士学位论文奖。在学校“双一流”建设中，领衔构建“敦煌丝路文明与西北民族社会”学科群，将努力在国际学术舞台上，讲好敦煌故事，传播中国声音。

兰州大学敦煌学研究所的“大西域”研究已经迈出了坚实的一步。我们将陆续出版一批关于鲁尼文、古藏文、梵文、回鹘文等民族语言文献的研究成果。衷心祝愿这批成果能够为丝绸之路研究和边疆研究锦上添花，为中外学术界带来一丝新的气息。

郑炳林

2020 年 11 月 8 日

序　二

北朝至隋唐，是中国历史上多民族融合的重要阶段，是中国由分裂割据转向统一的特殊时期。当时活跃在大漠南北和葱岭西东的原本操不同语言的部族、人物的发展轨迹，本质上来说是一部周边族群认同华夏文化、融入中华文明的历史。与这些部族及其建立的政治体密切相关的主要以非汉文汉语镌刻的民族碑志材料，由于具备“现地语材料”特色，可以为我们研究这段民族交融的历史提供鲜活的第一手资料。关于这一批材料，由于诸多原因，国内学术界尚无全面系统的研究成果，从历史学方面的研究更是凤毛麟角。中华民族光辉璀璨的文明历史，需要从多重视角、多种维度进行挖掘并展示给世人。在充分掌握非汉文史料基础上，“取异族之故书与吾国之旧籍互相补正”，把历史学、考古学研究有机地结合起来，从内外两面展现和构建中华民族历史、中华文明瑰宝，这是一项有着切实意义的重要工作。本着这样一种共同的理念和创想，国家社科基金重大项目“北朝至隋唐民族碑志整理与研究”(编号 18ZDA177)与国家社科基金一般项目“突厥鲁尼文叶尼塞碑铭整理与研究”(编号 15BMZ015)课题组，自成立伊始就积极倡导和组织对中古时期中国边疆诸族历史、语言、文化、宗教等的研究。自工作启动以来，截止到重大项目中期检查(2020 年 7 月 1 日)，课题组共发表学术论文近 50 篇，完成书稿 5 部，其中不乏在《匈牙利科学院东方学报》《历史研究》《民族研究》等权威期刊上刊出的论文。通过项目组成员的集体努力，我们将陆续给出包括鲁尼文、藏文、粟特文、回鹘文、婆罗米文等在内的约 200 多方(条)非汉文碑志的录文、换写、转写和译注，并进行相关历史学研究，结集出版。

相比汉文的传统典籍、出土文献和碑刻等材料，以非汉语汉文书写的碑志在数量和深度上不占据优势，甚至属于“碎片化”的史料。不过，由于其具备“现地语材料”的特点，它可以弥补汉文史料的不足之处。在民族碑志的整理与研究上，我们秉持立足于科学实证基础上的扎实精细的学术研究，再接再厉，力争多出精品。

感谢相关领域诸多师友的鼓励、支持！祝中国的民族历史语言研究进步、繁荣！

白玉冬

2021 年 2 月 3 日立春

目　录

Contents

Plates

凡　例

（1）参考文献：以作者＋刊出年＋页数表示，文后附参考文献。如，白玉冬 2019，第 10 页；Radloff 1895，p. 100.

（2）基里尔文人名与文献：转写成拉丁字母。如，С. Е. Малов，*Енисейская письменность Тюрков: тексты и переводы*，转写作 S. Ye. Malov，*Enisejskaya pis'mennost' tyurkov: teksty iperevody*，Moskva：Izd-vo Akademii Nauk SSSR，1952.

（3）图版等：置于正文后。

（4）年代标记：与中国史或汉文史料直接相关的，按中国史朝代年号记录，初次出现时后附公元纪年。其他以公元纪年表示。

（5）部族名称 qïrq qïz＞qïrqïz：相对应的汉字有“结骨、坚昆、黠戛斯、纥里迄斯、吉利吉思”等。除史料用词外，本书以“黠戛斯”为准。

（6）录文：尽可能遵循碑文原字，按最接近的字体按中文习惯自左向右录文。原因在于若按鲁尼文通常的自右向左行文录文，则录文与换写、转写行文相反，前后顺序颠倒，对阅读者，尤其是对不能读原字的阅读者带来极大不便，甚至误导阅读者。

（7）鲁尼文字母及换写（transliteration）和转写（transcription）符号：在森安孝夫、敖其尔 1999 模式基础上，参考 Vasilyev 1983 模式。适用于鄂尔浑碑文、叶尼塞碑铭、阿尔泰山碑铭、天山碑铭和敦煌吐鲁番出土文献等。换写符号上方带点文字表示同音异形字。

古代突厥鲁尼文字母及换写、转写符号表（试行版）

元　音	换写符号	转写符号
𐰁 𐰀	a	a，ä
𐰂 𐰅	e	e
𐰃 𐰄 𐰃	i	i，ï
𐰆 𐰆	W	u，o
𐰇 𐰈 𐰇	ü	ü，ö

前舌音辅音	换写符号	转写符号
𐰋 𐰌	b	b
𐰓	d	d
𐰒 ⊗ 𐰒	đ	d
𐰏 𐰐 𐰏	g	g
𐰚 𐰛	k	k
𐰠	l	l
𐰤 𐰤 𐰥 𐰥	n	n
𐰼	r	r
𐰻	ṙ	r
𐰾	s	s
𐱅	t	t
𐰘 𐰙	y	y

后舌音辅音	换写符号	转写符号
𐰉 𐰊 𐰉 𐰊 𐰉	B	b
𐰑 𐰑 𐰒	D	d
𐰍	G	γ
𐰴 𐰵	Q	q

（续表）

后舌音辅音	换写符号	转写符号
	Q̇	q
	L	l
	L̇	l
	N	n
	Ṅ	n
	R	r
	Ṙ	r
	S	s
	T	t
	Ṫ	t
	Y	y

前后舌双舌音辅音	换写符号	转写符号
	č	č
	m	m
	ṁ	m
	p	p
	ṗ	p
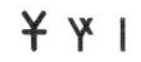	š	š, s
	ṡ	s, š
	z	z
	ŋ	ng(ŋ)
	ŋ̇	ng(ŋ)
	ñ	ny

表示音节或双辅音的字母	换写符号	转写符号
𐰯	up	up
↓ ↑ ↕	uQ	q，oq，uq，qu，qo
𐰆𐰸	uQ	uq
𐰶 𐰷 𐰵 𐰵↑	ïQ	qï，ïq
𐰜 𐰝 𐰞	ük	ük，ök，kü，kö
𐰱 𐰲	ič	ič，ïč，či，čï
𐰡	lt	lt
𐰦 𐰧	nt	nt
𐰨 𐰩 𐰩	nč	nč
𐰸	ot	ot
⋈ ⧗	rt	rt

(8) 译注：录文和换写中，[ ]内文字表示完全破损文字的推测复原，()内文字表示依据残余笔画的复原文字，< >表示忘刻或误刻的文字，/ 表示完全破损文字，"："表示碑文所刻停顿符号，# 表示碑文断裂处。转写中，< >表示忘刻或误刻的文字，/ 表示不能复原的破损之处，下方加点文字为需要改读文字。译文中，[ ]内文字表示推测复原，()内文字为补充说明，"……"相当于换写和转写之中不能复原的破损部分。如：

录文 ///// 𐰢:𐰴𐰆𐰖𐰑𐰀:𐰴𐰆𐰨𐰖𐰢𐰀:𐰴𐱃[𐰍𐰞𐰍𐰞]

换写 //////m：Q W Y D a：Q W nč Y m a：Q T [G LG L]

转写 ////// quyda qunčuyuma qatïɣlaɣïl

涧溪里的我的公主，[你要坚强！]

(9) 图版和摹写：黑白图版取自 Vasilyev 1983，E3 除外的彩色图版取自哈萨克斯坦文化信息部网站"TYPIK БITIK"(http://bitig.org/)，摹写取自 Vasilyev 1983 或哈萨克斯坦文化信息部网站，以及笔者摹写。

导　论

在中国北方西伯利亚叶尼塞河上游流域，自汉代起生活着坚昆（鬲昆、隔昆）部落。他们的名称，南北朝至隋作结骨（契骨、纥骨），唐作黠戛斯（纥扢斯），宋辽作黠戛司（辖戛斯），金作纥里迄斯，元作吉利吉思。这些名称均是古代突厥语 qïrq qïz＞qïrqïz 的音写。汉将李陵投降匈奴后被封为右校王，他的封地就是在叶尼塞河上游。唐灭东突厥汗国后，黠戛斯王派遣使者入贡唐朝，自称李陵之后，归宗认亲。唐朝在其辖地设立坚昆都督府，封其酋长俟利发为左屯卫大将军、坚昆都督。大中元年（847）和咸通七年（866），唐朝派遣使者册封黠戛斯可汗。辽朝在其地设置辖戛斯大王府。元代，黠戛斯之地归岭北行省管辖。

作为叶尼塞河流域民族历史研究的根本史源，汉籍无疑有着举足轻重的地位。西方伊斯兰文献等构成这一史料群的第二部分。此外，以突厥鲁尼文镌刻的突厥、回鹘、黠戛斯的碑文刻铭等，构成其第三部分。本研究成果是上述第三类史料中，黠戛斯人所遗留的叶尼塞河流域鲁尼文碑铭刻写的文献学整理。以往，国内学者关于黠戛斯的历史研究，多偏重第一类和第二类史料。本研究成果，致力于为从事内亚历史和民族文献研究的学者们提供历史文献学方面的参考资料。

一、研究现状概述

叶尼塞碑铭，是指发现于叶尼塞河上游的、以古代突厥语鲁尼文镌刻的碑文、摩崖与器物刻铭等，总数约 145 方(条)(详见图版部分图 1)。相比鄂尔浑碑文等突厥汗国和回鹘汗国的大型碑文，叶尼塞碑铭镌刻不规范，表达范式有所不同，部分文字发生变体，并存在多音字。这些因素使得叶尼塞碑铭的解读难度远超鄂尔浑碑文。

俄国学者拉德洛夫(W. Radloff)在 1895 年出版《蒙古古代突厥碑铭》(Radloff 1895：*Die alttürkischen Inschriften der Mongolei*)第 2 卷，刊出 40 个碑铭的摹写、转写和德译文。拉氏的研究，基于其描改过的图版，令人疑窦丛生。土耳其学者奥尔昆(H. N. Orkun)在 1940 年出版《古代突厥碑铭集》(Orkun 1940：*Eski Türk Yazıtları*)第 3 卷，给出了包括拉氏研究过的部分碑铭在内的 23 组 42 个碑铭的摹写、转写、土耳其语译文及词注。苏联学者马洛夫(S. Ye. Malov)在 1952 年出版《突厥叶尼塞文献》(Malov 1952：S. Ye. Malov，*Enisejskaya pis'mennost' tyurkov: teksty iperevody*，Moskva：Izd-vo Akademii Nauk SSSR，1952.)，对包括上述碑铭在内的 51 个碑铭，给出了摹写、转写、俄译文及词注。奥尔昆与马洛夫的研究虽对拉氏的解读有所改进，但受拉氏图版影响之处随处可见。鉴于上述叶尼塞碑铭研究的复杂性与特殊性，苏联瓦西里耶夫(D. D. Vasilyev)在 1983 年编辑出版《叶尼塞河流域突厥鲁尼文文献集成》(Vasilyev 1983：*Korpus Tyurkskikh runicheskikh pamyatnikov basseyna Eniseya*)，提供了 109 方(条)叶尼塞碑铭的图版、摹写和换写。该书为系统了解叶尼塞碑铭提供了翔实可信的材料，是保证本课题研究顺利进行的根本所在。在瓦西里耶夫的研究基础上，俄罗斯学者科尔姆辛(I. V. Kormushin)1997 年出版对 56 方墓志铭的研究成果《突厥叶尼塞碑铭文本及研究》(Kormushin 1997：*Tyurkskiye Eniseyskiye epitafii: teksty i issledovaniya*)，2008 年出版《突厥叶尼塞碑铭语法、文本》(Kormushin 2008：*Tyurkskiye Eniseyskiye epitafii grammatika，tekstologiya*)；近年，土耳其学者埃尔汗·爱丁(E. Aydin)等编辑出版《叶尼塞-吉尔吉斯斯坦碑文集与占卜文书》(Aydin 2013：

Yenisey-Kırgızistan Yazıtları ve Irk Bitig），给出了 154 方碑铭与刻写的摹写、转写和土耳其语译文。此外，哈萨克斯坦文化信息部网站“ТҮРІК БІТІК”（http://bitig.org/）对叶尼塞碑铭进行了介绍，并刊载了部分图版、摹写、转写与译文，惜存在不少疏漏与讹误。

有关碑铭个案的历史学、语言学、民族学、考古学方面的论著，主要有伯恩什达姆（A. N. Bernshtam）《6 至 8 世纪鄂尔浑叶尼塞突厥社会经济制度：东突厥汗国和黠戛斯》（Bernshtam 1946：*Sotsialno-ekonomicheskiy stroy Orkhono-Eniseyskikh Tyurok VI – VIII vekovl*）；库兹拉索夫（L. R. Kyzlasov）《叶尼塞文献的新断代墓志铭》（Kyzlasov 1960：“Novaya datirovka pamyatnikov Eniseyskoy pis’mennosti”）；克利亚施托尔内（S. G. Klyashtorny）《威巴特第九纪念碑》（Klyashtorny 1987：“Drevyataya nadpis s Uybata”）、《成吉思汗之前达靼人的王国》（Klyashtorny 1992：“Das Reich der Tataren in der Zeit vor Ćinggis Khan”）等，阿曼吉奥洛夫（A. C. Amanzholov）《古代突厥文字的历史与原理》（Amanzholov 2003：*Istoriya i teoriya drevnetyurkskogo pis’ma*）；護雅夫《イェニセイ碑文に見えるqu(o?)y, öz 両語について》（護雅夫 1962a）、《イェニセイ銘文に見える“säkiz adaqlïγ barïm”について》（護雅夫 1986）、《アルトゥン＝キョル第二銘文考釈》（護雅夫 1987）等论文；大澤孝《8 世紀初頭のイェニセイ・キルギズ情勢——バルス・ベグの出自と対東突厥征伐計画をめぐって——》（大澤孝 1992b）、《ハカス共和国スレク岩絵の三角冠帽画像についての一解釈——И. Л. クィズラソフ説の紹介とその検討を中心に——》（大澤孝 2001）等论文，白玉冬《10 世紀から11 世紀における九姓タタル国》等，众多俄、日文论文论著，以及瓦西里耶夫“New Finds of Old Turkic Inscriptions in Southern Siberia”，爱丁（E. Aydin）“Remarks on Qatun in the Yenisai Inscriptions”，法国巴赞（L. Bazin）《突厥历法研究》（巴赞 1991：*Les systèmes chronologiques dans le monde turc ancient*），匈

牙利希切尔巴克(A. Şçerbak)《乌斯图・埃列格斯特(图瓦)鲁尼文碑铭》(Şçerbak 1964a：“*L'inscription runique d' Oust-Elégueste (Touva)*”)等部分英、法文及土耳其文、蒙古文(基里尔文)论文与论著。上述研究大多致力于将叶尼塞碑铭的解读与历史学、语言学、民族学、考古学等其他学科结合起来进行讨论。其中,库兹拉索夫与巴赞对拉德洛夫直至伯恩什达姆所坚持的叶尼塞碑铭的上限(6世纪)提出质疑,主张叶尼塞碑铭大多属于8—10世纪。这一观点已是当今学术界主流。不过,限于叶尼塞碑铭的特殊性与复杂性,具体到各个碑铭的解读、断代与考释,学者之间尚存在不小差异。

国内研究主要以语言学方面为主。有胡振华《黠戛斯文献语言特点》(胡振华 1992),阿不都热西提・亚库甫《鄂尔浑—叶尼塞碑铭语言名词的格位系统》(阿不都热西提 1993)、《鄂尔浑—叶尼塞碑铭的语言学研究：研究史分期的尝试》(阿不都热西提 1999)等系列论文,耿世民、阿不都热西提・亚库甫《鄂尔浑—叶尼塞碑铭语言研究》(耿世民、阿不都热西提 1999)等论文与论著。历史文献学方面研究,近年有白玉冬《十至十一世纪漠北游牧政权的出现——叶尼塞碑铭记录的九姓达靼王国》(白玉冬 2013)、《叶尼塞碑铭威巴特第九碑浅释》(白玉冬 2014)等。文字文化学方面的研究,有间接利用叶尼塞碑铭的王洁《黠戛斯文化管窥》(王洁 2011)等论文,惜未能掌握关于叶尼塞碑铭字体与断代的学术界主流,相关论据的考释与断代值得商榷。

总之,国际上以俄罗斯(包括苏联)与日本学者为主,关于叶尼塞碑铭的研究成果较多。近年的研究,主要以结合历史学、语言学、文字学、民族学、考古学等学科的交叉性、综合性研究为主。国内一向缺乏对叶尼塞碑铭系统的整理、介绍与研究。耿世民、阿不都热西提・亚库甫、张铁山等前辈学者已经注意到这一紧迫性。不过,如前所述,近来国内部分学者利用的仍然是早期国外研究成果的中译文。其后果是——国际上关于叶尼塞碑铭的近50年以来的研究成果，在国内鲜为人知。更令人痛心的是，早期学者某些权威性的结论带来的某种教条主义，乃至错误，至今仍影响着不能读原文的国内学者。此种情况，促使我们必须从碑铭原字的认读起步，尽快为国内学术界提供一个确实可信的叶尼塞碑铭的整理与研究成果。

二、研究意义

首先，用于叶尼塞碑铭的语言与其他突厥鲁尼文碑铭或写本文献，以及早期的回鹘文写本文献几无差异。笔者将广泛利用上述古代突厥语文献，致力于为国内学术界提供有关叶尼塞碑铭的详细全面的文献史料集，这在国内尚属首次。

其次，叶尼塞碑铭是记录古代叶尼塞河上游社会生活的鲜活的第一手资料，反映出当地的社会发展、政治制度、对外交流、宗教信仰、经济生活等方方面面(相关印记见图版部分图 2)。无论从历史学或文化人类学角度而言，叶尼塞碑铭均有着重要的学术研究价值。叶尼塞碑铭的整理与研究，无疑会为国内民族与宗教研究人员，尤其是为不能读原字原文的研究人员，提供一个真实可信、确切可用的文献资料，具有极强的现实意义。若能够结合笔者对叶尼塞碑铭的最新研读成果，相信能够进一步加深对中国北方民族历史的多视角、立体性研究。

最后，叶尼塞碑铭属于黠戛斯汗国，而唐朝曾在黠戛斯地区设置坚昆都督府进行羁縻统治，唐朝曾册封黠戛斯可汗。研究叶尼塞碑铭，对于了解古代黠戛斯地区与中国在政治、经济、文化、信仰等诸方面上的互动与影响具有重要意义。尤其是对叶尼塞碑铭记录的与中国间通使关系的探讨，可为中国对外交流史研究增添一个新的篇章。

三、研 究 思 路

本书是国家社科基金重大项目“北朝至隋唐民族碑志整理与研究”(18ZDA177)科研成果的一部分，致力于为后续研究创造一个良好的基础与研究范式。基于此点，本书的直接研究对象为叶尼塞河上游出土的 145 方(条)突厥鲁尼文碑铭，间接研究对象包括古代中国北方民族历史、语言、宗教、文化等多个方面。

第一，结合实际情况科学选定研究对象。本着课题设计不宜过于宽泛，避免大而全的原则，全面系统排查叶尼塞碑铭，依据图版和前人研究成果，甄别出史料价值较高的 68 方(条)碑铭，给出客观公正的录文、换写、转写与中译文。

第二，对国外早年的权威研究进行科学的扬弃，做好洋为中用，按自左向右录文。鲁尼文的行文方向通常是自右向左。百年前的拉德洛夫在其颇受质疑的研究成果中最早按自右向左录文，以后俄罗斯、土耳其等国部分学者按此方向录文。不过，自右向左的录文，其缺点在于录文的行文方向与换写、转写相反。这对阅读者，尤其是对不能读原字的或处于入门阶段的阅读者带来极大不便，甚至误导阅读者。

第三，认真学习、深刻领会并践行科学发展观，实现科学研究与理论指导思想的完美结合、与时共进。部分欧美学者的自右向左录文，有悖于中国特色的文献学整理原则，不适合中国特色学术研究体系的构建，我们中国学者有必要对此进行改进。与前人观点相同之处，或属于学术界常识，或与突厥回鹘碑铭的共通之处等，避免重复赘述。在有限的时间内，合理利用篇幅，最大程度做到精致实用，突出有别于前人释读的新发现，方便读者迅速并准确掌握本书的新收获。

四、创 新 点

相比人文社会科学领域的其他研究，国内的突厥鲁尼文碑铭研究长期滞后，至今尚无关于叶尼塞碑铭的整理成果。此种情况，使得国内不能认读原字原文的部分学者，在利用叶尼塞碑铭时只能依赖国外的研究成果。早期拉德洛夫非正常改读所带来的已经陈旧，甚至被认为是错误的学术观点，至今仍影响着国内部分学者。

本书创新之处主要有两点：首先，依据图版，从对碑铭原字的认读着手，给出重点碑铭如实的录文、换写，准确的转写、中译文，以及词注与相关考释，并将国际上关于叶尼塞碑铭的诸多研究成果与主流观点介绍给国内，最终为国内学术界提供一个翔实可信的叶尼塞碑铭文献整理成果，这在国内尚属首次，是本书在学术思想方面的特色和创新之处。

其次，在实际研究中，克服对以往学术界权威研究的盲目迷信，科学扬弃前人成果，致力于提供客观公正的解读，从而对以往的研究做出回应与反馈，这在国内尚无先例，是本书在学术观点上的特色与创新之处。

碑铭译注

E1 乌尤克塔尔拉克(Uyuk Tarlak)碑

位置：J. R. Aspelin 于 1888 年发现于哈卡斯共和国 Yjyn-Bulak 山坡上，距 乌尤克河左侧支流塔尔拉克河左岸 2 公里处。A. V. Andrianov 于 1916 年移至米努辛斯克博物馆。馆藏编号为 20。

物理形态：鹿石属于青铜时期的早期游牧民遗物（前 8—前 3 世纪），由光滑的灰绿色片岩制成，刻有十字状、斜线状、人字房状等纹样。单面刻有 2 行鲁尼文铭文。鲁尼文铭文年代约 8—9 世纪。见图版 E1。

规格：高 261 厘米，宽 24 厘米，厚 30 厘米。

主要研究：Radloff 1895，p. 304；Orkun 1940，pp. 31 - 32；Malov 1952，pp. 11 - 13；Batmanov 1959，pp. 135 - 138；Vasilyev 1983，pp. 14，59，82；Recebov and Memmedov 1993，pp. 217 - 218；Kormushin 1997，pp. 159 - 161；Kormushin 2008，pp. 90 - 91；Amanzholov 2003，pp. 110 - 111；Aydin 2013，pp. 23 - 24 等。

1 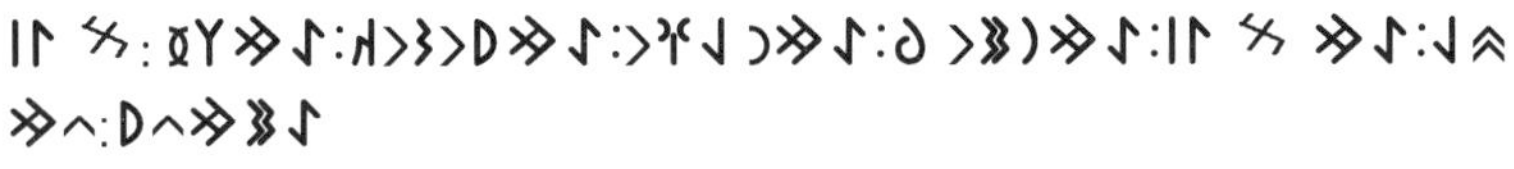

s i z：e l m a：Q W nč W Y m a：W G L N m a：B W D N m a：s i z m a：L T m ś：Y ś m d a

esiz elim-ä qunčuyum-a oγulanïm-a bodunïm-a esizim-ä altmïš yašïmda

2 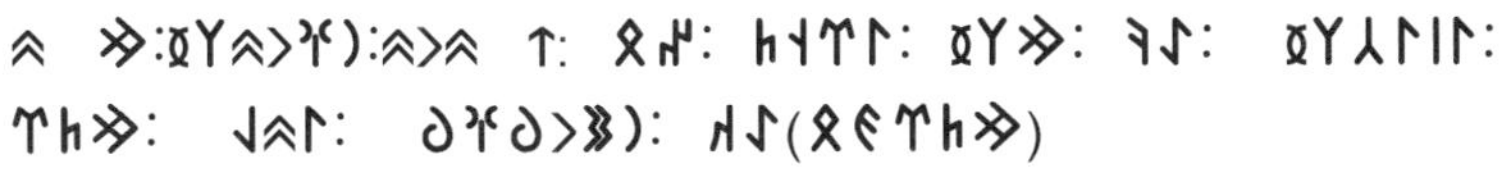

T m：e l T W G N：T W T uQ：b n：t ŋ r i：e l m：k a：e l č i s i：r t m：L T i：B G B W D N ：Q a（b g r t m）

atïm el tuγun totoq bän tängri elim kä elčisi ärtim altï baγ bodun qa bäg ärtim

[1]不幸！我的国家啊！我的公主（即妻子）啊！我的儿子们啊！我的民众啊！我的不幸啊！在我 60 岁时。[2] 我的名字是 El Tuγun 都督，我曾为我神圣国家（充当）使者，我曾为六个部落民众（充当）匐。

词注

1 行 Q W nč W Y>qunčuy（公主）：汉语公主的借用语，频繁见于叶尼塞碑铭和回鹘文文献中。回鹘文文献中多为贵妇人称号的一部分，如 tängri qunčuy（天公主）。叶尼塞碑铭中代指妻子。

1 行 L T m ṡ：Y ṡ m d a>altmïš yašïmda（在我 60 岁时）：此处以名词位格词缀＋da 表示时间，且时间状语置于文末，概以倒装句表示强调。60 岁当为墓主人去世时年龄。

2 行 T W T uQ> totoq（都督）：汉语都督的借用语，频繁见于古代突厥语文献中。从该音可以推知当时汉字督的入声韵尾尚未脱落。

2 行 e l m：k a>elim kä（为我国家）：与后面的 𐰋𐰆𐰑𐰣：𐰴𐰀> B W D N ：Q a>bodun qa（为民众）相呼应，以与格词缀＋qa / kä 表示动作接受方。

E2 乌尤克阿尔江（Uyuk Arzhan）碑

位置：碑石位于距离 乌尤克河北岸 2 公里的 Kokton 地方边界，距离阿尔江地方斯基泰时期古墓 1 公里。J. R. Aspelin 发现于 1888 年。A. V. Andrianov 于 1916 年搬移至米努辛斯克博物馆。馆藏编号为 21。

物理形态：鹿石属于青铜时期早期游牧民小型墓葬的一部分，由灰绿色精细石板制成。顶部刻有三条直线、一个圆圈、兵器和印记。底面有半月形的小型印记和图案形象。碑石自下朝上镌刻有 5 行鲁尼文铭文。铭文自左向右行文，年代约 8—9 世纪。见图版 E2。

规格：高 240 厘米，宽 49 厘米，厚 29 厘米。

主要研究：Radloff 1895，p. 305；Orkun 1940，pp. 35 – 36；Malov 1952，pp. 13 – 16；Batmanov 1959，pp. 138 – 139；Vasilyev 1983，pp. 14，59，82；Recebov and Memmedov 1993，pp. 217 – 218；Kormushin 1997，pp. 256 – 260；Kormushin 2008，pp. 91 – 92；Amanzholov 2003，pp. 112；Aydin 2013，pp. 25 – 27 等。

1 

r T i m Y ṡ Q rt b n

är atïm yaš qurt bän

2 

a č D y n：r r d ṁ m：a

a čad äyin är ärdämim a

3 

r r d ṁ m b m：uQ z a

är ärdämim äbim qïz a

4 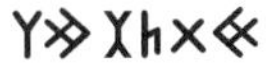

l m e t d m

elim etdim

5 

e ṡ m R i m z ṡ D m

ešim < u >rïm azïšdïm

[1]我的成人名字是 Yaš Qurt（幼狼或幼虫之义）。[2] 啊！因为是察，我的男儿的品德啊！[3] 我的男儿的品德和财产是罕见的啊！[4] 我组建了我的领国，[5] 我的配偶，我的儿子，我迷失了方向。

词注

1 行 ⋈>r t：关于鲁尼文字母 ⋈，学界尚无统一读法。此处建议读作 r t。参见白玉冬 2021。

2 行 č D>čad(察)：突厥回鹘等古突厥语族游牧政权官号之一。在突厥汗国完整的左右翼体制之中，右翼 tarduš(达头)部的最高将领被称为 šad(设，杀)，而在回鹘汗国左右翼体制当中，左翼 tölis(突利施)部的最高将领被称为 čad(察)。不过，在回鹘希内乌苏碑中又作 šad(设)。[1]

2 行 y n>äyin(因为，根据)：多见于回鹘文文献。克劳森以为借自和田塞语的 im。[2]

5 行 z ṡ>azïš-：动词 az-(误入歧途，迷失方向)后续表示共同进行或交互进行的词缀-š 构成的动词。依文字，也可读作前舌音字 äz-(刮，擦)后续词缀-š。[3] 兹取前者之义。

E3 乌尤克图兰(Uyuk Turan)碑

位置：J. R. Aspelin 于 1888 年发现于今图瓦共和国首都克孜勒西北约 70 公里的图兰镇近旁。D. A. Klements 于 1891 年，J. G. Granö 于 1906 年进行过调查。1943 年被移至克孜勒的图瓦博物馆。

物理形态：鹿石是青铜时期游牧民墓葬的一部分，由红灰色黏土状精细石板构成。两面刻有野鹿和公猪图案。两侧各 3 行，共 6 行鲁尼文铭文。在一侧铭文下方有半月形和十字形印记。铭文年代约 8—9 世纪。见图版 E3。

规格：高 282 厘米，宽 42 厘米，厚 19 厘米。

主要研究：Radloff 1895，pp. 305 – 307；Orkun 1940，pp. 39 – 42；Malov 1952，16 – 20；Vasilyev 1983，pp. 14 – 15，59，83 – 84；

---

〔1〕 相关介绍与分析，详见白玉冬 2011，第 87—88 页。
〔2〕 参见 ED，p. 274.
〔3〕 az-与 äz-参见 ED，p. 279.

Kormushin 1997，pp. 189 - 196；Kormushin 2008，pp. 92 - 94；Amanzholov 2003，pp. 113 - 114；Aydin 2013，pp. 27 - 29 等。

A 面（印记面）

1 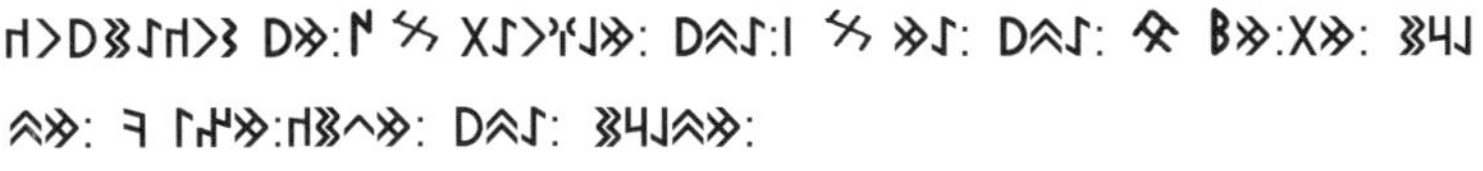

Q W Y D a Q W nč Y M：ü z d a W G L m：Y T a：s z m a：Y T a：b ük m：d m：D R L T m：k i n m：Q D ś m：Y T a：D R L T m：

quyda qunčuyum özdä oɣulïm yïta esizm-ä yïta bükmädim adïrïltïm äkinim qadašïm yïta adïrïltïm

2 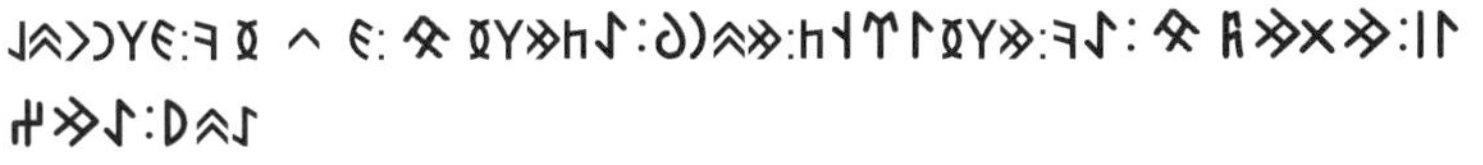

L T W N l g：k e ś g：b e l m t a：B N T m：t ŋ r i e l m：k a：b ük m d m：s i z m a：Y T a

altunlïg kešig belimtä bantum tängri elimkä bükmädim esizm-ä yïta

3 

ü č i n：k ü l g：t i r g：b n：t ŋ r i：e l m：t a：y m l g：b n：

öčin külüg tiräg bän tängri elim tä yämlig bän

B 面

4 

ü č y e t m ś：Y ś m Q a：D R L T m：g ük Q T W Ṅ y r m k a：D R L T m：

üč yetmiš yašïmqa adïrïltïm gök qatun yirimkä adïrïltïm

5 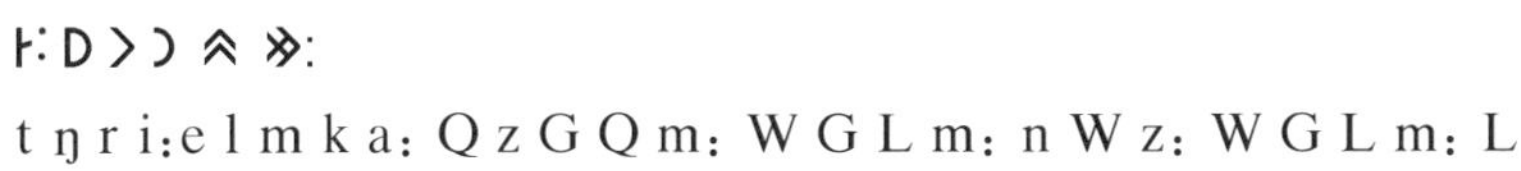

t ŋ r i：e l m k a：Q z G Q m：W G L m：n W z：W G L m：L

T i b i ŋ：Y W N T m：

tängri elimkä qazγuqïm oγulïm ün uz oγulïm altï bing yuntum

6 𐰴𐰣𐰢:𐱅𐰇𐰠<𐱁>𐰼𐰃:𐰴𐰺𐰀:𐰉𐰆𐰑𐰣𐰚𐰇𐰠𐰜:𐰴𐰑𐱁𐰢:𐰽𐰃𐰔𐰢𐰀:𐰠𐰱𐰢𐰼:

𐰇𐰏𐱁𐰼:𐰆𐰍𐰞𐰣𐰼:𐰚𐰇𐰓𐰏𐰇𐰠𐰼𐰢:𐰴𐰃𐰔:𐰚𐰠𐰣𐰠𐰼𐰢:𐰋𐰜𐰢𐰓𐰢:

Q N m：t ü l ＜ š ＞ r i：Q R a：B W D N k ü l ük：Q D ṡ m：s i z m a：l ič m r：ü g š r：W G L N r：k ü d g ü l r m：Q i z：k l n l r m：b ük m d m：

qanïm töli＜s＞ äri qara bodun külüg qadašïm esizim-ä elči mar (?) uγuš är oγulan är küdägülärim qïz kälinlärim bükmädim

[1]涧溪里的我的公主（即妻子），河谷里的我的儿子，（我）无能为力，万分悲痛！我的不幸啊！（我）无能为力，万分悲痛！我依依不舍（原义是没有厌倦）。我离别了。我的子孙，我的家人，（我）无能为力，万分悲痛！我离别了。[2]我把黄金箭囊系在我的腰上，朝向天国。我依依不舍。我的不幸啊！（我）无能为力，万分悲痛！[3]我是 Öčin Külüg Tiräg，我在天国是富有的（原义为有粮食）。[4-5]我在 63 岁时离别了，我离别了我的蓝色的卡通（河）之地，朝向天国。我的顶梁柱（Qazγuq）儿子！我的声音动听的儿子！我的六千匹马！[6]我的汗！我的突利施部战士、平民、有名望的家族！我的不幸啊！国使，法师（?），氏族战士，义子（?）战士，我的女婿们，我的儿媳们，我依依不舍。

词注

1 行 Q W Y ＞ quy：護雅夫曾详细介绍先行研究的不同观点并专做讨论。他对认为来自古汉语的“闺”字、应转写为 qui 的意见持否定态度，并重新验证了主张来自古突厥语 quy（洼地，河床，河岸）之意见的合理性。護氏进而将频见于叶尼塞碑铭的 quyda qunčuyum özdä oγlum 解释作“涧溪里的我的公主，溪谷里的我的儿子”。〔1〕据笔者释读，E13 碑铭中出现 ïyuq quyda qunčuyum（ïyuq 河谷里的我的妻子）一文。〔2〕其中的 ïyuq，即今大叶尼塞河支流乌尤克河。此处译作“溪谷”当最稳妥。

1 行 a Q W nč Y M：ü z d a W G L m＞a qunčuyum：özdä oɣulïm：瓦西里耶夫的图版上无法见到，此据哈萨克斯坦“文化遗产”官方网站 ТҮРІК БІТІК（http://bitig.org）公开的彩色图版（第 492 号）。

1 行 Y T a ＞yïta：该词在叶尼塞碑铭中出现的概率极高，但关于其转写及寓意，学界尚未达成共识。〔3〕護雅夫结合奥尔昆译文，视作感叹词，解释作“无能为力”或“无法忍受悲伤”。考虑到碑铭反映逝者对生前的眷恋和对命运的惋惜之情，本稿解释作“无能为力，万分悲痛”。

2 行 l g：k e ṡ g：b：瓦西里耶夫的图版上无法确认到，此据哈萨克斯坦“文化遗产”官方网站 ТҮРІК БІТІК（http://bitig.org）公开的彩色图版（第 492 号）。

2 行 t ŋ r i e l m＞ tängri elim（我的天国）：由于 tängri 具有天、神圣之义，故 tängri elim 也可解释作我神圣的国家，代指死者生前生活的国度，即黠戛斯汗国。兹取天国、天堂之义。

2 行 b ük m d m＞ bükmädim（我依依不舍）：据克劳森辞典，动词 bük-存在两种词义，一是“把……弯曲”，二是“对……厌恶、对……反感”。〔4〕笔者在重新释读 E59 碑铭时，把其中的 bük-解释作由“把……弯曲”之义派生的“鞠躬敬礼”，把 bük-的交互态 büküš-解释作“互相鞠躬敬礼”，即“进行告别”。〔5〕此处的 bük-，若解释作“鞠躬敬礼”，与前后字词之间在语法上存在龃龉。

3 行：关于此行，瓦西里耶夫图版与哈萨克斯坦“文化遗产”官方

〔1〕護雅夫 1986，第 541—542 页。
〔2〕参本书第 43—44 页。
〔3〕相关研究史归纳，见護雅夫 1962a，第 523 页、第 548 页注 29。
〔4〕ED，p. 324.
〔5〕白玉冬 2013，第 76—77 页；白玉冬 2017，第 79 页。

网站 TYPIK БITIK（http：//bitig. org）图版（700）存在部分差异。兹据后者释读。

3 行 t i r g>tiräg（谛略）：瓦西里耶夫图版作 t l r g。兹据 TYPIK БITIK 图版 700。据克劳森之说，tiräk 是来自动词 tirä-（支起，帮助）的名词，原义为支柱、柱子，作为官号出现在中古波斯语 M1《摩尼教赞美诗集》（*Mahrnāmag*）跋文所列回鹘人名号中。[1] 不过，王媛媛在 M1《摩尼教赞美诗集》的译注中，指出该处是其复数形式 tyr'k'n。[2] 哈密顿（J. Hamilton）在关于 10 世纪时期突厥语与汉语对音的研究中，介绍唐五代文献多以“谛略，地略”对译该词，[3] 并在其解读的敦煌出土 10 世纪回鹘语文献中发现有此官号。[4] 此处尾音 g 为 k 的浊化音。

3 行 t ŋ r i>tängri（天，神圣的）：瓦西里耶夫图版作 t s ŋ r i 。兹据 TYPIK БITIK 图版 700。

4 行 ü č y e t m ṡ>üč yetmiš（63）：其中的𐱁> ṡ，瓦西里耶夫图版作 𐰓>D。兹据 TYPIK БITIK 图版 495。

4 行 g ük Q T W Ṅ> gök qatun（蓝色的卡通）：最后一个文字 𐰤（Ṅ）是前舌音文字，与之前的 Q T W 不合。关于 qatun 指的是鄂毕河上流的卡通河，见爱丁的考察。[5] 关于 gök 可以视作 kök（蓝色）的浊音化形式，参见巴赞的解释。[6]

4 行 y r m k a>yirimkä（从我的土地）：由于紧随其后的动词是 adïrïl-（离别），此处 yirim（我的土地）之后的＋kä，虽然是名词与格词缀，但功用上与夺格词缀相同。

---

〔1〕 ED，p. 543，tirä-见同书第 533 页。M1《摩尼教赞美诗集》，见 Müller 1912，p. 159。

〔2〕 王媛媛 2007，第 135 页。

〔3〕 哈密顿 1982，第 161、173 页。

〔4〕 文书 7 第 5 行，文书 15 第 9、27 行，文书 18 正面第 9 行，背面第 2 行，文书 35 第 3 行。见 Hamilton 1986，pp. 57，84，86，171.

〔5〕 Aydın 2011，pp. 251－256.

〔6〕 巴赞 1991，第 131 页。

5行Q z G Q m> qazγuqïm(我的顶梁柱)：第1字在瓦西里耶夫的图版上为𐱃(t)，但在彩色图版(495)上为𐰴(Q)，兹取后者。Q z G Q亦可按爱丁那样复原作qazγaq，惜受条件所限，未能找到类似的例证。qazγuq原义为钉子，如吐鲁番出土木杵即被称作qazγuq，用于驱魔镇宅。[1] 此处大概以坚硬，或兼具驱魔镇宅功能的钉子来形容碑主的儿子。或可与中文的“顶梁柱”词义相通。

5行n W z>ün uz(声音动听)：第1字在瓦西里耶夫的拓片图版和摹写上是𐰇(ü)，不过在“文化遗产”网站公开的摹写上作𐰤(n)。最新的爱丁按𐰇(ü)来换写，转写作öz(我)。按爱丁转写，则之后的𐰆𐰔> W z> uz(技术高超，工匠)无法释清。单独的𐰤>n >n首选当然是复原作än(宽度，向下倾斜，洞穴，绵羊等动物耳朵上的记号)或in(洞穴)，[2]惜与此处前后文义不合。考虑到叶尼塞碑铭存在众多不遵守鲁尼文正字书写法的现象，姑转写作ün(声音)。

6行t ü l < š> r i> töli<s> äri(突利施部的战士)：其中的第4字𐱁(š)，在瓦西里耶夫给出的摹写和图版上作𐰋(b)。按此释读，则该部分应为𐱃𐰇𐰞 𐰋 𐰼𐰃> t ü l b r i> töl äb äri(子孙？房中的战士)，与前后文义之间存在龃龉。E2碑文中出现𐰲𐰑>č D>čad(察)，即突厥汗国或回鹘汗国右翼tarduš(达头)部或左翼tölis(突利施)部的最高将领之名。即，此种突厥语族游牧政权的左右翼体制对叶尼塞河流域的黠戛斯人并不陌生。鉴于不能完全否定𐰋与𐱁之间在文字书写上存在相混的可能性，姑把上述𐰋视作𐱁的误写。而且，此种解释更与前后文义贴合。

6行l ič m r> elči mar(国使，法师?)：亦有可能转写作elčim är(我的使者、战士)。

6行ü g š r> uγuš är(氏族战士)：四字均以前舌音文字写成。也有其他转写的可能，如前两字为ög(母亲)等。姑视作后元音词

---

[1] 相关考述，参见森安2015，第716—718页。

[2] 参见ED, pp. 165-166.

uγuš(氏族)后续 är(战士)。

E4　奥图克达失(Ottuk Dash)第一碑

位置：J. R. Aspelin 1888 年发现于大叶尼塞河南岸，与埃列格斯特河交汇处附近的奥图克达失山周围。D. A. Klements 曾进行调查，但未能发现。V. A. Oshurkov 于 1892 年制作拓本交付给拉德洛夫。A. V. Adriyanov 1915 年搬移至米努辛斯克博物馆。馆藏编号 39。

物理形态：灰色砂岩，石碑近方形截面，表面略有抛光，两侧精确成角。仅 1 行鲁尼文铭文，碑石底部损毁严重。铭文年代约 8—9 世纪。见图版 E4。

规格：高 85 厘米，宽 18 厘米，厚 17 厘米。

主要研究：Radloff 1895, p. 307；Orkun 1940, p. 49；Malov 1952, p. 20；Batmanov 1959, p. 144；Vasilyev 1983, pp. 16, 59, 86；Aalto1991, p. 32；Recebov and Memmedov 1993, p. 223；Kyzlasov 1994, p. 182；Kormushin 1997, pp. 256 - 260；Kormushin 2008, pp. 29 - 30；Aydin 2013, pp. 30 - 31 等。

图版一

𐰚𐰇𐰲𐰴𐰃𐰖𐰍𐰣𐰃𐰲𐰼𐰚𐰃

k ü č Q i Y G N i č r k i

küč qïyaγan ičräki

Küč Qïyaγan 内廷大臣

图版二

𐰘𐰇𐰜𐰨𐱅𐰼𐰏

y ü k nč t r g

yükünč tiräg

祷告谛略(或谛略之祷告，或人物名称)

词注

上述左侧释读是根据 TYPIK БITIK 图版(E4 第一图版)的释

读。此图版即拉德洛夫拓片图版。此种释读也即拉德洛夫的释读，包括 Aydin 2013 在内均按此释读。不过，如瓦西里耶夫给出的图版(E4 第二图版)所显示，碑文上的文字与拉德洛夫拓片文字明显不同。按第二图版，鲁尼文铭文应读作 𐰘𐰇𐰚𐰨𐱅𐰼𐰏 > y ü k nč t r g > yükünč tiräg。yükünč 是源自动词 yükün-(低头，服从，崇拜)的名词，具有“敬拜或服从的行为，祷告”之义。[1] tiräg，原义是柱子，此处相当于汉语的“柱国”，是官职名称，汉籍多作谛略。此文原义是“祷告谛略”，或者应解释作“谛略之祷告”，或是人物名称。

E5　巴里克(Baryk)第一碑

位置：位于图瓦共和国巴里克河东岸 Iji Tal 村以南 11 公里处的小山上，6 块纪念碑之一，现存克孜勒的图瓦博物馆。D. A. Klements 发现于 1891 年，I. A. Batmanov 再次调查，并于 1961 年搬移至图瓦博物馆。

物理形态：石碑是用棕红色的砂岩制成，镌刻有 3 行鲁尼文铭文。碑石底部有一个带有十字架的半月形印记。铭文年代约 8—9 世纪。见图版 E5。

规格：高 150 厘米，宽 44—65 厘米，厚 15 厘米。

主要研究：Radloff 1895，pp. 307 - 308；Orkun 1940，pp. 61 - 66；Malov 1952，20 - 21；Batmanov 1959，pp. 145 - 146；Batmanov and Kunaa 1963a，pp. 26 - 28；Amanzholov 1981，pp. 20 - 21；Vasilyev 1983，pp. 17，59，87；Kormushin 1997，pp. 209 - 211；Kormushin 2008，pp. 95 - 96；Aydin 2013，pp. 31 - 32 等。

1　ᛘᛘX≫ʃ≪>◁>Ч≪d (Ч)≫ᛘX≫Γ / ∃3 /

[1] yükünč 和 yükün-，参见 ED，p. 913.

r r d m a T W ïQ W z T B (R)m r d m i / k ñ/

är ärdäm-ä toquz tavarïm ärdäm //////

2 𐰆𐰔𐰘𐰃𐰏𐰤𐰞𐰯𐱃𐰆𐰺𐰣𐰞𐱃𐰃𐰆𐰍(𐱁)𐰉𐰆𐰑𐰣𐰑𐰀𐰘𐰏𐰃𐰼𐰢𐰃//////

W z y i g n L p T W R N L T i W G (š)B W D N D a y g i r m i/////

öz yägän alïp turan altï oγuš bodunda yegirmi //////

3 𐰋𐰏𐰼𐰚𐰢:𐰃𐰔𐰢𐰀𐰑𐰺𐰞𐰑𐰢

b g r k m：i z m a D R L D m

bäg ärkim：esizim-ä adïrïldïm

[1]男人的品德啊！是九头牲畜(之价值)，品德……[2]Öz Yägän Alïp Turan 在(从?)6 个氏族民众，20……[3] 我作为匐的力量啊！我的不幸啊！我离别了。

E6 巴里克(Baryk)第二碑

位置：位于图瓦共和国巴里克河东岸 Iji Tal 村以南 11 公里处的小山上，6 块纪念碑之一，现存克孜勒的图瓦博物馆。D. A. Klements 发现于 1891 年，I. A. Batmanov 再次调查，并于 1961 年搬移至图瓦博物馆。

物理形态：石碑是用棕红色的砂岩制成，镌刻有 4 行鲁尼文铭文。碑石底部有一个带有十字架的半月形印记。年代约 8—9 世纪。见图版 E6。

规格：高 154 厘米，宽 51—52 厘米，厚 23 厘米。

主要研究：Radloff 1895, pp. 308 - 309；Orkun 1940, pp. 62 - 66；Malov 1952, pp. 21 - 22；Batmanov 1959, pp. 146 - 147 ；Batmanovand Kunaa 1963a, pp. 29 - 30；Stebleva 1965, pp. 97, 137；Amanzholov 1981, pp. 22 - 23；Vasilyev 1983, pp. 17, 59, 87；Kormushin 1997, pp. 205 - 207；Kormushin 2008, pp. 96 - 97；

Aydin 2013，pp. 33－34；Recebov and Memmedov 1993，pp. 224－225；Bazin 1993，p. 39 等。

1 𐰚𐰇𐰤𐰃𐱅𐰃𐰼𐰏:𐰇𐰲𐰖𐱁𐰢𐰑𐰀:𐰴𐰭𐱁𐰃𐰔:𐰉𐰆𐰞𐰑𐰢

k ü n i t i r g：ü č Y ś m d a：Q ŋ ś i z：B W L D m

küni tiräg üč yašïmda qangsïz boldum

2 𐰚𐰇𐰠𐰇𐰏 𐱃𐰆𐱃𐰸: 𐰃𐰲𐰢: 𐰚𐰃𐱁𐰃: 𐰴𐰃𐰞𐰑𐰃:

k ü l ü g T W T uQ：i č m：k i ś i：Q i L D i：

külüg totoq ičim kiši qïldï

3 𐰭𐰉𐰆𐱁𐰆𐰔:𐰼𐰓𐰀: 𐰋𐰤:𐰼𐰓(𐰢)

ŋ B W ś W z：r d a：b n：r d(m)

äng boš uz ärdä bän ärdäm

4 𐰴𐰆𐰖𐰑𐰀𐰴𐰃:𐰴𐰆𐰨𐰖𐰢𐰍𐰀:𐰑𐰺𐰞𐰑𐰢:(𐱁𐰔)𐰢(𐰀)

Q W Y D a Q i：Q W nč Y m G a：D R L D m：(s z)m(a)

quyïdaqï qunčuyumγa adïrïldïm esizm-ä

[1]（我）Küni 谛略在 3 岁时失去了父亲。[2] 我叔叔（或兄长）Külüg 都督哺育我成人。[3] 我男儿的品德在战士中是最自由、最高明的。[4] 我离别了涧溪里的我的公主（即妻子），我的不幸啊！

E7 巴里克（Baryk）第三碑

位置：位于图瓦共和国巴里克河东岸 Iji Tal 村以南 11 公里处的小山上，6 块纪念碑之一，现存克孜勒的图瓦博物馆。D. A. Klements 发现于 1891 年，I. A. Batmanov 再次调查并于 1961 年搬移至图瓦博物馆。

物理形态：石碑是用棕红色的砂岩制成，正面镌刻有 4 行鲁尼文铭文，侧面镌刻有 1 行鲁尼文铭文。碑石底部有一个带有十字架的半月形印记。年代约 8—9 世纪。见图版 E7。

规格：高 157 厘米，宽 58—64 厘米，厚 12—18 厘米。

主要研究：Radloff 1895，p. 309；Thomsen 1916，pp. 60 - 61；Orkun 1940，pp. 63 - 67；Malov 1952，pp. 22 - 23；Batmanov 1959，pp. 147 - 148；Batmanov and Kunaa 1963a，pp. 31 - 32；Stebleva 1965，pp. 97，137 - 138；Amanzholov 1981，pp. 24 - 25，Amanzholov 2003，pp. 117 - 118；Vasilyev 1983，pp. 17，60，87；Kormushin 1997，pp. 207 - 209；Kormushin 2008，pp. 98 - 99；Aydin 2013，pp. 35 - 36；Recebov and Memmedov 1993，pp. 225 - 226 等。

1 

B Y č a ṡ ŋ W N：W G Li：k ü l ü g č W R

bayča sangun oɣulï külüg čor

2 

B W ŋ W ṡ W z W L G a Tm：B W ŋ B W r m [š]

bungusuz uluɣatïm bung bu ärmiš

3 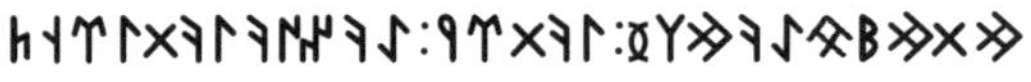

t ŋ r i d k i k ü n k a：y r d k i：e l m k a b ük m d m

tängridäki künkä yirdäki elimkä bükmädim

4 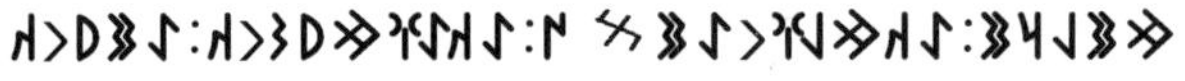

Q W Y D a：Q W nč Y m G a Q a：ü z D a W G L m Q a：D R L D m

quyïda qunčuyumïɣaqa özdä oɣulïmqa adïrïldïm

5 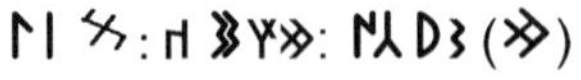

i s z：Q D š m：ü č Y nč（m）

esiz qadašïm üč yančïm

[1]（我是）Bayča 将军的儿子曲律啜（Külüg Čor）。[2] 我没有悲伤地长大成人。悲伤就是这个。[3] 我对天上的太阳和地上的人民（或国家）

依依不舍。[4] 我离别了涧溪里的我的公主(即妻子)和河谷里的我的儿子。[5] 不幸！我的家人，我的三位妻子。

词注

4 行 Q W nč Y m G a Q a > qunčuyumïγaqa(向我的公主)：名词 qunčuy(公主，即妻子)后续第一人称所有词缀 m，再后续名词与格词缀 qa 的浊音化 γa，又后续与格词缀 qa。其中的 𐰍 >Ga> γa，在突厥与回鹘的碑文中不充当名词与格词缀，但在叶尼塞碑铭中经常充当，学术界通常视作 qa 的浊音化形式。此处告别的对象中，紧后面的 oγulïm(我的儿子)后续的与格词缀是 qa。依此类推，qunčuyum(我的公主)后续的与格词缀可视作 qa。鲁尼文铭文制作者(镌刻人或书写人)习惯用浊化音 γa 替代 qa。不过，该人物同时了解鲁尼文碑文正字法中与格词缀是 qa，故进行了补充。该词例为探讨叶尼塞碑铭所反映的语言及其语音特征提供了一个良好的例子。

E8 巴里克(Baryk)第四碑

位置：位于图瓦共和国巴里克河东岸 Iji Tal 村以南 11 公里处山丘上的 6 块纪念碑之一。同一地点还有一块石碑，没有铭文，有一个印记。D. A. Klements 发现于 1891 年。I. A. Batmanov 于 1961 年再次调查，并搬移至克孜勒的图瓦博物馆。

物理形态：红褐色砂岩，扁平、横断面明显的长方形石碑，抛光效果较差。有 3 行鲁尼文铭文和一个印记。表面破损严重，鲁尼文铭文难以释读。年代约 8—9 世纪。见图版 E8。

规格：高 115 厘米，宽 53 厘米，厚 12 厘米。

主要研究：Radloff 1895, p. 310; Orkun 1940, pp. 64 - 67; Malov 1952, p. 23; Batmanov and Kunaa 1963a, pp. 33 - 34; Vasilyev 1983, pp. 18, 60, 87; Recebov and Memmedov 1993, pp. 226 – 227；Kormushin 1997，pp. 211 – 212；Kormushin 2008，p. 99；Aydin 2013，pp. 36 – 38 等。

1 𐰇𐰲𐰤:𐰋𐰜𐰢𐰓𐰢𐰀////

ü č n：b ük m d m a ////

üčün bükmädim-ä ////

2 [𐰴𐰆](𐰖)𐰑𐰀𐰴𐰆𐰨𐰖𐰢(𐰇 𐰔)[𐰓𐰀𐰆𐰍𐰞𐰢𐰑𐰺𐰞𐰑𐰢]

[Q W] (Y)D a Q W nč Y m (ü z) [d ä W G L m D R L D m]

quyda qunčuyum özdä oγulïm adïrïldïm

3 𐰴𐰭𐱁𐰔：𐰠///

Q ŋ š z：l ///

qangsïz ///

[1]由于……我依依不舍(或没有鞠躬行礼)啊！[2][涧溪]里的我的公主(即妻子)，[河谷里的我的儿子，我离别了]。[3]没有父亲……

E9　喀喇苏格(Kara Sug)碑

位置：发现于埃列格斯特河东侧支流喀喇苏格溪流近旁的 Sayik 地方，距离 Ust Elegest 村 2 公里。1888 年，J. R. Aspelin 依据 Martyanov 的报告发现。D. A. Klements 在 1891 年，V. A. Oshurkov 在 1892 年调查并复制碑文拓片。1961 年搬移至图瓦博物馆。

物理形态：石碑由黄灰色钙质砂岩制成。方形断面，表面经过抛光处理，两侧加工精细。共 8 行鲁尼文铭文垂直镌刻于石碑的相对的两个宽面上，部分文字漫漶不清。窄面上亦有一些鲁尼文字，但无法释读。由于存在多处近现代人刻写，碑文受损严重。见图版 E9。

规格：高 190 厘米，宽 41 厘米，厚 16 厘米。

主要研究：Radloff 1895, pp. 310 - 311; Orkun 1940, pp. 199 - 200; Malov 1952, pp. 24 - 25; Batmanov and Kunaa 1963, pp. 24 - 25; Vasilyev 1983, pp. 18, 60, 88; Recebov and Memmedov 1993, p. 227; Kormushin 1997, pp. 211 - 212; Kormushin 2008, p. 99; Aydin 2013, pp. 38 - 39 等。

A 面

1 ///////(字数不明)(𐰆𐰍𐰞)𐰣𐰢𐰀𐰾𐰔𐰢𐰀𐰑𐰺𐰞𐰑𐰢

///////(W G L)N m a s z m a D R L D m

///////oγulanïma esizm-ä adïrïldïm

2 ///////(字数不明)(𐱃)𐰆𐰍𐰑𐰢𐰋𐰤

///////(t) W G D m b n

///////uγdïm bän

3 ///////(字数不明)𐰢///𐰺𐰑𐰀:𐰋𐰭𐰇𐰾𐰇𐰖𐰸 𐰼𐰢𐰾𐰖𐰞𐰪𐰘𐰇𐰔𐰠𐰏𐰓

///////m///R D a: b ŋ ü s ü Y uQ r m s Y L ṅ y ü z l g d

///////// bängü sü yoq ärmiš yalïng yüz el igid

4 ///////(字数不明)𐱃𐰢𐰃///𐰇𐰔𐰀

///////t m i///ü z a///////

5 ///////(字数不明)𐰼𐰢///𐰀///

///////r m ///a ///

[1]我的儿子们啊！我的不幸啊！我离别了。[2]我……了。[3]永恒的军队消失了。赤裸的一百名民众，谎言[4]……上面……[5]……

B 面

1 ///////(字数不明)𐰢///𐰑𐰃:𐰋𐰭𐰇𐰾𐰇𐰖𐰸:𐰼𐰢 𐱁:𐰖𐰞 𐰪𐰘𐰇𐰔 𐰆

///////m ///D i: b ŋ ü s ü Y uQ: r m ṡ: Y L ṅ y ü z W

/////// bängü sü yoq ärmiš yalïng yüz oo?

2 /////𐰢𐰤// 𐱁//////////

/////m Q// ṡ//////////

3 ///////////\///》///////

//////////s///D///////

[1]永恒的军队消失了。赤裸的一百位王？……[2-3]……

词注

1892 年，V. A. Oshurkov 对此碑文进行调查后制作拓片，但部分文字存在描改。拉德洛夫获得此拓片后，提出了质疑。由于碑文表面破损严重，鲁尼文铭文整体难以辨认，以往刊出的图像形状均有所不同。兹据瓦西里耶夫给出的换写，并参考相关图版。

B 面 1 行 W＞ oo（王）：包括 Vasilyev 1983 和 Aydin 2013 在内，前人未能给出换写和转写。包括突厥汗国大型碑文在内，以一个字母代表 2 个前后重叠的同一音值并非个案。汉字“王”在较晚的回鹘文文献中，通常音译为 wang，但在较早（约 10—12 世纪）的回鹘文文献中写作 oo。〔1〕考虑到叶尼塞碑铭中频繁出现公主、都督、刺史、将军等汉语专用词汇的音写词，汉语“王”被引入到黠戛斯汗国，不无可能。

E10　埃列格斯特（Elegest）第一碑

位置：J. R. Aspelin 1888 年发现于叶尼塞河支流埃列格斯特河西岸古墓，1915 年移入米努辛斯克博物馆。馆藏编号 19。

物理形态：黑灰色石板，石板四面有 12 行鲁尼文铭文。碑石底部有卄状印记。年代约 10 世纪。见图版 E10。

规格：高 311 厘米，长 54—78 厘米，宽 20 厘米。

主要研究：Radloff 1895，pp. 311 - 314；Thomsen 1916，

〔1〕 庄垣内正弘 2003，第 134 页。

p. 375;Orkun 1940, pp. 179 - 185; Malov 1952, pp. 25 - 28; Batmanov and Kunaa 1963, pp. 24 - 25; Vasilyev 1983, pp. 18, 60, 88 - 89;Aalto 1991, pp. 35 - 37;護雅夫 1986, pp. 458 - 465; Recebov and Memmedov 1993, pp. 231 - 234; Kormushin 1997, pp. 228 - 242; Kormushin 2008, pp. 100 - 102; Aydin 2013, pp. 40 - 44 等。

1 𐰸𐰆𐰖𐰑𐰀:𐰸𐰆𐰣𐰲:𐰖𐰢𐰀:𐰾𐰔𐰢𐰀:𐰖𐰃𐱃𐰀:𐰇𐰔𐰓𐰀:𐰆𐰍𐰞𐰢:𐰾𐰔𐰢𐰀:𐰑𐰺𐰞𐱃𐰢:𐰖𐰃𐱃𐰀

Q W Y D a: Q W nč: Y m a: s z m a: Y i T a: ü z d a: W G L m: s z m a: D R L T m: Y i T a

quyda qunčuyum-a esizim-ä yïta özdä oγulïm esizim-ä adïrïltïm yïta

2 𐰘𐰇𐰔𐰼:𐰸𐰑𐱁𐰢:𐰆𐰖𐰺𐰣:(𐰇)𐰲𐰤:𐰘𐰇𐰔𐰼𐰤:𐰠𐰏:𐰇𐰚𐰔𐰤:𐱅𐰚𐰓𐰃

y ü z r: Q D š m: W Y R N: (ü) č n: y ü z r n: l g: ü k z n: t k d i

yüz är qadašïm uyurïn üčün yüz ärin älig öküzin tikdi

3 𐰚𐰇𐰜𐱅𐰭𐰼𐰃𐰓𐰀:𐰚𐰇𐰤𐰖𐰀𐰔𐰼𐰢𐰾:𐰖𐰃𐱃𐰀:𐰾𐰔𐰢𐰀:𐰑𐰺𐰞𐱃𐰢

k ü ük t ŋ r i d a: k ü n Y a z r m s: Y i t a: s z m a: D R L T m

kök tängridä kün yaz ärmiš yïta esizim-ä adïrïltïm

4 𐰸𐰣𐰢:𐰀𐰠𐰢𐰀:𐰾𐰔𐰢𐰀:𐰖𐰃𐱃(𐰀)/𐰍/(𐰖𐰸)𐰋𐰓𐰜:𐰸𐰣𐰢𐰀𐰠𐰢(𐰾)𐰔:𐰖𐰃𐱃𐰀:𐰑𐰺𐰞𐱃𐰢

Q N m: e l m a: s z m a: Y i T (a) /G /(Y Q) b d ük: Q N m e l m (s) z: Y i T a: D R L T m

qanïm elim-a esizim-ä yïta///dük qanïm elim esiz yïta adïrïltïm

5 𐰚𐰇𐰼𐱅𐰠𐰸𐰣𐰆𐰸𐰺𐰭𐰆𐰞𐱃𐰆𐰣𐰞𐰍𐰚𐰾(𐰏)𐰋𐰤𐰤𐰚𐰇𐱅𐰢:𐰋𐰠𐰓𐰀𐰉(𐰑)𐰢:𐱃𐰆𐰸𐰔𐰾𐰚𐰔𐰖𐱁𐰢[𐰑𐰀]

k ü r t l Q N uQ R ŋ W L T W N L G k s (g)b n n k ü t m: b l d a B (D) m: T W Q z s k z Y š m [D a]

körtlä qan qorungu altunluγ kešig bän nä<g>ü ettim beldä

badïm toquz säkiz<on> yašïmda

6 [illegible]

W R ŋ̇ W: k ü l g: T uQ: b ü g ü t r k: Q a: Q ŋ̇ m: b g: r d m: ü č n: b n r l k (n)[B R] D m

urungu külüg toq bögü tiräk qa qangïm bäg ärdäm üčün bän ärlikin bardïm

7 [illegible]

Q R a: B W D N m: Q T G L N ŋ: e l t ü r s ü: i D m ŋ̇: (Y i T a: s z l m: Q N m)

qara bodunum qatïɣlanïng el ättürüšü ïdmang yïta esiz elim qanïm

8 [illegible]

e l m: W G R N T a: s ü B W L p: r l r m d ük m Y uQ: č b l g d a: m r t g m d: s k z r n r d m (m)

elim uɣurïnta sü bulup ärlärämädüküm yoq ič biligdä äm är tigmä äd säkiz ärin ärdämim

9 [illegible]

e l m W T S ŋ a: z i p: Q a L N D R L (p)L N (ŋ̇): //S Y: i L T a r ////// Q a Y N

elim utušïnga azïp qalïn adïrïlïp alanïng //////////////// qa yan

10 [illegible]

B W ŋ̇: B ŋ̇ a: B i ŋ̇ T r m s: ü l d m Y i T a: s z m a: Y š a Y N

bung banga bïng at ärmiš öldim yïta esizim-ä yaš-a yan

11 [illegible]

t ü r t D Q:Y i L Q m: s k z D Q: L G: B R m m: B W ŋ m: Y W uQ: r d m

tört adaq yïlqïm säkiz adaqlïγ barïmïm bungïm yoq ärdim

12 𐰴𐰑𐱁𐰢𐰀:𐰚𐰀𐰤𐰢𐰀:𐰑𐰸𐰞𐱃𐰢𐰀:𐰖𐰃𐱃𐰀:𐰴𐰺𐰀:𐰉𐰆𐰑𐰣𐰢𐰀:𐰑𐰺𐰞𐱃𐰢:𐰖𐰃𐱃𐰀:𐰢𐰤

Q D š m a: k e n m a: D uQ L T m a:Y i T a: Q R a: B W D N m a: D R L Tm:Y i T a:m n

qadašïm-a äkenim-ä adï＜rï＞ltïm-a yïta qara bodunum-a adïrïltïm yïta män

[1]涧溪里的我的公主(即妻子)！啊！我的不幸！啊！无能为力，万分悲痛！河谷里的我的儿子！我的不幸！啊！我离别了！无能为力，万分悲痛！[2] 由于我一百名成年男性亲属的能力，一百名士兵(为我)竖立了50头公牛。[3] 苍天上的日子正是春天。无能为力，万分悲痛！我的不幸！啊！我离别了！[4] 我的汗！我的国家！啊！我的不幸！啊！无能为力，万分悲痛！……我的汗！我的国家！不幸！无能为力，万分悲痛！我离别了！[5] 我佩戴了骨特罗(Körtlä)汗保护自身的一个黄金箭囊，系在了我的腰带上。在我79岁时，[6] 由于纛官俱录·脱克·布古谛略(Urungu Külüg Toq Bögü Tiräk)家父(作为)匐的德行，我怀着勇气走了。[7] 我的平民！你们要坚强！你们切不要让(别人)构建王国！无能为力，万分悲痛！不幸！我的国家！我的汗！[8] 因我国家之故，获得了军队，我没有不培养成合格的战士。被称为内智理疗师的移动财产——我的(相当于)8人的德行啊！[9] 我的人民啊！你们要忘我地投入到战斗中，要多多获取，返回……[10] 悲痛的我是千户长。我死了。无能为力，万分悲痛！我的不幸！啊！青春啊！返回！！[11] 我的四条腿的牲畜！我的八条腿的财产！我的悲痛！我没有了！[12] 我的亲属！啊！我的子孙！啊！我离别了！啊！无能为力，万分悲痛！我的平民！啊！我离别了，无能为力，万分悲痛！我！

词注

2 行 W Y R N＞uyurïn：克劳森词典列出 uyar 与 uyur，把二者解释作动词 u-(能够)的进行时态，充当名词。并在 uyar 条中指出，见于本碑铭和 E28 阿勒屯考勒（Altyn Kyol'）第 1 碑的马洛夫读作 uyar 的词，应读作 uyur。同时认为，上述解释并不适合马洛夫解读的 E17 查浩勒(Chaa Hol')第 5 碑的三处 uyar，主张该三处 uyar 应更正为 öz(我自己)。[1] 鉴于庄垣内正弘解读的回鹘文佛教文献中出现 uyur üčün 的用例，[2]笔者视作名词 uyur(能力)后续名词对象格词缀＋ïn，与之后的 üčün(由于)相结合，用于表达原因理由。

2 行 t k d i＞tikdi(竖立了)：或应转写作 ätikdi(长肉了)。如此，之前的 öküzin(把公牛)的 in 应视作名词共同格词缀。即一百名士兵和 50 头公牛都很强壮之义。

3 行 k ü n Y a z＞kün yaz(日子春天)：或可转写作 kün ay az，与之后的 ärmiš 共同构成日月稀少之义。

5 行 k ü r t l Q N＞ körtlä qan：körtlä(美丽)多出现于摩尼教与佛教文献。[3] 如，德藏 Mainz 435 号回鹘文摩尼教赞美诗中，出现 körtlä xan(körtlä 汗)的称号。[4] 不过，此处的 körtlä qan 当为叶尼塞本土之汗，难以与上述 körtlä xan 堪同。另，E52 埃列格斯特(Elegest)第 2 碑墓主为 körtlä sangun(körtlä 将军)，[5]不知是否与此 körtlä qan 有关。

5 行 uQ R ŋ̇ W ＞ qorungu-：瓦西里耶夫之外的学者，将第 1 字均读作 L，实误。此字上下方均带有箭头，与出现于同碑铭第 6 行第 10 字的 uQ 写法相同。另，第 3 字◈存在 nt/nd，以及鼻音 ŋ 之变体三

---

〔1〕 ED, p. 275.

〔2〕 庄垣内正弘 2008，第 248 页 1150 行。

〔3〕 ED, p. 739.

〔4〕 Zieme 1975, pp. 59 - 60.

〔5〕 Vasilyev 1983, pp. 19, 91; Kormushin 1997, p. 176；见本书，第 119 页。

种可能。[1] 此处视作 ŋ 之变体，换写作ŋ̇ 。克劳森指出，动词 qorï-(保护，防护)的反身动词有 qorïn-/qorun-，是(保护自身)之义。[2] 并介绍 qorun-在察哈台语文献中有"保护自身"和"受限制，得到保护"之义。此处 qorun-的-n-是动词构词词缀，除构成反身动词外，还构成被动形，以及及物动词的非及物动词化(即他动词的自动词化)。笔者取反身动词之义。另，因 qorungu-修饰后面的 keš(箭囊)，故其中的-gu 或可视作动词的动名词词缀。不过，到目前为止，我们所掌握的动词的动名词词缀只有-γu/-gü，尚未发现存在-ngu 的形式。当然，qorungu 亦存在专用名词之可能。此处姑存疑。科尔姆辛读作 urungu，按不明词汇处理，是源于其将 uQ 读作 L。

5 行 n k ü>nä<g>ü：其中的第 2 字 k，相比通常写法的 k，上半部棱角不明，但顶端开口，无法读作前舌音 y。k 的这种写法，还见于该碑文第 2 行第 28 字，即 t k> ätik-(强壮)的 k。不过，按此读法文义难通。此处，k 或为 g 的误刻，或为实际发音。叶尼塞碑铭中，g 音与 k 音存在不稳定性，亦非特殊现象。[3]

5 行 b l d a B(D) m>beldä badïm：据黑白图版，B 与 m 之间可见 N 或 W 形状的线条。不过，据彩色照片，该线条实际上为自上方延续下来的石板表面凹痕。在上述凹痕右下方，隐约可见 › 状文字。虽其紧上方与上述凹痕重叠在一起，但在凹痕垂直部分向左上方弯曲处两侧，可见向左上方约呈 45 度角的白色文字痕迹。按上述形状而言，该不明文字存在双舌音文字 ñ 或 nč，后舌音文字 D 三种可能。此处，据之前的 beldä(在腰带，从腰带)，读作 D，整句译作"我系在了腰带上"。

5 行 T W Q z：s k z Y š m> toquz säkiz <on>yašïm(我 79

---

[1] Vasilyev 1983，p. 7；Kormushin 1997，p. 18.

[2] qorï-与 qorïn-分别见 ED，pp. 645－646，661－662.

[3] 如 E37 图瓦(Tuba)第三碑中，ičräki(朝廷内臣)写作 ičrägi，威巴特(Uybat)第九碑中，äkäč(姐姐)写作 ägäč 一词。相关讨论，见大澤孝 1992，第 6—7 页；白玉冬 2014，第 145 页。

岁）：按叶尼塞碑铭所见古突厥语计数法，此处 s k z ＞säkiz（8）与 Y š m ＞yašïm（我的年龄）之间，缺失 W N＞on（10）。

6 行 t r k＞ tiräk：古突厥语官号之一，唐五代汉文文献多以“谛略，地略”音译，见 E3 译注。据瓦西里耶夫图版，文字无疑为 t r k。不过，令人感到困惑的是，自拉德洛夫以来，前人均将其与紧后面的 Q a＞qa（家）连读，摹写、换写均作 t r k n ä，转写作 tärkän-ä，或后加?，以表存疑。如下一词注所述，tiräk 后面的 qa qang 是家父之义，则 tiräk 之前 urungu külüg toq bögü 是墓主父亲之名，tiräk 定是其官职。

6 行 Q a：Q ŋ m＞qa qangïm：qang 是父亲之义，此无任何异议。据克劳森介绍，qa 为 family。[1] 另，哈密顿与辛姆斯·威廉姆斯（N. Sims-Williams）合著《敦煌出土九至十世纪突厥—粟特语文书》中，粟特语的 X' 或 Ẍ' 也为汉语“家”之对音。[2] 据此，笔者视此处的 Q a＞qa 为汉语“家”的对音，Q a：Q ŋ m＞qa qangïm 直译是“我的家父”。

6 行 r l k＞ ärlik：瓦西里耶夫换写、摹写均作 r k i，似乎可转写作 ärk（自由，力量）后续 i。尤其是因前文提到墓主年龄，此处更容易让人想起 ärklig（阎王）。不过，文末倒数第 2 字 D 之前破损部分，至多为 3 字空间。若复原作 ärklig，加上所需后续与格词缀＋kä，共需 4 字空间，几无可能。仔细观察彩色图版，发现文字实为 r l k，可转写作 ärlik（男子汉气概，勇气）。至于后面的残余笔画文字，笔者复原作 n，视作名词工具格或共同格词缀的＋in。

7 行 e l t ü r s ü：i D m ŋ ＞ el ettürüšü ïdmang：后半部分在彩色图版上几近消失，幸好在黑白图版上可清晰可见。突厥语中，大到一个国家，小至一个部落集团，都被称为 el，[3] 此点与蒙古语的 ulus

---

〔1〕 ED, p. 578.

〔2〕 Sims-Williams and Hamilton 1990, p. 27.

〔3〕 关于 el 的详细讨论，参见護雅夫 1962b，第 97—98 页。

含义等同。此处的 el，应是指墓主生前统领的部族王国。其中，ettür-是动词 et-（组织，创建）的使役形，《突厥语大词典》列出的“让修理，使纠正”之义，与此处不符。[1] 克劳森所引佛教文献中，etdür-取“建造，创立”之义，似有不妥之处。[2] 之后的-š-，笔者视作表示相互、共同的动词词缀，-ü-为动词副动词词缀，-ïd 为表示强调的补助动词，-mang 为表示否定的词缀-ma 后续第二人称命令形语尾。整句意思为“你们切不要让构建王国！”

8 行 č b l g > ič bilig：原字转写作 ič bilgä（朝廷内臣）亦未尝不可。[3] 不过，考虑到与其呼应的后文出现 ärdäm（男人的品德），此处视作 ič（内，内部，内心）与 bilig（智慧）的合成词“内智，内心”更合文义。

8 行 m r t g m d>äm är tigmä äd：其中的第 1 字 m，瓦西里耶夫与科尔姆辛换写、摹写均误作 b，实属罕见。m r>äm är 为 äm（治疗，补救）与 är（成年男子，战士）的合成词。[4] 整句意思为“被称为理疗师的移动财产”。结合紧前面出现的 ič biligdä（内智的，内心的），以及紧后面的 ärdäm（男人的品德），此句形容碑铭主人具有某种魔力。可能碑铭主人在属于黠戛斯社会上层人物的同时，是一位兼通巫术的萨满教巫师。𐰢𐰺>m r 或可转写作 mar（大德，法师）。

9 行 e l m> elim：el 有“国家，人民，地方”之义。此句以 L N (ŋ̇)> alanïng（你们要获取）结句，即以动词第二人称复数形命令式-ïng 结句，故取人民之义。

9 行 W T S ŋ a> utušïnga：关于第 3 字，瓦西里耶夫换写作 S，摹写作 b。据彩色图案，此字无疑为 S。动词 ut-（击打，战斗）后续名词构词词缀-š-，再后续第三人称与格-ïnga。

9 行 D R L (p) L N (ŋ̇) > adïrïlïp alanïng：adïrïl-（离开，分

---

〔1〕 CTD, p. 204；《突厥语大词典》第 1 卷，第 237 页。

〔2〕 ED, p. 67.

〔3〕 ič（内）存在朝廷内部之义，参见克劳森关于 ičräki（内臣）的解释。见 ED, p. 31.

〔4〕 äm 参见 ED, p. 155.

开)的表示动作连续发生的副动词 adïrïlïp-,后续 alan-(自己取)的第二人称命令形的复数形式-ïng。瓦西里耶夫摹写作 D R L Y W ṅ,换写作 D R L W N ṅ。不过,在第一个 L 的左上方可见到 p 的上半部。另,瓦西里耶夫换写作 W 的第 5 字,虽只见到下半部,但确切可见划向左上方的勾线,读作 L,并无问题。包括此处在内,笔者的释读 utušïnga azïp qalïn adïrïlïp alanïng(你们要忘我地投入到战斗中,要多多获取)与科尔姆辛等前人解读区别甚大,兹不一一指明。另,关于笔者视作不明文字的部分,拉德洛夫依据自己描绘的图版,按 bars yïl(虎年)复原。奥尔昆、马洛夫延续了这一读法。然此说遭到了巴赞的质疑。[1]

10 行 B W ṅ: B ṅ a:B i ṅ T r m s > bung banga bïng at ärmiš(悲痛的我是千户长):亦可转写作 bung banga bïng at ermiš(一千匹马抵达悲痛的我处)。不过,此种转写在文义上与上下文之间有龃龉之处。其中,B ṅ a > banga 是第一人称"我"的与格充当主语。至于 B i ṅ > bïng(千),瓦西里耶夫摹写、换写均作 B ü ṅ。彩色图版显示,第 2 字右上方是石板划痕。突厥鲁尼文碑刻中,"千"有前舌音、后舌音两种写法,此处是后舌音。at(名)亦有"名号"之义。回鹘希内乌苏碑文记录磨延啜可汗曾充当 bïnga bašï(千人长)。[2] 不过,此处第 3 行提到"我的一百名士兵",数量上与千人不合。是故,此处的 bïng at 姑视作"千户长",但亦不能完全排除其他,如千人长的可能性。

10 行 Y š a Y N > yaš-a yan:瓦西里耶夫摹写、换写均作 Y L Q a Y N。虽彩色图版无法见到此处,但黑白图版显示并无 L。而且,瓦西里耶夫读作 Q 的文字,上半部接近汉字"丫"的上半部,下半部并非上下垂直的线段,而是一条曲线。相比第 5 行末尾 yaš 的 š,肩部向下的线条虽位于相反方位的左肩部,但 š 的此种写法,也存在

---

〔1〕 巴赞 1991,第 151—152 页。
〔2〕 北面第 6 行,参见白玉冬 2013,第 83 页。

于叶尼塞碑铭之中。yan(返回),此处是以词干表示第二人称命令形。整句为“青春啊！返回!”之义。

11 行 s k z D Q：L G：B R m > säkiz adaqlïγ barïm：同样表达方式“八条腿的财产”,还见于叶尼塞碑铭中的 E11 贝格烈碑(Begre)与 E42 拜布伦(Baj Bulun)第 1 碑。護雅夫研究认为,指的是一种带有魔力、灵性的特殊的家畜,尤其是马匹。[1] 克劳森引用此处,指出 barïm 为财产之义。[2]

E11 贝格烈(Begre)碑

位置：发现于今图瓦共和国贝格烈河与大叶尼塞河交汇点北侧的 Mungash Chirik 地方。A. V. Andrianov 于 1915 年移入米努辛斯克博物馆。馆藏编号 40。

物理形态：灰色石板,属于墓志铭,4 面共 10 行鲁尼文铭文,无氏族印记。年代约 9—10 世纪。见图版 E11。

规格：高 51 厘米,长 40—52 厘米,宽 20—27 厘米。

主要研究：Radloff 1895, pp. 301 - 302, 314 - 317; Orkun 1940, pp. 71 - 76; Malov 1952, pp. 29 - 31, ; Batmanov and Kunaa 1963, pp. 24 - 27; Vasilyev 1983, pp. 19 - 20, 61, 92; Recebov and Memmedov 1993, pp. 235 - 240; Kormushin 1997, pp. 270 - 276; Kormushin 2008, pp. 102 - 104; Aydin 2013, pp. 44 - 47 等。

1 𐰇𐰲𐰆𐰍𐰞𐰢𐰀𐰑𐰺𐰞𐰑𐰢𐰀𐰖𐰃𐱃𐰀𐰉𐰜𐰢𐰓𐰢𐰀𐰴𐱃𐰍𐰞𐰣𐰍𐰞

ü č W G L m a D R L D m a Y i T a b ük m d m a Q T G L N G L

üč oγulma adïrïldïm-a yïta bükmädim-ä qatïγlanγïl

[1] 護雅夫 1986,第 458—465 页。

[2] ED, p. 366.

2 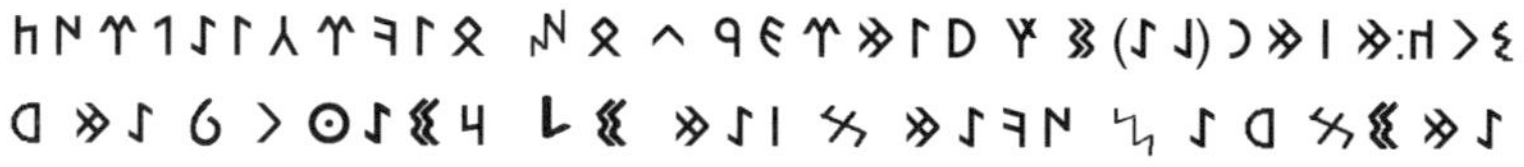

t ü r p a i č r k i b n b ṡ y g r m i Y š d (a L) N m ṡ m ：Q W nč

Y m a B W ŋ̇ a D R L D m a s z m a k ü n a Y z D m a

tör apa ičräki bän biš yägirmi yašïda alïnmïšïm qunčuyum-a

bung-a adïrïldïm-a äsizm-ä kün ay azdïm-a

3 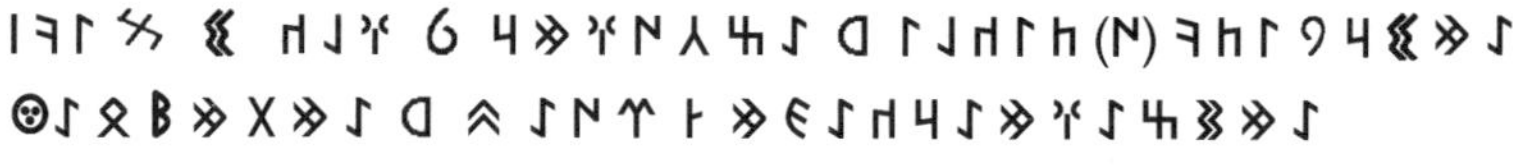

s k i z D Q L G B R m G ü č n a Y i L Q i t (ü) k t i B R D m

a nt a b ük m d m a Y T a ü r ŋ m g a Q R a m G a z D m a

säkiz adaqlïγ barïmïγ üčün-ä yïlqï tükäti bardïm-a anta

bükmädim-ä yïta ürüngümgä qaramγa azdïm-a

4 

y r m a Y i T a š W B m a D R L D m a B W ŋ̇ a (s) z m a Y i

T a

yirm-ä yïta subm-a adïrïldïm-a bung-a äsizm-ä yïta

5 

B W D N m a k i n m a Q D š m a (D) R L D m a b ük m d m

bodunm-a äkinim-ä qadašïm-a adïrïldïm-a bükmädim

6 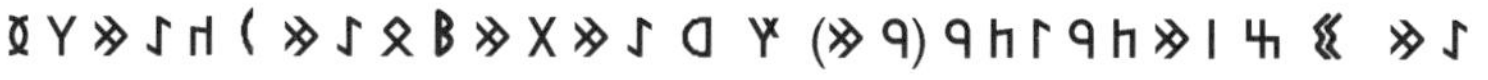

e l m a Q N m a b ük m d m a Y š (m y) y t i y t m s z D m a

elm-ä qanïm-a bükmädim-ä yašïm yeti yetmiš azdïm-a

7 

Y T D a t ü ŋ r m a D R L D m a

yatda tüngürümä adïrïldïm-a

8 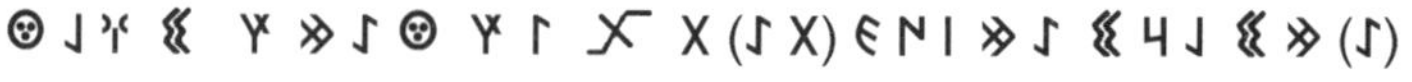

nt L G D š m a nt š i z d (a d) g ü s m a D R L D m (a)

antlïγ adašïm-a antsïz ad ädgü ešim-ä adïrïldïm-a

9 

b ṡ y g r m i Y š m d a T B G č Q N G a B R D m (a r) r d (m) m ü č (n) L p W N L T W N k ü m ṡ g g r a t b a e l d a k ü č (i) Q z G N D m a

biš yägirmi yašïmda tavγač qanγa bardïm-a är ärdämim üčün alpun altun kümüšüg ägrä täbä eldä küči qazγandïm-a

10 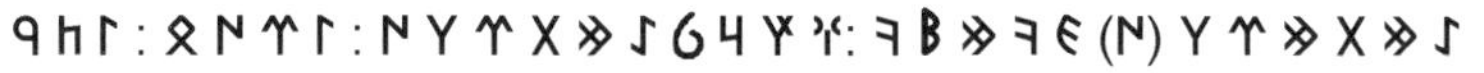

y t i : b ü r i : ü l r d m a B R š G: k ük m k g (ü) l r m d m a

yiti böri ölürdim-ä barsïγ kökmäkig ölürmädim-ä

[1]我离别了我的三个儿子啊！无能为力，万分悲痛！我依依不舍！你们要坚强！[2]我是 Tör Apa(突？阿波)内廷大臣，15 岁时被我所娶的我的妻子啊！悲痛啊！我离别了啊！我的不幸啊！日月迷失了方向啊！[3]由于八条腿的财产啊！牲畜兴旺，(可是)我走了啊！此时此刻我依依不舍啊！无能为力，万分悲痛！朝着我的贵族和平民，我迷失了方向啊！[4]我的领地(原义是水土)啊！无能为力，万分悲痛！我离别了啊！悲痛啊！我的不幸啊！无能为力，万分悲痛！[5]我的民众啊！我的子孙啊！我的亲属啊！我离别了啊！我依依不舍。[6]我的国家啊！我的汗啊！我依依不舍啊！我 67 岁。我迷失了方向啊！[7]由于我在外国的婚姻，我离别了啊！[8](和我)有誓约的我的亲朋啊！(和我)没有誓约的我的美名的好友啊！我离别了啊！[9]在我 15 岁时，我去了中国汗(即中国皇帝)处啊！因我作为男子汉的才能，我从(其)国(即中国)获取了金银、独峰驼，并获得了其力量啊！[10]我杀掉过七匹狼啊！(可是)我没有杀掉过老虎和鹿啊！

词注

2 行 t ü r p a i č r k i> tör apa ičräki(Tör Apa(突？阿波)内廷

大臣）：其中的 tör，或应转写作 tür。据《旧唐书》《新唐书》等汉籍文献，我们知道阿波是突厥高级官号之一。而 ičräki（内廷大臣）在语法上是名词 ič（内部）后续表示存在的词缀 räki，原义是内部大臣之义。此官号还出现于 8 世纪的突厥与回鹘的碑铭中。以此看来，墓碑主人是黠戛斯汗国宫廷内高级官员。

3 行 s k i z D Q L G B R m＞säkiz adaqlïγ barïm（八条腿的财产）：同样表达方式还见于叶尼塞碑铭中的 E1 埃列格斯特（Elegest）第 1 碑与 E42 拜布伦（Baj bulun）第 1 碑。護雅夫研究认为，指的是一种带有魔力、灵性的特殊的家畜，尤其是马匹。[1] 克劳森以为 barïm 是财产之义。[2]

3 行 ü r ŋ m g a Q R a m G a＞ürüngümgä qaramγa（朝着我的贵族和平民）：其中的 ürüng qara，马洛夫和克劳森视为“家畜”。[3] 科尔姆辛解释作“白色的（毡房）和黑色的（牛）”，埃尔汗·爱丁等解释作“贵人和平民”。在内亚游牧社会中，多以白色和黑色来代指社会内部存在的统治集团和被统治集团。回鹘希内乌苏碑东面第 10 行出现的 ürüng bäg qara qulluq（白匐和黑奴）这一表达方式，[4]正与此相同。

7 行 Y T D a t ü ŋ r m a D R L D m a＞ yatda tüngürümä adïrïldïm-a：克劳森词典 yat 条引用该处，译作“I have been parted from my relations by marriage in foreign countries”。[5] 其中，tüngürümä 是 tüngür（具有姻亲关系的部族或人员）后续第一人称所有词缀＋m，再后续名词与格词缀＋ä。

8 行 nt š i z d（a d）g ü ṡ m ＞antsïz ad ädgü ešim（和我没有誓约的我的美名的好友）：关于该行，拉德洛夫和奥尔昆整行基本读

〔1〕 護雅夫 1986，第 458—465 页。
〔2〕 ED, p. 366.
〔3〕 Malov，1952，pp. 30，81－82；ED，pp. 643b－644a.
〔4〕 白玉冬 2013，第 108 页。
〔5〕 ED，p. 882.

错，瓦西里耶夫则把第 5 字 š 换写作 N，把第 12 字 D 换写作 m。科尔姆辛、埃尔汗・爱丁的换写虽然与笔者相同，但均转写作 antsïzda，与笔者不同。按此处的 antsïz（没有誓约）与之前的 antlïγ（有誓约）相呼应，修饰后面的 ešim（我的伙伴，我的配偶）。若转写作 antsïzda，则末尾的＋da 在语法上很难解释清楚。实际上科尔姆辛与埃尔汗・爱丁并未给出任何解释。笔者换写作 antsïz ad ädgü ešim，是基于克劳森词典给出 at（名字）亦有 ad 的形式。而且，一个字母 d 完全可以转写作 ad。而紧随 d 后面的 a，亦完全可以与其后面的 d g ü 共同构成 ädgü（美好）。另外，该碑铭中表示动词过去式的词缀只出现-d-，并未出现-t-，即碑铭的作者习惯使用浊音 d。这点亦支持笔者上述关于 ad 的转写极具可靠性。

9 行 T B G č Q N＞tabγač qan（中国汗）：古突厥语 tabγač 指中国，此处代指晚唐。[1]

E12　阿勒地贝勒（Aldyy Bel'）第一碑

位置：J. R. Aspelin 1888 年发现于与大叶尼塞河交汇相距 8 公里的 Kuli Kem 河谷附近的名为阿勒地贝勒的洞穴中。D. A. Klements 于 1891 年，I. A. Batmanov 于 1965 年进行调查并制作拓片。现藏图瓦博物馆。

物理形态：碑石由绿色板岩制成，风化严重，表面未抛光。共 4 行鲁尼文铭文，每面各 1 行。其中，第 1 行与第 3 行可释读，第 2 行与第 4 行字迹漫漶。兹从瓦西里耶夫换写和摹写。见图版 E12。

规格：高 175 厘米，宽 32 厘米，厚度不明。

主要研究：Radloff 1895，pp. 317；Orkun 1940，pp. 53 – 54；Malov 1952，pp. 34 – 35；Vasilyev 1983，pp. 20，60；Aalto 1991，

---

〔1〕 白玉冬 2013，第 79—80 页。

pp. 53 – 54；Recebov and Memmedov 1993，pp. 240 – 241；Kormushin 1997，pp. 180 – 183；Kormushin 2008，p. 105；Aydin 2013，pp. 47 – 48 等。

1 𐰲𐰆𐰲 𐰸:𐰋𐰇𐰼𐰃:𐰽𐰭𐰆𐰣

č W č uQ：b ü r i：S ŋ W N

čučuq böri sangun

2 ////(字数不明)𐰆𐰣:𐰴 𐱃𐰆𐰣: 𐱃𐰺 𐰞𐰍𐰢

//// W N：Q T W N：T R L G m

////on(?) qatun tarïllïγïm

3 /////(字数不明)𐰢𐱃𐰺 𐰞𐰍:𐰖///𐰺///

/////m T R L G：Y///R///

///// tarïllïγ///////

4 //////(字数不明)𐰚𐰢 𐰴𐱃(𐰣?) 𐰖///𐰘𐰼:𐰏///

//////k m：Q T（N?）：Y///y r g///

////// qatun ///yirig///

[1]Čučuq Böri 将军 [2]…… 10（?）卡通（河），我的耕地[3]……耕地……[4]……卡通（河）……把土地……

词注

3 行 T R L G＞ tarïllïγ（耕地）：前面 2 字，曾尝试读作 tar（木筏，狭窄，某种奶制品），但与文义不和，且之后的 2 字难以给出圆满答案。古代突厥语中，动词 tarï-有“播种，播撒”之义，动词后续-l 可以构成名词。兹把 tarïl 视作源自动词 tarï-（播种，播撒）的名词，后续的 lïγ 为表示具有某种能力或属性的词缀。

E13 查浩勒（Chaa Hol'）第一碑

位置：E13 至 E23 碑铭的出土地点，位于萨彦舒申斯克（Sayan

Shushensk)水电站附近。其中,E13 位于从南侧注入大叶尼塞河的查浩勒河口近旁。由 V. A. Oshurkov 发现于 1892 年,并搬移至米努辛斯克博物馆。馆藏编号为 33。

物理形态:碑石由深蓝色花岗岩制成,共 5 行鲁尼文铭文。碑文上有类似于人的头部和躯干的线条。兹从瓦西里耶夫摹写和图版。见图版 E13。

规格:高 141 厘米,宽 16—20 厘米,厚 16 厘米。

主要研究:Radloff 1895, pp. 318 - 319;Orkun 1940, pp. 115 - 116;Malov 1952, pp. 35 - 36;Aalto and Tryjarsky 1971;Vasilyev 1983, pp. 20 - 21, 61, 92;Recebov and Memmedov 1993, pp. 241 - 242;Amanzholov 2003, pp. 122 - 123;Kormushin 2008, pp. 31 - 33. 105;Aydin 2013, pp. 49 - 51 等。

1 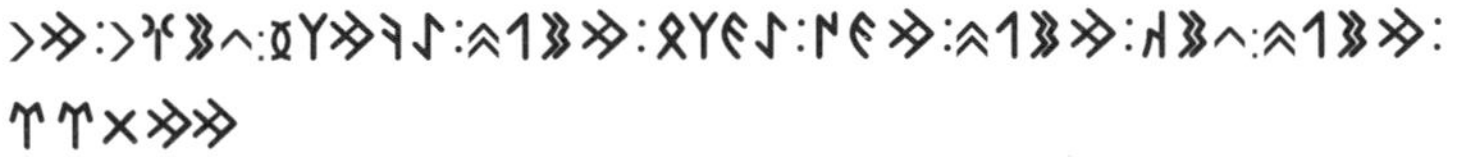

W m: W G D ṡ: e l m k a: T p D m: b l g a: ü g m: T p D m: Q D ṡ: T p D m: r r d m m

umuγdaš elimkä tapïdïm bilgä ögüm tapïdïm qadaš tapïdïm är ärdämim

2 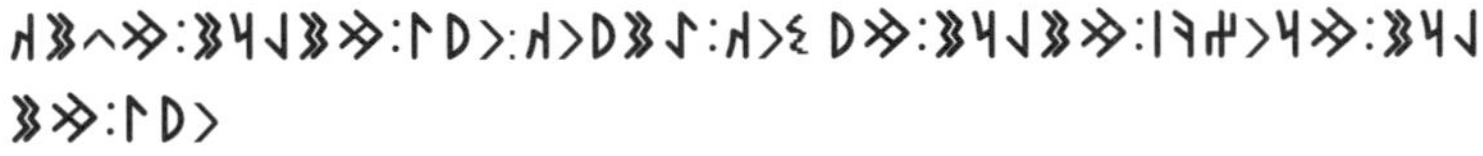

Q D ṡ m: D R L D m: i Y W: Q W Y D a: Q W nč Y m: D R L D m: s k z W R m: D R L D m: i Y W

qadašïm adïrïldïm ïyuq quyda qunčuyum adïrïldïm säkiz urïm adïrïldïm ïyu-

3 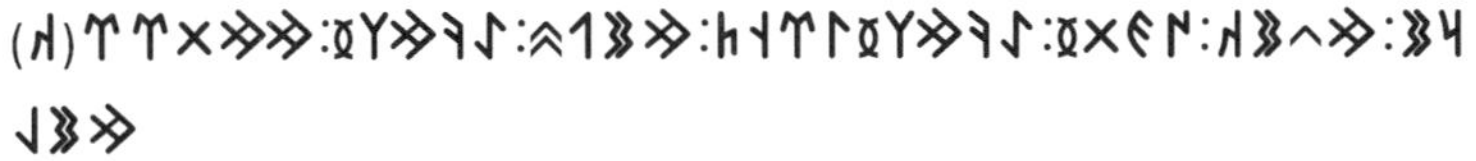

(Q) r r d m m: e l m k a: T p D m: t ŋ r i e l m k a: e d g ü:

Q D ś m：D R L D m

-q är ärdämim elimkä tapïdïm tängri elimkä ädgü qadašïm adïrïldïm

4 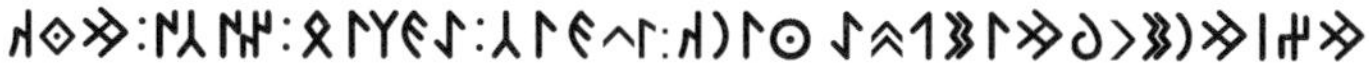

Q ŋ m：ü č ü n：b i l g a：č i g ś i：Q N i ŋ a T p D i m B W D N m s z m

qangïm üčün bilgä čigši qanïnga tapïdïm bodunïm esizim

5 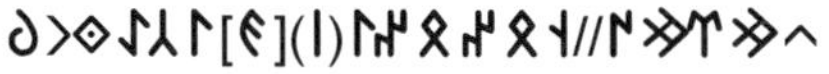

B W ŋ a č i [g](s) i n b n b ŋ // ü m r m ś

bunga čigšin bän bängü /// ärmiš

[1]我们侍奉于我值得信赖的亲友之国，我贤明的母亲侍奉了，我家人侍奉了。我的男儿的品德！[2-3] 我离别了我的家人，我离别了乌尤克涧溪里的我的公主（即妻子），我离别了我的 8 个孩子。我乌尤克男儿的品德啊！我侍奉于我的国家，我神圣的国家。我离别了我美好的家人。[4] 由于我的父亲，我侍奉于毗伽敕使汗。我的民众，我的不幸！[5] 悲痛啊！我永远和敕使……

词注

2 行 i Y u：文字确切为  无误，同样文字还出现于同行末尾。之后的 Q 是 quy（涧溪）的第 1 字。考虑到叶尼塞碑铭存在以一个字母代表重叠的 2 个相同音值的现象，上述 Q 亦有可能与之前的 i Y u 构成某一词。另，第 3 行开头的第 1 字虽然不够清晰，但与之后的 r r d m>är ärdäm（男儿的品德）无法构成词组。此第 3 行第 1 字也可与第 2 行末尾的 i Y u 构成一词。该字隐约可见一条竖线，复原作 >Q 未尝不可。如此，i Y u Q>ïyuq 即今大叶尼塞支流乌尤克河（Uyuk）。

E14　查浩勒(Chaa Hol’)第二碑

位置：J. R . Aspelin 在 1891 年发现于从南侧汇入大叶尼塞河的查浩勒河附近的山谷中。除 E15 碑铭外，这一组碑文均在博物馆展出。E14 碑文由图瓦博物馆与图瓦历史语言文学研究所人员于 1961 年搬移至图瓦博物馆。

物理形态：石碑由灰绿色板岩制成，方形断面。表面经过抛光处理。顶部修圆磨光。两个侧面加工完美。3 行鲁尼文铭文垂直镌刻于碑文三面。第 1 行底部有印记。见图版 E14。

规格：高 115 厘米，宽 41 厘米，厚 20 厘米。

调查者：J. R. Aspelin 发现于 1888—1891 年，D. A. Klements 对碑文进行调查并制作拓片。1892 年，V. A. Oshurkov 亦进行调查并制作拓片。兹据瓦西里耶夫摹写和图片。

主要研究：Radloff 1895，pp. 319 - 320；Orkun 1940，pp. 116 - 117，125，128；Malov 1952，p. 37；Batmaniv and Kunaa 1963，pp. 15 - 17；Aalto and Tryjarsky 1971；Vasilyev 1983，pp. 21，61，93；Aalto 1991，p. 35；Recebov and Memmedov 1993，p. 243；Kormushin 1997，pp. 183 - 185；Kormushin 2008，pp. 106 - 107；Aydin 2013，pp. 51 - 53 等。

1　𐰀𐰠𐰲𐰲𐰆𐰺:𐰚𐰇𐰲𐰉𐰺𐱁

e l č č W R：k ü č B R š

elči čor küč bars

2　[𐰴𐰆𐰖𐰑]𐰀:𐰴𐰆𐰨𐰖𐰢𐰴𐰀:(𐰽𐰔𐰢𐰀):[𐰆𐰍]𐰞𐰢𐰴𐰀:𐰋𐰜𐰢𐰓𐰢

［Q W Y D］a：Q W nč Y m Q a：（s z m a）：［WG］L m Q a：b ük m d m

quyda qunčuyumqa esiz-mä oγulïmqa bükmädim

3 𐱅𐰭𐰼𐰃:𐰀𐰠𐰢:𐰚𐰀:𐰉𐰺𐰑𐰃𐰢:𐰾𐰔𐰢𐰀:𐰋𐰜𐰢[𐰓𐰢]

t ŋ r i: e l m: k a: B R D i m: s z m a: b ük m[d m]

tängri elimkä bardïm esizim-ä bükmädim

[1]（我是）Elči Čor Küč Bars。[2] 我的不幸啊！我对涧溪里的我的公主（即妻子），我对我的儿子，依依不舍。[3] 我去往天国了。我的不幸啊！我依依不舍。

E15　查浩勒（Chaa Hol'）第三碑

位置：芬兰—乌戈尔协会的 O. Heikel 在 1889 年发现于从南侧汇入大叶尼塞河的查浩勒河附近的山谷中，位于距离河口 8 公里的查浩勒河东岸。

物理形态：碑石由红褐色砂岩制成。截面近方形，表面大致呈方形。碑石最长的一面上，垂直镌刻有 3 行鲁尼文铭文。底部有一印记。见图版 E15。

规格：高 183 厘米，宽 23 厘米，厚度不明。

主要研究：Radloff 1895，p. 320；Orkun 1940，pp. 117 – 118，125 – 129；Malov 1952，pp. 37 – 38；Vasilyev 1983，pp. 21，61；Aaalto 1991，pp. 51 – 52；Recebov and Memmedov 1993，pp. 243 – 244；Erdal 2002，pp. 57；Aydin 2013，pp. 53 – 54 等。

1 𐰉𐰆𐰑𐰣𐰴𐰀:𐰉𐰆𐰞𐰽:𐰤:𐰏𐰲𐰇𐰤:𐰀𐰠𐰏:𐰆𐰖𐰢𐰍𐰀:𐰑𐰺𐰞𐱃𐰢:𐰾𐰔𐰾𐰇

B W D N Q a: B W L S: Ṅ: g č ü n: e l g: W Y ṁ G a: D R L T m: s z s ü

bodunqa bolušun ig üčün elig uyamγa adïrïltïm esiz sü

2 𐰚𐰃𐱅𐰢𐰜𐰋𐰠𐰀:𐱃𐰔(𐰲)𐰢𐰀:𐰺𐰑𐰉𐰆𐰍𐰞𐰃:𐰋𐰤𐰢𐰏𐰇𐰏𐰓𐰢𐰔𐰢

k i t ṁ ük b l e: T z (ič) m a: r d B W G L i: b n m g ü g d m z m d m: s z e

äkitim ök bil-e tazïčïma ärdä<m> oγlï bän ämig ögüdüm äzmädim esiz-e

3 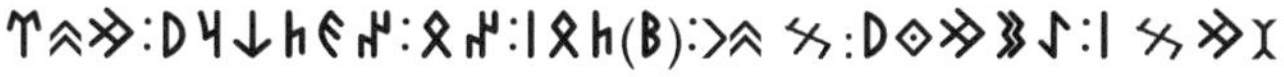

r T m: Y R uQ t g n: b n: s b t [ük]: W T z: Y ś m D a: s z m e

är atïm yaruq tägin bän säbtük otuz yašïmda esizim-e

[1-2]由于帮助民众而引起的疾病，我离别了我的国王和血亲，不幸！我培育了军队，你要务必知道！我是 Tazïčïma Ärdäm 的儿子。我赞美了草药，(但)我没有刮伤。不幸啊![3] 我的成人名字是 Yaruq 特勤。在我热爱的 30 岁，我的不幸啊！

词注

瓦西里耶夫和文化遗产网站未给出此碑图版，只给出摹写。兹据爱丁给出的拓片图版和上述摹写。

2 行 T z：亦有可能转写作 at az。在 E16 和 E68 中，出现部族名称 Az。该名称还出现于突厥汗国碑铭中。at 存在“名号，名声”和“马”两种意思。如是，at az 解释作“具有名声的 Az 族”亦贴合文义。

2 行 r d B>ärdä<m>：据紧后面的 oγlï(儿子)后续第三人称词缀 ï 而言，r d B 应为人名。虽然第三字确切为 ，但爱丁把该字摹写作 ，尝试复原做 ärdän。爱丁给出的拓片图版即早年拉德洛夫拓片图版。不否定摹写时出现误写的可能。姑作此复原。

E16 查浩勒(Chaa Hol’)第四碑

位置：J. R. Aspelin 1888 年发现于从南侧流入大叶尼塞河的查浩勒河东岸溪谷中，距河口 25 公里。

物理形态：碑石由砂岩制成，长方形截面，面平整。三面垂直镌刻，共 3 行鲁尼文铭文，第 1 行底部有印记。见图版 E16。

规格：不详。

主要研究：Radloff 1895, pp. 320 - 321; Orhun 1940, pp. 118 - 119; Malov 1952, pp. 38 - 39; Vasilyev 1983, pp. 21, 61, 93; Aydin 2013, pp. 55 - 56.

1 [illegible]

L p W R ŋ̇ W：T W T W uQ：b n Q W Y D a：Q W nč Y m：k i W G L N m a：s i z m (a) Y L ŋ̇ (W) S：Q i z m a

alp urungu totoq bän quyda qunčuyum äki oɣulanïm-a esizim-ä yalangus qïzïm-a

2 [illegible]

B i ŋ̇：č i ŋ̇ i z：(Q) D ṡ L R m：D R L W B R D m a：Q z ŋ r m a b ük m[d m]

bïng čingiz qadašlarïm adïrïlu bardïm-a aq azïng ärimä bükmädim

3 [illegible]

(t) ŋ r i：e l m k (a)：B ṡ D a b g m k a：b ük m d m：s i z m a：t ü (r)t：Y Ṣ m D a：Q (ŋ̇)[s z B W L T m]

tängri elimkä bašda bägimkä bükmädim esizim-ä tört yašïmda qangsïz boltum

[1]我是合蠹官都督，涧溪里的我的公主(即妻子)，我的两个儿子啊！我的不幸啊！我的独生女啊！[2]我的一千名强健的亲属，我离开了啊！我对我的白Az(族)的战士依依不舍。[3]我对我神圣的国家，对我头脑中的匐官依依不舍。我的不幸啊！4岁时(我失去了)我的父亲。

词注

2行 č i ŋ̇ i z>čingiz(强健):罗依果(Igor de Rachewiltz)依据巴赞对此处的释读 čingiz(强健的,坚固的,强韧的),并结合雅库特语和安纳托里亚语 čingiz 的意思,解释为“强健的”,主张元太祖铁木真的称号成吉思源自古突厥语 čingiz(可怕的,凶猛的,坚固的,强健的),成吉思汗是“凶猛强硬的统治者”之义。[1] 白玉冬对此质疑,主张此处 čingiz 不应是成吉思汗之成吉思(čingis)。[2]

E17 查浩勒(Chaa Hol')第五碑

位置:J. R. Aspelin 于 1888 年发现于从南侧汇入大叶尼塞河的查浩勒河附近的山谷中,东距查浩勒河约 8 公里。碑文由萨彦图瓦科考队队员运送到克孜勒,并于 1973 年搬移至图瓦博物馆。

物理形态:碑石由浅灰色板岩制成。3 行鲁尼文铭文垂直镌刻于两面。第 1 行位于第 1 面,文字粗大,鲁尼文铭文下方有印记。第 2 行和第 3 行位于第 2 面,文字密小,鲁尼文铭文下方有另一不同符号,可能是印记。见图版 E17。

规格:高 159 厘米,宽 32 厘米,厚 12 厘米。

主要研究:Radloff 1895, pp. 321 - 322;Orkun 1940, pp. 119 - 120;Malov 1952, pp. 39 - 40;Vasilyev 1983, pp. 21 - 22, 62, 93 - 94;Aaalto 1991, pp. 36 - 37;Recebov and Memmedov 1993, p. 246;Tekin 2000, p. 232;Kormushin 1997, pp. 155 - 156;Kormushin 2008, pp. 108 - 109;Aydin 2013, pp. 56 - 58 等。

---

〔1〕 Rachewiltz 1989, pp. 284 - 288;罗依果 2003,第 277—278 页。
〔2〕 白玉冬 2019,第 47—51 页。

1 𐱅𐰇𐰔𐰉𐰖:𐰚𐰇𐰲𐰉𐰺𐰽:𐰚𐰇𐰠𐰏

t ü z B Y：k ü č B R ṡ：k ü l g

töz bay küč bars külüg

2 𐰆𐰖𐰺𐰴𐰑𐰣𐰢𐰲𐰤𐰾𐰇𐰠𐰓𐰢:𐰖𐰃𐱃𐰀:𐰃𐰲𐰃𐰢:𐰖𐰆𐰺𐰲𐰢///

W Y R Q D N m č n s ü l d m：Y i T a：i č i m：Y W R č m///

uyur qadun ämčin sülädim yïta ičim yurčim///

3 𐰆𐰖𐰺𐰋𐰏𐰃𐰢𐰚𐰀:𐰑𐰺𐰞𐱃𐰢:𐰆𐰖𐰺𐰴𐰑𐱁𐰢𐰴𐰀:𐰑𐰺𐰞𐱃𐰢:

W Y R b g i m k a：D R L T m：W Y R Q D ṡ m Q a：D R L T m：

uyur bägimkä adïrïltïm uyur qadašïmqa adïrïltïm

1-2(我是)Töz Bay Küč Bars Külüg。我带着强有力的可敦(?)巫师出军了。无能为力，万分悲痛！我的兄长(或叔叔)，我的妹夫。3 我离别了我强有力的匐，我离别了我强有力的家人！

词注

2 行 uyur：动词 u-(能够)的派生名词，能力之义。克劳森词典 uyar 条据 Malov 1952 所给出的 E17 碑铭的 3 处 uyar(即笔者释读的 uyur)，认为从书面上讲，此处的 uyar 应为 öz(我自己)之义。[1] 兹不从。

E18 查浩勒(Chaa Hol')第六碑

位置：J. R. Aspelin 1888 年发现于从南侧汇入大叶尼塞河的查浩勒河附近的山谷中，东距查浩勒河约 8 公里。碑文在 1961 年被搬移至图瓦博物馆。

物理形态：碑石由灰绿色的石板制成。椭圆形截面。表面大致为正方形。龟裂外露，因岩石风化损毁严重。5 行鲁尼文铭文垂直

---

〔1〕 ED, p. 275，见 uyar 条。

镌刻于两面。据哈萨克斯坦文化遗产网站介绍，第 1 行至第 4 行释读顺序从左到右，第 5 行释读顺序从右到左。第 1 行至第 4 行有不对称印记。不过，瓦西里耶夫给出的图版和文化遗产网站公开的拓片图版之间存在不合，且局部文字欠缺。兹据后者，然仍与以往学者的释读之间差异极大，如第 2 行文字与通常的写法上下逆向，释读顺序为从左到右。见图版 E18。

规格：高 98 厘米，宽 39 厘米，厚 16 厘米。

主要研究：Radloff 1895，p. 322；Orkun 1940，pp. 120，126；Malov 1952，p. 40；Batmanov and Kunaa 1963，pp. 18 - 20；Vasilyev 1983，pp. 22，62，93 - 94；Aaalto 1991，p. 34；Recebov and Memmedov 1993，pp. 247 - 248；Kormushin 2008，pp. 37 - 41；Aydin 2013，pp. 58 - 60 等。

1

/////(l) m a W L G T //////

/////elim-ä uluγ ///////

2

(uQ)B a š m Q D ṡ m：Y T a /////

oq bašïm qadašïm yïta/////

3

ö (z)D a k i ṡ ṁ a Y i T a：D R L (D)[m]

özdä kisim-ä yïta adïrïldïm

4

n m č m Y i T a ŋ：D R L W B R///

inim ičim yïta äng adïrïlu bar///

5

///(b)n：Q nč Y m (Q a)B R W/Q ////

///bän qunčuyumqa baru ////

[1]我的国家啊！大……[2]我的箭头（部落首领），我的家人，无能为力，万分悲痛……[3]涧溪里的我的妻子啊！无能为力，万分悲痛，我离别了。[4]我的弟弟，我的长兄（或叔叔），无能为力，万分悲痛，（我）正要离去……[5]……我自我的公主（即妻子）离开……

词注

2行 oq bašï：oq 原义是弓箭，亦含有部落之义。bašï 是 baš（头，首领）后续第三人称词缀。

E19 查浩勒（Chaa Hol'）第七碑

位置：J. R. Aspelin 1888年发现于从南侧汇入大叶尼塞河的查浩勒河西岸山谷中。1897年被搬移至米努辛斯克博物馆。馆藏编号为35。

物理形态：碑石由深灰色石板制成。近方形断面。表面经过抛光处理。碑石的一部分和鲁尼文铭文现已损毁。3行鲁尼文铭文垂直镌刻于3面，每面各1行。第1行鲁尼文铭文为古旧画像所覆盖，下部有印记。第1行与通常行文方向相反，为从左至右。年代约9—10世纪。见图版 E19。

规格：高170厘米，宽25厘米，厚不明。

主要研究：Radloff 1895, pp. 322 - 323; Orkun 1940, pp. 121, 126, 129; Malov 1952, p. 41; Vasilyev 1983, pp. 22, 62, 94; Recebov and Memmedov 1993, p. 248; Kormushin 1997, pp. 185 - 187; Kormushin 2008, pp. 110 - 111; Aydin 2013, pp. 60 - 61 等。

1 𐰹𐰆𐱄𐰞 𐰆𐰍:𐰲𐰃𐰏𐱁𐰃𐰋𐰤:𐰹𐰑 𐰼𐰖𐰍𐰃𐰑 𐰀

Q̇WTLWG: čigṡibn: Q̇D ṘYGiDa

qutluγ čigši bän qadïr yaγïda

2 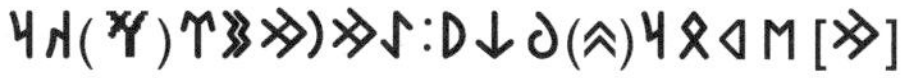

R Q (š) r D m N m a: Y uQ B (T)R b ïQ lt [m]

arqïš ärdäm inim-ä yoq batïr äb qïltïm

3 

l m a: s i z m a

elim-ä esizim-ä

[1-2] 我是骨咄禄刺史(Qutluγ Čigši)。在强悍的敌人之中,(具有)行商能力的我的弟弟啊!(他)降殁了。我(为他)建房(即建造墓穴)了。[3] 我的国家啊!我的不幸啊!

词注

2 行,以往学者主张释读顺序从左至右。如读作 >qara bodunïma: yïta: esizim-ä(我的平民百姓啊!无能为力!万分悲痛!我的不幸啊!)等。然,文字释读多有可疑之处,兹不从。

3 行,第 3 行未见到图版。兹按瓦西里耶夫换写。

E20 查浩勒(Chaa Hol')第八碑

位置:J. R. Aspelin 1888 年发现于从南侧汇入大叶尼塞河的查浩勒河附近的山谷中,西距查浩勒河约 8 公里。1961 年由科考队员搬移至图瓦博物馆。现存图瓦博古馆。

物理形态:碑石由灰绿色石板制成。近方形断面。一面经过加工。侧面基本平滑。棱角分明。2 行鲁尼文铭文纵向镌刻于加工面。鲁尼文铭文下方有印记。年代约 9—10 世纪。见图版 E20。

规格:高 179 厘米,宽 34 厘米,厚 48 厘米。

主要研究:Radloff 1895, p. 323;Orkun 1940, pp. 121 - 122,

129；Malov 1952，pp. 41-42；Batmanov and Kunaa 1963，pp. 21-22；Vasilyev 1983，pp. 22，62，94；Aalto 1991，p. 33；Recebov and Memmedov 1993，p. 249；Kormushin 1997，pp. 187-189；Amanzholov 2003，p. 124；Kormushin 2008，p. 111；Aydin 2013，pp. 61-63 等。

1 𐱅𐰇𐰼𐱅𐰆𐰍(𐰞)𐰣𐰢𐰉𐰺//////

t ü r t W G (L) N m B R/////

tört oɣlanïm bar//////

2 𐰚𐰇𐰠𐰏𐰯𐰀:𐰋𐰤

k ü l g p a：b n

külüg apa bän

[1]我的四个儿子…… [2]我是 Külüg Apa。

E21 查浩勒(Chaa Hol')第九碑

位置：J. R. Aspelin 在 1888 年发现于从南侧汇入大叶尼塞河的查浩勒河附近的山谷中，距离交汇口 25 公里，查浩勒河东侧。萨彦—图瓦考察队于 1973 年将该碑文搬移至克孜勒的图瓦博物馆。馆藏编号为 28。

物理形态：石碑由灰绿色板岩制成，形状不规则。表面大致方形，边平滑。碑石断裂为数块，破损严重。3 行鲁尼文铭文垂直或螺旋状镌刻于一面。碑石底部有一印记。年代约 8—9 世纪。见图版 E21。

规格：高 236 厘米，宽 38 厘米，厚 17 厘米。

主要研究：Radloff 1895，p. 324；Orkun 1940，p. 122；Malov 1952，p. 42；Batmanov 1959，pp. 135-138；Vasilyev 1983，pp. 22-23，62，95；Aalto 1991，p. 43；Recebov and Memmedov

1993，pp. 249 - 250；Kormushin 1997，pp. 137 - 139；Kormushin 2008，pp. 112；Aydin 2013，pp. 63 - 64 等。

1 

Q D ṡ m Q a：b ü k m d m：

qadašïmqa bükmädim

2 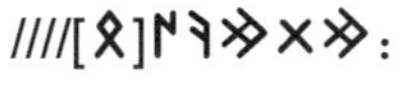

//// [b] ü k m d m：

//// bükmädim

3 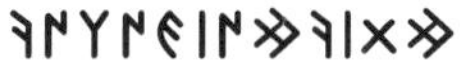

k ü l ü g s ü m k s d m

külüg süm käšdäm

[1]我对我的家人依依不舍。[2]……我依依不舍。[3]我强大的军队，可史擔。

词注

1—3 行，鲁尼文铭文排序与前人不同。兹依据瓦西里耶夫图版释读排序。

3 行 k s d m ＞käšdäm（可史擔）：文字确切为 ，前人未能读出，此为笔者新发现。

E22 查浩勒（Chaa Hol'）第十碑

位置：J. R. Aspelin 于 1888 年发现于从南侧汇入大叶尼塞河的查浩勒河西岸山谷中，距离汇合口 25 公里。由萨彦—图瓦考察队于 1973 年搬移至克孜勒的图瓦博物馆。

物理形态：碑石由红褐色砂岩制成。方形截面，表面经过处理。4 行鲁尼文铭文垂直镌刻于 2 面，有行间经线。第 3 行和第 4 行下方有一印记。铭文破损严重。见图版E22。

规格：高142厘米，宽25厘米，厚25厘米。

主要研究：Radloff 1895, p. 324; Orkun 1940, p. 123; Malov 1952, pp. 42–43; Vasilyev 1983, pp. 23, 62, 96; Aalto 1991, pp. 44–45; Recebov and Memmedov 1993, pp. 250–251; Kormushin 1997, pp. 150–152; Kormushin 2008, pp. 112–113; Aydin 2013, pp. 63–64等。

1 𐰇𐰲:𐰠𐰏𐰀𐰖𐱁𐰢:𐰑𐰀:𐰑[𐰺𐰞𐰑𐰢]

ü č: l g a Y ś m: D a: D[R L D m]

üč älig yašïm da adïrïldïm

2 𐰉𐰆𐰍𐰺𐰀𐰲𐰢://////

B W G R a č m: //////

buγra äčim //////

3 𐰴𐰆𐰖𐰑𐰀:𐰴𐰆𐰨𐰆𐰖𐰢𐰴𐰀:𐰆𐰍𐰞𐰢[𐰴𐰀]

Q W Y D a: Q W nč W Y m Q a: W G L m [Q a]

quyda qunčuyumqa oγlïmqa

4 𐰋𐰏𐰢𐰚(𐰀):(𐰴)𐰑𐱁𐰢(𐰴𐰀𐰋)𐰇𐰚𐰢[𐰓𐰢]

b g m k(a):(Q) D ś m (Q a b)ü k m[d m]

bägimkä qadašïmqa bükmädim

[1]在我43岁时，我离别了。[2]Buγra Äčim……[3-4]对涧溪里的我的公主（即妻子），对我的儿子，对我的匐官，对我的家人，我依依不舍。

E23 查浩勒(Chaa Hol')第十一碑

位置：J. R. Aspelin于1888年发现于从南侧汇入大叶尼塞河的查浩勒河西侧山谷中，E22南侧不远。碑文最初被搬移至克孜勒的萨彦—图瓦考察队，1973 年被移交给图瓦博物馆。

物理形态：碑石由红褐色页岩制成，风化严重。近正方形截面，表面经过处理，边缘线明显。共 4 行鲁尼文铭文，石碑四面各垂直镌刻 1 行。据马洛夫之说，第 2 行底部有印记。Heikel 于 1889 年制作拓片。见图版 E23。

规格：不明。

主要研究：Radloff 1895，p. 325；Orkun 1940，p. 124；Malov 1952，p. 43；Vasilyev 1983，pp. 23，62，96；Aalto 1991，pp. 41 - 42；Recebov and Memmedov 1993，pp. 251；Kormushin 1997，pp. 152 - 155；Kormushin 2008，pp. 113 - 114；Aydin 2013，pp. 66 - 67 等。

1 

[T W Q]z Q i R Q： Y ś m D a： e l m ü č [n]

[toqu]z qïrq yašïmda elim üčün

2 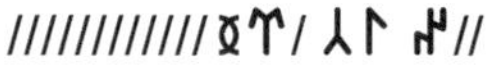

//////////// e r / č i n //

//////////// e r / čin //

3 

////////////// ü l d m

////////////// öldim

4 

// s i s g i N L： e l m k a： b g (m k a)b ük m d [m]

// isig ïnal elimkä bägimkä bükmädim

[1]在我 39 岁时，为了我的国家。[2]……[3] 我去世了。[4]……（我是）Isig Ïnal。我对我的国家，对我的匐官，我依依不舍。

E24 卡娅乌珠(Khaya Uzhu)刻铭

位置：A. V. Adriyanov 1879 年发现于赫姆奇克河东岸 Lime 村外 8 公里的岩壁上。

物理形态：古代突厥鲁尼文、回鹘文、藏文、印记和图案等镌刻于岩壁。鲁尼文字迹漫漶，部分难以识别。关于鲁尼文行数，学者们意见不一。瓦西里耶夫提供了黑白图版和部分摹写，但未给出换写。I. L. Kyzlasov 进行实地调查，并给出释读。笔者以下释读是按瓦西里耶夫给出的图版序号释读，同时参考 I. L. Kyzlasov 给出的图版和摹写。见图版 E24。

主要研究：Radloff 1895，pp. 325 - 327；Thomsen 1916，p. 38；Orkun 1940，pp. 87 - 92；Malov 1952，pp. 44 - 45；Vasilyev 1983，pp. 23，63，97 - 100；Aalto 1991，pp. 46 - 50；Recebov and Memmedov 1993，pp. 254 - 255；Kyzlasov 1994，pp. 186 - 195；Aydin 2013，pp. 68 - 73 等。

E24(1)：半月形圆弧加十字形状的印记，帽子状、人头状、山羊状图案各一幅，似有 2 处鲁尼文刻写，但字迹不清。其中一处为 𐰚(𐱁)𐰭𐰆𐰣> k š ŋ W N >kešing on(释读顺序自左至右)>你的箭囊 10 个。

E24(2)：阿拉伯文或藏文，未能释读。

E24(3)：约 10 幅山羊等图案和鲁尼文刻写。其中，鲁尼文隐约可见 𐰺>R，其余无法识别。

E24(4)：现场调查照片。

E24(5)：𐰘𐰃𐰏𐱁𐰚𐰃𐰏𐰤𐱁𐰣> y i g š k i g n š N> yig äski igin ašan>战胜老病！

E24(6)：圆圈被人字形图案切断，人字形图案下方自上而下有十字架形状和两个圆弧状图案。这恐怕是氏族印记。圆圈内侧二分之一上部有半圆状鲁尼文铭文,前人未释读。笔者释读为𐰉𐱁𐰆𐰭𐰆𐰸𐰘𐰼𐰴𐱃𐰖𐰭𐰞>B ṡ W ŋ W Q y r Q T Y ŋ̇ L>baš ong oq yir qïtay-ïng ol>首领王的部落和土地是契丹的。

词注

W ŋ>ong(王):汉字"王"在较晚的回鹘文文献中通常音译为wang。不过,如13世纪的克烈部首领曾被金朝封为ong qan(王汗),汉语"王"在北族语言中另有ong音。在庄垣内正弘研究的俄藏回鹘文标记汉文佛典中,元人释智汉译的《圣妙吉祥真实名经》的残片SI Kr. IV 817文书中,清净王换写为[sy sy] ww,[1]多见于晚期回鹘佛典的草书体回鹘文写成的《礼忏文》残片SI 4bKr. 175文书中,释梵王、诸王、龙王的换写分别是syk v'n wn[k]、cww wnk、lwnk wnk。[2] 元仁宗延祐三年(1316),高昌回鹘亦都护纽林的斤被元廷封为高昌王。[3] 在武威出土的亦都护高昌王世勋碑回鹘文面中,汉文高昌王被音写作qao čang ong。[4] 以上例子中,换写wnk和ww即可分别转写为ong和oo。其中的ong,还见于碑文时代。如,阙特勤碑东面第31—32行2次记录的W ŋ T W T W uQ>ong totoq即汉字王都督的音写。[5] 鉴于紧前面的B ṡ>baš是首领之义,此处ong视作汉语"王"的音译自无问题,即baš ong构成同义词重叠。

W Q>oq:原义是箭。如西突厥又被称为on oq(十箭),oq(箭)是部落组织。

Q T Y> qïtay(契丹):在已经被解读的叶尼塞碑铭中,此是唯一

〔1〕 庄垣内正弘2003,第24页第5行,图版见同书テキストE SI Kr. IV 817。

〔2〕 分别为第20、22、29行。见庄垣内正弘2003,第34—35页,图版见同书テキストL SI 4bKr. 175。

〔3〕 亦都护高昌王世勋碑汉文面明确记录此事,见黄文弼1983,第458—461页。

〔4〕 残碑第3栏第50行、第4栏第1行、第5栏第18行。参见耿世民1980,第517—520页。

〔5〕 主要参见Tekin 1968, pp. 235, 268;耿世民2005,第129—130页。

出现的一次。《辽史》记录契丹设置有黠戛斯大王府，且黠戛斯曾遣使契丹 2 次。辽末，耶律大石西行是从蒙古高原的可敦城西北行，经黠戛斯之地后才最终抵达中亚七河流域的。契丹之名出现于此并不意外。

E24(7)：一个鲁尼文 𐰼>r>är(?)。

E24(8)：3 行鲁尼文铭文。

1 //𐱅𐰺// > // t R//

2 // 𐰞𐰇//://///𐰯𐰾// > L ü //://///p s//

3 𐰣𐰃𐰋𐱅𐰏𐰠𐰃:𐰣𐰭𐰃𐰤[𐰲?]>N i b t g l i：N ŋ̇ i n[č?]> anï bitig elining inč>把它，把文字，国内(?)。

E24(9)：据兰州大学张丽香教授赐教，可能为梵文或尼泊尔文，1 行 5 字。第 1 字为 ma，第 2 字可能为 ža，第 3 字为 da 或 ha，第 4 字是叠加字符，下部分为 ta，第 5 字不能识别，惜整句意思无法拼出。据其说，该文字属于天城体文字，年代较晚。

E24(10)：草书体回鹘文 3 行。姑按自左向右释读。

1 bu yir ///qam //// 2 balïγqa eki yangï /// 3 sängün ////Y////

[1] 这个地方……巫……[2] 向……城，初 2 日……[3] 将军……

E24(11) 𐰴𐰑𐰭𐰢𐰖𐰠/////𐰞 > Q D ŋ m Y l /////L > qadïng mayïl-/////>白桦树成熟……

E24(12)半月形和工字型组合的印记，公山羊图案，眼镜状印记。

E24(13)𐰴𐰺𐰀𐰽𐰭𐰃𐰼𐰚𐰲𐰃𐰏>Q R a s ŋ i r k č i g>qara sängir kičig>Qara Sängir 小。

E24(14)𐰃: 𐱃𐰆𐱃𐰸:𐰋𐰏:𐰀𐰺𐰴𐰃:𐰖𐰼𐰃/> i：T W T uQ：b g：a R Q i：y r i / > ït totoq bäg arïqï yiri//>Ït 都督匐官的水渠和土地。

词注

i> ït(狗)：单独的 i 可转写为 ï(灌木)或 i(“衣”的音译)。无论哪一个,均与之后的 totoq bäg(都督匐官)不合。据文义,可推测出此 i 应为人名。鉴于叶尼塞碑铭存在以一个字母代表前后重叠的两个同一音值的现象,推定此处人名为 ït(狗)。

E24(15):3 行不成文的鲁尼文刻写。1 𐰘𐰓𐰢>y d m;2 𐰚>k;3 𐱃𐰺>T R

E24(16):𐰏:𐰋𐰼𐰠𐰾𐰀𐰇𐱅𐰚(𐰣 𐰉𐰭)𐰢 𐰜 𐰓𐰼> g: b r l s a ü t k(n B ŋ) m ük d r>ig birlä aš-a ötükän bungïm küdir>疾病和食物啊!于都斤在护佑我的悲伤。

词注

包括 Aydin 2013 在内,前人对此条铭文未进行释读。

ü t k(n)>ötükän(于都斤):关于于都斤是女神之义,见威尔金斯(J. Wilkens)研究。[1] 据波塔波夫(L. P. Potapov)介绍,图瓦地区至今仍存在于都斤山崇拜。[2] 虽然在已被解读的叶尼塞碑铭中尚未发现其他相关于都斤的记录,但于都斤之名出现于此并不偶然。

ük d>küd-:据克劳森词典,küd-是"服侍,照看"之义。[3] 鉴于此文是对于都斤女神的祈祷文,转译作"护佑"。

E24(17):𐰀𐰴𐰴𐰖𐰖𐰋> a Q Q Y Y b>aq qay ay äb(白色 街道 月亮 房子)。

E24(18):山羊图案。

E24(19):2 行回鹘文。

1 bu ay eki ygirmi yang-ïqa (biti)dim>写于本月初 12 日。

---

〔1〕 Wilkens 2009, pp. 449-461.
〔2〕 波塔波夫 1957,第 238—240、244 页。
〔3〕 ED, p. 701.

2 bän? käräy? ////>我？克烈？……

E24(20)：2 行鲁尼文。1 𐰀𐰺>a r>är(或 ar?)>战士(或红褐色?) 2 𐱁𐰞𐱁𐰆𐰏> ś l ś W g> šalašu ig>机织布，疾病(?)。

词注

ś l ś W> šalašu：克劳森据《突厥语大词典》，介绍是来自汉语的借入词，是一种中国产机织布。[1] 具体不明，有待探讨。

E24(21)：1 行鲁尼文，释读顺序从左至右。

/////:𐰚 𐰇𐰞𐰏: 𐰲𐰃𐰏(𐱁) 𐰃: 𐰋𐰏𐰼𐰼𐰓𐰢𐰢𐰇𐰲𐰇𐰤𐰼𐰭𐰽𐰞𐰺𐰴𐰠𐰅𐰑𐰞𐱃𐰃𐰉𐰍:
𐰚///𐰓𐰀:𐰢:𐰽///

//// k：ü l：g：č i g (ś) i ：b g r r d m m ü č ü n r ŋ s L R Q l e D L T i B G：k [s] d a ：m：s ///

///külüg čigši bäg är ärdämim üčün äring sal arïq el äd altï baγ käšdäm///

……曲律敕史訇，因为我作为男儿的品德，男人的木筏、水渠、领地、移动财产、六个部族的可史擔……

E25 奥兹纳切诺(Oznachennoe)碑

位置：P. S. Pallas 于 1847 年发现于叶尼塞河西岸支流 Sayangorsk 河附近的奥兹纳切诺村近旁。1880 年被搬移至米努辛斯克博物馆。馆藏编号为 30。

物理形态：碑石由深色的灰红色砂岩制成。两个侧面和一个正面共刻有 7 行鲁尼文铭文。年代约 8—9 世纪。见图版 E25。

规格：高 173 厘米，宽 49—50 厘米，厚 20 厘米。

主要研究：Radloff 1895，pp. 327 - 328；Orkun 1940，

[1] ED, p. 868.

pp. 163－165；Malov 1952，pp. 45－47；Vasilyev 1983，pp. 23－24，64，101；Recebov and Memmedov 1993，pp. 255－257；Kormushin 1997，pp. 33－40；Kormushin 2008，pp. 114－115；Aydin 2013，pp. 73－76 等。

1 𐰴𐰣𐰨𐰖𐰢:𐰴𐰑𐱁𐰢:𐰑𐰺𐰞𐱃𐰢:𐰉𐰆𐰭𐰀:𐰖𐰍𐰃𐰴𐰀:𐰚𐰃𐰼𐰓[𐰢]

Q N nč Ym：Q D ṡ m：D R L T m：B W ŋ a：Y G i Q a：k i r d [m]

qunčuyum qadašïm adïrïltïm bung-a yaɣïqa kirdim

2 𐰜𐰇:𐰲𐰚𐰇𐰠𐱃𐰆𐱃𐰸:𐰾𐰃𐰔𐰢𐰀:𐰑𐰺𐰞𐰑𐰢

ük ü：č k ü l T W T uQ：s i z m a：D R L D m

küč köl totoq esizm-ä adïrïldïm

3 𐰅𐰠𐰢:𐰴𐰣𐰢:𐰾𐰔𐰢𐰀:𐰑𐰺𐰞𐰑𐰢:𐰞𐱃𐰆𐰣:𐰚𐰅𐱁:𐰑𐰺𐰞[𐰑𐰢]

e l m：Q N m：s z m a：D R L D m：L T W N：k e ṡ：D R L[D m]

elim qanïm esizim-ä adïrïldïm altun keš adïrïldïm

4 𐰋𐰅𐱁:𐰴𐰃𐰺𐰴:𐰼(𐰇𐰠)𐰼𐱅𐰢

b e ṡ：Q i R Q：r(ü l)r t m

beš qïrq är ölürtim

5 𐰅𐰠𐰃𐰣𐰨𐰃:𐰅𐰠𐰣///

e l i N nč i：e l N///

el ïnančï el ///

6 𐰴𐰣𐰭𐰔𐰖𐰸𐰖𐰆𐰺:𐰴𐰑𐱁𐰞𐰯𐰭𐰠:𐰴𐰔𐰍𐰣𐰆𐰺:𐰃𐰤:𐰼𐰔

Q N ŋ z Y uQ Y W R：Q D ṡ L ṗ ŋ l：Q z G N W R：i n：r z

qanïngïz yoquyur qadaš alpang el qazɣan urïn är az

7 [𐰖]𐰍𐰢:𐰨𐰀𐰼𐰢𐱁𐰑𐰺𐰞:𐰑𐰢:

[Y]G m：nč a r m ṡ D R L：D m：

yaɣïm anča ärmiš adïrïldïm

[1]我的公主(即妻子)，我的家人，我离别了。悲痛啊！我进入了敌人之中。[2]Küč Köl都督，我的不幸啊！我离别了。[3]我的国家，我的汗，我的不幸啊！我离别了。我离别了黄金箭筒。[4]我杀死了35名士兵。[5]国家的亦难赤，国家……[6-7]你们的汗去世了，家属们，你们要勇敢！国之大器男儿们！我的敌人Az(族)就是这样的。我离别了。

词注

6行 Q z G N ＞qazγan(大锅)：文字确切为 𐰴𐰔𐰍𐰣，与紧前面的el(国)构成“国之大锅”之义。汉籍介绍突厥汗国以各种器物为官号，qazγan(大锅)或为某一官职名称。姑译作大器。

E26　奥楚瑞(Ochury)碑

位置：N. A. Kostrov在1857年发现于叶尼塞河和阿巴坎河之间奥楚瑞村附近20公里处。1859年交给舒申斯克(Shushensk)市，后由地方当局搬移至米努辛斯克博物馆。馆藏编号为32。

物理形态：碑石由褐色砂岩制成。方形断面。表面经过处理。鲁尼文铭文3面各4行，另1面1行，共13行。鲁尼文铭文之间有经线，只1行鲁尼文铭文的第4面几无间隔线痕迹。鲁尼文铭文损毁严重。瓦西里耶夫依据拉德洛夫蒙古古物图录Atlas的图版进行规范和重建。鲁尼文铭文释读顺序是右向和左向交叉。年代约8—10世纪。见图版E26。

规格：高205厘米，宽30厘米，厚30厘米。

主要研究：Radloff 1895，pp. 328 - 330；Thomsen 1916，pp. 69 - 70；Orkun 1940，pp. 131 - 137；Malov 1952，pp. 47 - 51；Vasilyev 1983，pp. 24，64，102；Recebov and Memmedov 1993，pp. 257 - 261；Tekin 2000，p. 233；Kormushin 2008，pp. 9 - 20；

Aydin 2013，pp. 76 - 79 等。

1 𐰃𐰠:𐰇𐰏𐰾𐰃:𐰃𐰣[𐰨]𐰆𐰋𐰃𐰠𐰏𐰀:𐰃𐰼𐰏:𐰇𐰠𐰏//////////

i l: ü g s i: i N [nč]W b i l g a: i r g: ü l g //////////

el ögäsi ïnanču bilgä irig ülüg//////////

2 : 𐰆𐰍𐰞𐰃:𐱃𐰃:𐰚(𐰇)𐰲𐰆𐰺𐰃:𐰆𐰍𐰞𐰣:𐱃𐰆𐰍//////////

:W G L i: T i: k (ü)č W R i: W G L N: T W G//////////

oγlï atï küč čorï oγlan tuγ////////////

3 ////////////(𐰲)𐰀:𐰀𐰠(𐱅𐰚)𐰔𐰇𐰲𐰇𐰤:𐰴𐰔𐰍𐰣𐰆:𐰇(𐰠)[𐰓]𐰃:𐰖𐰃𐱃𐰀:𐰾𐰃𐰔[𐰢]

///////////// (č) a: a l (t k) z ü č ü n: Q z G N W: ü (l)[d]i: Y i T a: s i z[m]

///////////// ča älättük az üčün qazγanu öldi yïta esizim

4 //𐰼////////[𐰋]𐰏𐰼:𐰾𐰃𐰔:𐱃/𐰔𐰆/𐰋[𐰏:𐰾𐰃𐰔]//////

//r////////[b]g r: s i z: T / z W / b [g: s i z]///////

/////////bäg är esiz //////bäg esiz///////

5 ///(𐰆𐰔):𐰘𐰏𐰼𐰢𐰃:𐰼𐰔𐰋𐰾:𐰖(𐰲)𐰃:𐰣𐱃𐰀:𐰼𐰓𐰢:(𐰞𐰑)𐰃///

///(W z): y g r m i: r z b s: Y(č) i: N T a: r d m: (L D) i ///

/// uz yegirmi är az beš yačïnta ärdäm aldï///

6 ////////////(𐰘)𐰼[𐰓]𐰚𐰃:𐱃𐰢𐰴𐰞𐰍𐰘𐰞𐰴𐰃:𐰉(𐰺)[𐰢]///

/////////////(y) r [d] k i: T m Q L G y L Q i: B (R)[m]///

/////////////yerdäki tamqalïγ yïlqï barïm///

7 ///(𐱅)𐰏𐰢𐰃𐱁𐰾𐰇:𐱅𐰭(𐰀):(𐰉)[𐰀]𐰽𐰢𐰴𐰔[𐰍𐰣]//

///(t) g m i ṡ s ü: t ŋ (a): (B)[a] s m Q z [G N]//

///tägmiš sü tonga bašïm qazγan //

8 𐰆𐰣𐰉𐰴𐰃𐱅𐰃:𐰉𐰆𐰭𐰾𐰃𐰔:𐰼𐱅𐰃:𐰴𐰺𐰀𐰽𐰓𐰀𐰣𐱅𐰏

W N B Q i t i: B W ŋ s i z: r t i: Q R a s d a N t g

un abaqï ätti bungsïz ärti qara sadan täg

9 𐰾𐰃𐰔𐰉𐰍𐰃𐰺:𐰚𐰇𐰔𐰭:𐰚𐰾𐰃:𐰆𐰣𐰴𐰺𐰀:𐰚𐰇𐰼(𐰚)𐰤𐰃𐰼𐱅𐰃𐰭𐰔:𐰾𐰲𐰍𐰣/𐰼

s i z B G i R: k ü z ŋ: k s i: W N Q R a: k ü r (k) n i r t i ŋ z: s č G N/r

esiz baγïr közüng kisi un qara körkin irtingiz sačïγïn///

10 𐰏𐰢𐰃𐰾𐰼:𐰑𐰾𐰭𐰔:𐰃𐰠𐰏𐰼:𐰓𐰏𐰇𐰾𐰭𐰔:𐰇𐰔𐰭𐰃𐰤:𐰠𐰾𐰇:𐰃(𐰴)///

g m i s r: D s ŋ z: i l g r: d g ü s ŋ z: ü z ŋ i n: l s ü: i (Q)///

ägmiš är adašïngïz elig är ädgüsingiz üzüngin el sü ////

11 ///:𐰠𐰇𐰚𐰃𐰤𐰓𐱁𐰓𐰭𐰔𐰖(𐰺)𐱁:𐰠𐰚𐰍(𐰢)𐰭𐰔:𐰋𐰇[𐰚]𐰢𐰓[𐰢]

///: l ü k i n d ṡ d ŋ z Y(R) ṡ: l k G (m) ŋ z: b ü [k] m d [m]

////lü äkin ädišidingiz yarïš ellik aγïmïngïz bükmädim

12 𐰇𐰔𐰼:𐰘𐰇𐰔𐰃:𐰋𐰏𐰠𐰼:𐰋𐰭𐰔𐰃:𐰋𐰏𐰠𐰚:𐰴𐱁(𐰓𐰢)

ü z r: y ü z i: b g l r: b ŋ z i: b g l k: Q š(d m)

öz är yüzi bäglär bing azï bäglik qïsdïm

13 𐰾𐰃𐰔𐰭𐰼𐱃𐰆𐰼𐰠𐰭𐰇𐰓///////

s i z ŋ r T W r l ŋ ü d/////

esizing är tur eling ü d/////

[1]颉于伽斯亦难赤毗伽艰难的命运……[2](他)的小名是曲出啜。儿子们、纛？……[3]他为……带来的Az族努力而死了。无能为力，万分悲痛，我的不幸！[4]……匐和战士不幸……匐不幸……[5]……技术高明的(或工匠)20名战士从Az族5名弓箭手那里获得了技术……[6]……土地上的带有印记的牲畜和财产……[7]达到了……我们军队的杰出首领努力……[8]他们制作了面偶，他们没有悲伤，像黑色撒旦似的。[9-10]不幸的肝脏和眼睛(一样重要)的妻子，你们与面制的黑色画像一起悲伤，你们要分散(悲伤)。低头的战士是你们的伙伴，国王和战士是你们的益友。带有马镫的国家之军队……[11]……你们共同组织了……龙一样的子孙，你们针对Yarïš地方的跃动。我依依不舍。[12]我把我自己战士的代表(直译是颜面)匐们，推举给一千Az

(族)担任首领。[13] 你们的不幸！战士，你要站起来！国家的……

词注

关于该碑文的释读，与前人多有不同之处。如 5 行和 12 行的 Az 族，8 行的 qara sadan(黑色撒旦)等。兹不一一详述。相关问题，拟另专文讨论。

E27 奥娅(Oya)碑

位置：N. A. Kostrov 在 1880 年发现于舒申斯科耶西北、叶尼塞河西岸的一个古墓旁。同年被搬移至米努辛斯克博物馆。馆藏编号为 31。

物理形态：碑石由灰白色砂岩制成。两面 9 行鲁尼文铭文，一面有印记。方形断面。表面经过处理。年代约 8—9 世纪。见图版 E27。

规格：高 102 厘米，宽 42—44 厘米，厚 39 厘米。

主要研究：Radloff 1895, p. 331；Orkun 1940, pp. 155 - 159；Malov 1952, pp. 51 - 52；Vasilyev 1983, pp. 24, 64, 102；Recebov and Memmedov 1993, pp. 261, 264 - 265；Kyzlasov 1994, p. 198；Kormushin 1997, pp. 60 - 63；Kormushin 2008, pp. 116 - 117；Aydin 2013, pp. 80 - 82。

1 𐰋𐰃𐰭𐰲(𐰶):𐰽//////

B i ŋ č ïQ : s ////////

bing čïq //////

2 𐰴𐰆𐰖𐰑𐰀:𐰴𐰆𐰨𐰆𐰖[𐰢𐰀]

Q W Y D a : Q W nč W Y [m a]

quyda qunčuyum-a

3 𐰑𐰺𐰞𐱃𐰢:𐰾𐰃𐰔𐰢[𐰀]

D R L T m：s i z m [a]

adïrltïm esizim-ä

4 𐰚𐰃𐱁𐰃:𐰴𐰔𐰍𐰣𐱃𐰢:𐰋//

k i ṡ i：Q z G N T m：b//

kiši qazɣantïm b//

5 𐰃𐰠𐰢𐰚𐰀:𐰋𐰜𐰢𐰓𐰢:𐰾𐰃𐰔𐰃𐰠𐰢[𐰀]

i l m k a：b ük m d m：s i z i l m[a]

ilimkä bükmädim esiz ilim-ä

6 𐰴𐰑𐰃𐰺𐰖𐰍𐰃𐰑𐰀:𐰆𐱃𐰆𐰔:𐰼:𐰇[𐰠𐱅𐰢]

Q D i R Y G i D a：W T W z：r：ü [l t m]

qadïr yaɣïda otuz är öltüm

7 𐰉𐰍𐰢:𐰉𐰆𐰑𐰆𐰣𐰢𐰴𐰀:𐰑𐰺𐰞𐱃[𐰢]

B G m：B W D W N m Q a：D R L T [m]

baɣïm bodunumqa adïrïltïm

8 𐰼𐰋𐰭𐰚𐰇𐰾𐰃:𐰉𐰆𐰼𐰢𐰃𐱁:///

r b ŋ k ü s i：B W r m i ṡ：///

är bängküsi bu ärmiš///

9 𐰖𐱃𐰀𐰚𐰇//////

Y T a k ü//////

yïta kü//////

[1]千人队鞠族（?）……[2-3]我离别了涧溪里的我的公主，我的不幸啊！[4]我统治了人们……[5]我对我的人民依依不舍，不幸，我的民众啊！[6]我杀掉了顽强敌人的战士 30 人。[7]我离别了我的氏族、我的民众。[8]这是男儿永恒的纪念碑……[9]万分悲痛，无能为力……

E28 阿勒屯考勒（Altyn Kyol'）第一碑

位置：E. F. Korčakov 在 1878 年发现于阿巴坎河东岸的阿勒

屯考勒地区。1881 年被搬移至米努辛斯克博物馆。馆藏编号为 27。

物理形态：两通相似的纪念碑(E28 与 E29)立在一起。E28 由淡红色砂岩制成。顶部弯曲。四面共 9 行鲁尼文铭文，无印记。行间有经线。第 5 行末尾部从碑石顶端(左端)绕到第 4 行末尾，第 6 行位于第 4 行和第 5 行的内侧，环绕一周。年代约 8—9 世纪。见图版 E28。

规格：高 138 厘米，宽 35—43 厘米，厚 19 厘米。

主要研究：Radloff 1895，pp. 332 - 334；Orkun 1940，pp. 101 - 103，108 - 109；Malov 1952，pp. 52 - 55；Klyashtorny 1976；Vasilyev 1983，pp. 25，64 - 65，102 - 103；護雅夫 1986；Recebov and Memmedov 1993，pp. 265 - 267；Tekin 1997；Kormushin 1997，pp. 74 - 90；Tekin 2000a，p. 233；Erdal 2002，pp. 58 - 69；Kormushin 1997，pp. 74 - 90；Kormushin 2008，pp. 117 - 120；Aydin 2013，pp. 82 - 85。

1 

W N Y：i l t d i：ü g m a：k l r t i：i l m k a：r d m ü č n：

on ay iletidi ögüm-ä kälirti ilimkä ärdäm üčün

2 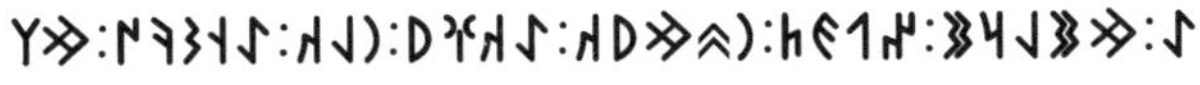

l m：ü k nč ŋ a：Q L N：Y G Q a：Q Y m T N：t g p n：D R L D m：a

elim ökünčingä qalïn yaγïqa qaymatïn tägipän adïrldïm a

3 

i n ŋ z k a：i č ŋ z k a：i n g n y ük i ：i l d：t ü ṡ r t ŋ z

iningizkä ičingizkä ingän yüki ildä tüšürtingiz

4 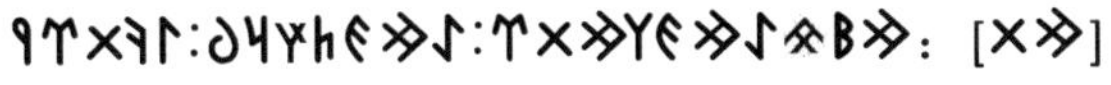

y r d k i：B R š t g m a：r d m l g m a b ük m：[d m]

yirdäki bars tägim-ä ärdäm eligim-ä bükmädim

5 𐱃𐱁𐰺𐰞𐰯: 𐰼𐱅𐰭𐰔𐰃𐰤𐰆𐱃𐱁𐰺𐰜𐰇𐰲: 𐰼𐱅𐰭𐰔𐰃𐰤𐰠𐰏𐰋𐰇𐰼𐱅: 𐰆(𐰍𐰞)𐰉𐰺𐱁: 𐰑𐰺𐰞𐰢𐰆𐰠𐰾𐰾𐰆

T š R L p: r t ŋ z i n W T š R k ü č: r t ŋ z i n l g b ü r t: W (G L) B R š: D R L m W l s s W

atsar alïp ärtingüzin utsar küč ärtingüzin elig börit oɣul bars adïrïl< dï > m uluš s<ü>

6 𐰉𐰆𐰴𐰢𐰔𐰆𐰢𐰖: 𐰋𐰏𐰢𐰔: 𐰋𐰃𐰔𐰆𐰖𐰀: 𐰞𐰯𐰼: 𐰇𐰔𐰃𐰤: 𐰞𐱄𐰃𐰴𐰃𐰞𐰢𐰑𐰭: 𐰇𐰔𐰠𐰚𐱃𐰇𐰔𐰤: 𐰇𐰲: 𐰴𐰃𐰞𐰢𐰑𐰭: 𐰖𐰃𐱄𐰀: 𐰔𐰨𐰇𐰢𐰀𐰚𐰇𐰔𐰨𐰃𐰢𐰀: 𐰑𐰺𐰞𐰢𐰀: 𐰾𐰲𐰠𐰤𐰢𐰇: 𐰇𐰏𐰇𐰼𐰓𐰢𐰢𐰤

B W Q m z W m Y: b g m z: b i z W Y a: L p r: ü z i n: L Ṫ i Q i L m D ŋ: ü z l k T ü z n: ü č: Q i L m D ŋ: Y i Ṫ a: z nč ü m a k ü z nč i m a: D R L m a: s č l n m ü: ü g ü r d m m n

boqummuz umay bägimiz biz uya alïp är özin altï qïlmadïng özlük at özin üč qïlmadïng yïta az inčüm-ä közünčim-ä adïrl < dï >m-a säčilän mü ögürädim män

7 𐰞𐱃𐰆𐰣: 𐱁𐰆𐰭𐰀𐰖𐱀: 𐰚𐰘𐰚𐰃: 𐰺𐱃𐰍𐰞𐱃𐱀𐰍𐰞𐱃𐰑𐰲𐰃𐰣𐰀𐰉𐰺𐱁𐰢𐰑𐰺𐰞𐰆𐰉𐰺𐰑𐰃: 𐰖𐱄𐰀

L T W N: š W ŋ a Y ṡ: k y k i: R T G L T ṡ G L T D č i N a B R š m D R L W B R D i: Y Ṫ a

altun šunga yiš käyiki ïratɣïl tašaɣïl at äd čin-a barsïm adïrïlu bardï yïta

8 𐱅𐰇𐰼𐱅𐰤𐰠𐰏𐰇: 𐰼𐱅𐰢𐰔: 𐰋𐰔𐰤𐰃: 𐰼𐰚𐰠𐰏: 𐰑𐰺𐱃𐰃𐰖𐱃𐰀

t ü r t n l g ü: r t m z: b z n i: r k l g: D R T i Y T a

tört inälgü ärtimiz bizini ärklig adïrtï yïta

9 𐰼𐰼𐰢𐰲𐰤: 𐰃𐰤𐰢𐰲𐰢: 𐰆𐰖𐰺𐰣: 𐰇𐰲𐰤: 𐰋𐰭𐰏𐰇𐰢𐰤: 𐱅𐰃𐰚𐰀𐰋𐰼𐰴𐰃

r r m č n: i n m č m: W Y R N: ü č n: b ŋ g ü m n: t i k a b r h i

är ärim čin inim ičim uyurun üčün bänggümin tikä berti

[1]我的母亲啊！孕育了十个月，并（把我）带到（我的）国家。因为男人的品德，[2] 由于我国家的遗憾，我抵达强敌处，没能返回就离别了。啊！[3] 您曾经为您的弟弟和兄长（或叔叔），把母驼上的货物运到国家（原义是在国家卸过母驼上的货物）。[4] 大地上的末斯特勤（Bars Tägim）啊！我对我品德高尚的国王依依不舍。[5] 冲锋时满怀勇气，战胜时充满力量。国王的附离（护卫）军男儿末斯我离别了。[5-6] 国土上的我们的军队和民众！乌迈，我们的匐，我们是亲兄弟。勇敢的战士，您自己没有复生 6 次，高贵的宝马，您自己没有再生 3 次。万分悲痛，无能为力！我的 Az 领民啊！封地啊（?）！我离别了啊！是（人生的）选择吗？我获得了知识。[7] 您要把金色的 Šunga 山的野兽送走，赶到外面。（您的）声誉是真实的，啊！我的末斯，他离去了。万分悲痛，无能为力！[8] 我们四个青年曾经在一起。强有力的人离开了我们。万分悲痛，无能为力！[9] 作为战士的勇气是真实的。我的兄弟因为能力强大，他们树立了我的纪念碑。

词注

4 行 B R š t g m> bars tägim：碑文主人名。鉴于汉语借入词 sängün（将军）在蒙古新发现的毗伽啜莫贺达干碑文中写作 sängüm，〔1〕此处 tägim 应为 tägin（特勤，王族子弟）讹化音。

5 行 b ü r t> börit：böri（狼）的复数形。E98 威巴特第六碑记录碑主曾杀死八姓乌纥（即八姓乌古斯）的匐，杀死青狼皮部族 kök böri qars baγ。〔2〕 此青狼皮部族词义即隋唐汉籍记录的突厥可汗护卫附离（böri）。此处 börit 说明墓主是黠戛斯可汗的护卫。

6 行 z nč ü>az inčü（Az 领民）：前人未能读出。前者 az 为部族名称，另出现于 E16、E28、E68 等碑铭中。关于后者 inčü，克劳森进

〔1〕 白玉冬、吐送江 2018。
〔2〕 白玉冬 2018，第 241—243 页。

行了详细分析。[1] 其结论是，inčü与中世纪时期英国的“封地”有着相同的意义，是“以履行某些服务为条件，由统治者授予的一块土地”，扩展起来就是“需要履行那些服务的人群”。该词还出现于敦煌出土 P. 2741 于阗语文书和钢和泰藏卷关于甘州回鹘的叙述中，以及高昌回鹘时期的回鹘文文献中。在麹氏高昌国公文书《高昌延寿十四年(637)兵部差人看客馆客使文书》〔72TAM171：12(a)，17(a)，15(a)，16(a)，13(a)，14(a)，10(a)，18(a)〕中记作“真朱”，元代汉文史料则记作“奄出”。森安孝夫对 inčü 进行过介绍，[2]荒川正晴对真朱进行了讨论，[3]姚大力、宫海峰则对奄出进行了研究。[4]兹不赘引。各位的结论与上述克劳森之意见大同小异。此处 az inčü 的出现，表明 Az 族曾是黠戛斯汗国属下的一个集团。

6 行 W m Y>umay(乌迈)：乌迈，神祇名，又见于后突厥汗国暾欲谷碑和阙特勤碑。赛诺认为是源自蒙古语族的神灵之名。[5]

6 行 küznč>közünč(领地)：动词 köz(看)的再归动词 közün(看得见，显现)的派生名词。鉴于紧前面是 inčü(领民)，故视作近义词重叠，释作“领地”。

6 行 L p r：ü z i n：L Ṫ i Q i L m D ŋ：ü z l k T ü z n：ü č：Q i L m D ŋ>alïp är özin altï qïlmadïng özlük at özin üč qïlmadïng(勇敢的战士，您自己没有复生 6 次；高贵的宝马，您自己没有再生 3 次)：直译为——勇敢的战士，您没有把自己创造 6 次；高贵的宝马，您没有把自己创造 3 次。此文可能是某种俗语或谚语，有待加深讨论。

---

〔1〕 ED, p. 173.

〔2〕 森安 1991，第 196 页。

〔3〕 荒川 2016，第 1—19 页。

〔4〕 姚大力 1991，第 146—153 页；宫海峰 2009，第 42—62 页。

〔5〕 塞诺 1985，第 359—365 页。

E29 阿勒屯考勒(Altyn Kyol')第二碑

位置：E. F. Korčakov 在 1878 年，与 E28 碑文一同发现于距 Bondarev 村 10 公里的阿巴坎河东岸的阿勒屯考勒湖附近。1881 年被搬移至米努辛斯克博物馆。馆藏编号为 28。

物理形态：石碑由棕色砂岩制成。截面为矩形。表面经过加工。顶部被磨圆。8 行鲁尼文铭文垂直镌刻于三面。各行之间由凹槽区分。一线条连接石碑正面四周。其中，第 5 行沿宽面外缘镌刻，经由顶端（左端）后，连接于第 4 行末尾。年代约 8—9 世纪。见图版 E29。

规格：高 195 厘米，宽 50 厘米，厚 15 厘米。

主要研究：Radloff 1895, pp. 334 - 336; Orkun 1940, pp. 104 - 105, 110 - 111; Malov 1952, pp. 55 - 58; Klyashtorny 1976; Vasilyev 1983, pp. 25, 65, 103; Recebov and Memmedov 1993, pp. 267, 269 - 271; Tekin 1998; Tekin 2000a, pp. 233 - 234; Kormushin 1997, pp. 66 - 74; Kormushin 2008, pp. 120 - 122; Aydin 2013, pp. 85 - 88。

1 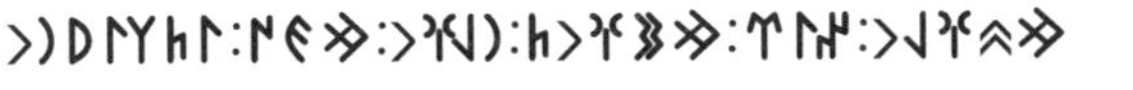

W N Y i l t i: ü g m: W G l N: Ṫ W G D m: r i n: W L G T M

on ay ilätti ögüm oɣulun tuɣdum ärin uluɣatum

2 

i l m d a: t ü r t: t g z n d m: r r d m m ü č n: i n nč: W//////

ilimdä tört tägzindim är ärdämim üčün ïnanču///////

3 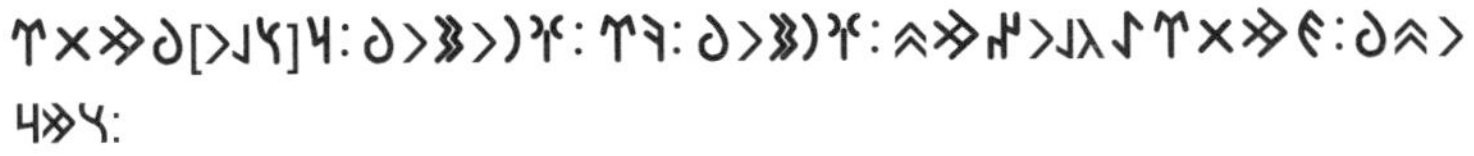

r d m B[W L S]R: B W D W N G: r k: B W D N G: T m n W

L č a r d m g：B T W R m S：

ärdäm bulsar boduniγ ärik boduniγ at män olča ärdämig baturmiš

4 

r d m l [i g] B W L S R：B W D W N：i s r k y ü r m d i r nč m：i k z m a：

ärdämlig bolsar bodun iš ärk yürmädi ärinčim ikizim-ä

5 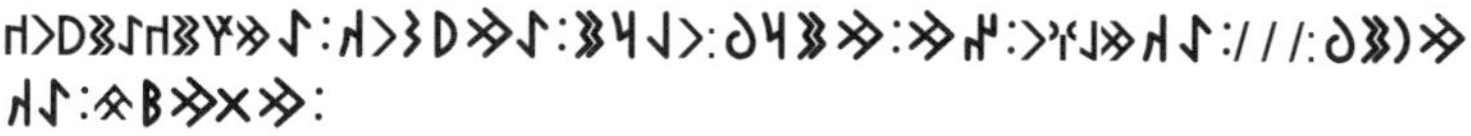

Q W Y D a Q D S m a：Q W nč Y m a：D R L W：B R D m：m n：W G L m Q a：/// B D N m Q a：b ük m d m：

quyda qadašim-a qunčuyum-a adirilu bardim män oγulimqa///bodunimqa bükmädim

6 

s k z Q i R Q：Y s m a

säkiz qirq yašim-a

7 

r r d m (ü č)ü n t ü p ü t Q N Q a：Y L B č：B (R)D m：k l m d [m]

är ärdäm üčün tüpüt qanqa yalavač bardim kälmädim

8 

r r d m B W L S R：N D G r m s：s i z m n：L T W N：Q p R/////

är ärdäm bolsar andaγ ärmiš esiz män altun qap är/////

[1]我的母亲，她抚育了我十个月。作为儿子，我出生了，我长大成为了一名战士。[2]我巡回我的国家4次。由于我男儿的品德，[我获得了]亦难赤[称号]。[3]一发现有男儿的品德，我就(给予)民众、强有力的民众名号，(可是)我丢弃了那样的男儿的品德。[4]一旦成为具有男

儿品德的人，我的民众就一定不会失掉(?)事业上的力量。我的双生儿啊![5] 涧溪里的我的家人，我的妻子啊！我离去了。我对我的儿子……我的民众，依依不舍！[6]在我38岁时，[7] 由于我男儿的品德，作为使者去了吐蕃汗(那里)，我没有回来。[8] 如果具有了男儿的品德就是这样。不幸！我是有着黄金皮袋的男儿……

词注

8行Q p >qap：视作qab(皮袋)的讹音。

E30 威巴特(Ujbat)第一碑

位置：T. Stralenberg和D. G. Messershmidt率领的考察队发现于1721—1722年，位于威巴特河沿岸Charkov村旁的古墓内。1886年被移入米努辛斯克博物馆。馆藏编号为7。

物理形态：由灰色砂岩制成，碑石底部有一个拟人化肖像。碑石3面有5行鲁尼文铭文。年代约8世纪。见图版E30。

规格：高212厘米，长19—26厘米，宽19厘米。

主要研究：Radloff 1895, pp. 336 - 337；Orkun 1940, pp. 141 - 142；Malov 1952, pp. 58 - 59；Vasilyev 1983, pp. 25, 65, 104；Recebov and Memmedov 1993, pp. 272 - 274；Kormushin 1997, pp. 91 - 96；Kormushin 2008, pp. 122 - 123；Aydin 2013, pp. 88 - 90。

1 𐰼 [𐰓] 𐰢 𐰴 𐰭 𐰞 𐰋 𐰆 𐰍 𐰞 𐰋 𐰼 𐰢 𐰾 𐰀

r [d] m Q ŋ L b W G L b r m s a

ärdäm qanglï äb oγul bermiš-ä

2 𐰆 𐰣 𐰤 𐰃 𐰤 𐰾 𐰃: 𐱃 𐰆 𐰴 𐰔 𐰆 𐰍 𐰞 𐰃: 𐰉 𐰺 𐰇 𐰲 𐰤

W N n i n s i: T W Q z W G L i: B R ü č n

on in inisi toquz oγulï bar üčün

3 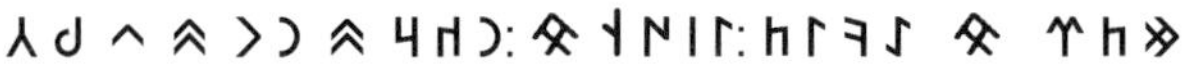

č B ṡ T W N T R Q N：b ŋ ü s i：t i k a b r t m

čavïš ton tarqan bängüsi tikä bertim

4 

r d m n（ṅ）n l n d a Q R a Q N Q a：B R p N

ärdämin ängin elindä qara qanqa barïpan

5 

Y L B č：B R p N：k l m d ŋ z b g m z

yalavač barïpan kälmädingiz bägimiz

[1]（你）把男儿的品德给予了康里族的家生男儿，啊！[2] 由于有 10 个虎狼之门的弟弟和 9 个儿子，[3] 我树立了车鼻施暾达干（Čavïš Ton Tarqan）的纪念碑。[4] 怀着崇高的品德和形象从国家前往黑汗处。[5] 作为使节前往，（但）您没有回来，我们的匐！

词注

1 行 Q ŋ L＞qanglï（康里族）：首选是转写作 qangïl，惜尚未发现这样的古突厥语词。在突厥和回鹘的大型碑文中，词尾的元音都要写出，但叶尼塞碑铭并不遵循这一突厥和回鹘碑文的“法则”。故，转写作 qanglï 亦未尝不可。由于紧随其后的 b W G L＞äb oγul 是“家生儿子”之义，qanglï 应是“家生儿子”的修饰限定词。详述 8 世纪中后期内亚民族分布情况的 P. t. 1283 文书记录有 Qara Qanglï（黑车子族）活动在叶尼塞河流域。〔1〕 蒙元时期亦有康里族在中亚一带活动。此处的 qanglï（康里族）应与 Qara Qanglï（黑车子族）或康里有关。

1 行 b W G L＞äb oγul：直译是家里的儿子之义。汉籍中，奴婢所生的子女仍在主家当奴婢，被称为“家生”。敦煌出土 S. 6551《佛说

〔1〕 森安孝夫 1977，第 6 页。

阿弥陀讲经文》中，拔悉密被称为大回鹘国（即高昌回鹘）的“家生”。[1] 依此看来，此碑铭主人可能有出自康里族的妻妾。

2 行 n>in：据克劳森介绍，in 有野兽巢穴之义。[2] 此处修饰紧随其后的 ini（弟弟），形容死者与弟弟出自野兽一样勇猛的家庭。此表达方式可与汉语的虎狼之家相媲美。

4 行（ŋ̇） n>ängin：据克劳森之说，ängin 有脸颊之义。[3] 此处代指容貌，与之前的 ärdäm（男德）构成同义词重叠。

4 行 Q R a Q N>qara qan（黑汗）：即突骑施汗国的黑姓部落。此 qara qan（黑汗）表明该碑铭年代属于 8 世纪。

E31 威巴特（Ujbat）第二碑

位置：P. E. Kuznetzov 等 1885 年发现于威巴特河沿岸 Charkov 村旁的古墓内。后被移入米努辛斯克博物馆。馆藏编号为 29。

物理形态：灰色砂岩，碑石圆形顶部进行过加工，表面做了处理。5 行不完整的鲁尼文铭文位于碑石一面。其中，第 1 行行文方向与第 2—5 行相反，且文字上下逆向。年代约 8—10 世纪。见图版 E31。

规格：高 83 厘米，长 53 厘米，宽 15 厘米。

主要研究：Radloff 1895，pp. 337 - 338；Orkun 1940，pp. 142 - 143；Malov 1952，pp. 60 - 61；Vasilyev 1983，pp. 25 - 26，65，105；Recebov and Memmedov 1993，pp. 274 - 275；Bazin 1993，p. 36；Kormushin 1997，pp. 96 - 99；Kormushin 2008，pp. 123 - 124；Aydin 2013，pp. 90 - 92。

---

〔1〕 张广达 1989，第 174—175 页。
〔2〕 ED，p. 166.
〔3〕 ED，p. 166.

1 

W z b i l g a č ŋ š i：W z t ////

uz bilgä čangši uz ? ////

2 

////i N ü č n：L P i N ü č n：r d m i n ü č n

//// ïn üčün alpïn üčün ärdämin üčün

3 

////(t) ü k d i：t ü r t：B W L ŋ Q a：t ü k d i

//// tökdi tört bolungqa tökdi

4 

////p d i：ü č Q T a t g z n t i

//// p di üč qata tägizinti

5 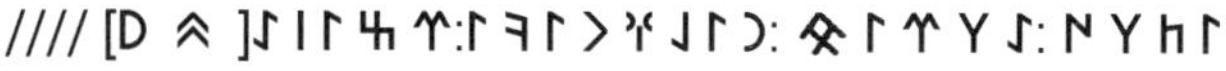

//// [Y T]a s i z r：i k i W G L i N：b i r l a：ü l t i

//// yïta esiz är iki oγlïn birlä ölti

[1]乌兹毗伽长史(Uz Bilgä Čangši)……[2] 因为他的……因为他的勇猛，因为他的品德，[3] 他传播了……他向四方传播了。[4] 他 ……了。他巡游了 3 次。[5] 无能为力，万分悲痛！不幸！勇士和他的两个儿子一起死了。

E32　威巴特(Ujbat)第三碑

位置：由 T. Stralenberg 和 D. G. Messershmidt 率领的科考队，于 1721—1722 年发现于威巴特河边 Charkov 村旁的古墓内。1886 年移入米努辛斯克博物馆。馆藏编号为 8。

概况：灰色砂岩制成，碑石底部有一人形图案，三面共 17 行鲁尼文铭文。瓦西里耶夫换写和摹写仅给出 15 行。年代约 9—10 世纪。见图版 E32。

规格：高 246 厘米，长 36—56 厘米，宽 15—56 厘米。

主要研究：Radloff 1895，pp. 338 - 341；Orkun 1940，pp. 143 - 146，153；Malov 1952，pp. 61 - 64；Vasilyev 1983，pp. 26，66，105；Recebovand Memmedov 1993，pp. 275 - 278；Kormushin 1997，pp. 99 - 117；Kormushin 2008，pp. 124 - 126；Aydin 2013，pp. 92 - 96。

1 

r [r] d m[i] (n) ü č (n) m ü：Y T a：Y uQ L D i：Q W L i：L P T W T S R：k ü č：ü č č m a：

är ärdämin üčünmü yïta yoqladï qulï alp tutsar küč üč ičim-ä

2 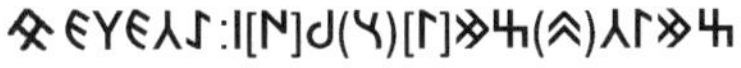

b g l g č a：s [ü] B (S) [i] m z (T) č i m z

bäg iligčä sü bašïmïz atačïmïz

3 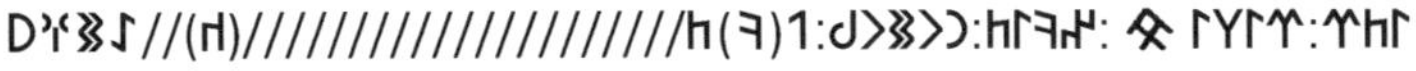

Y G D a //(Q)////////////////////// t (k) p：B W D W N：t i k n：b i l i r：r t i

yaɣïda/// tikip：bodun tikän bilir ärti

4 

ü(l š) m (a) ///// g ü：T W Q z

ülüšmä ///// gü toquz

5 

ü z ä：t ŋ r i：Y R L Q D i：uQ /////

üzä tängri yarlïqadï /////

6 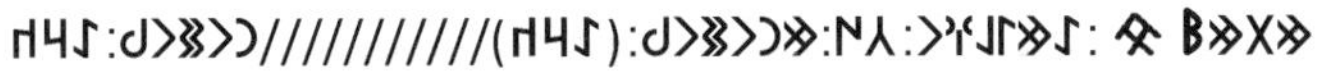

Q R a：B W D W N //////////// (Q R a)：B W D W N m：ü č：W G l i m a：b ük m d m qara bodun //////////// qara bodunïm üč oγulïm-a bükmädim

7 ≪4ЧD:ЧᛦᐳᐳЭ:///////////////////[⚘]ß≫Xᚴ:ժᐳ≋Ͻ(ᚴ)ᛦᒍ

T R Q N：S ŋ W N：/////////////////// [b] ük m d i：B W D N (i) ŋ a

tarqan sangun //////////////////// bükmädi bodunïnga

8 ᚴYλᐳЧ:ᚴYᚴᛦᒍЧ[ᒍЧ](ᛘ)[ϽЧᚴ≫]/////////(ᛏ)X≫ᚴᛋ:ᛗλᛋ:D↓ᒍ≋ᚴ:

i l č W R：i l i ŋ a Q [a z] (G) [N t i m] ////////// (r) d m i n：ü č n：Y uQ l D i：

il čor ilingä qazγantïm //////////ärdämin üčün yoqladï

9 D↓ᒍ≫Ч ᐳЧ:///////////////////////////////ᒍ⚘ᚴY∈ᒍ: ⚘∈ᐳᛘᒍᚴᛦᒍ

Y uQ L m z W z：///////////////////////////////a b i l g a：b g W G L i ŋ a

yoqlamaz uz /////////////////////////////// bilgä bäg oγulïnga

10 (⚘X)Ч≫ᚴᛋ: ᛗλᛗᛋ(Ч)ᛗᛏᖷ: Ч(Ͻ)ժᒍժᒍ: Y(X)ᒍ≪ᐳЧЧ: ᛏ(∈): ᐳ≋^
ᛏᐳЧᒍ(≫≋↓) ᛏᛁᛗ (ᖷ)[ᛏ]1ᒍ≪ᚴ: ᛏX≫: ⚘ ∈≫ᒍ

(b d) z m i n：ü č ü n (t) ü r k：Q (N) B L B L：l (d) a T W Q z：r (g)：W D ṡ r W Q L (m D uQ) r s ü (k) [r] p L T i：r d m：b g m a

bädizmin üčün türük qan balbal eldä toquz ärig udušuru qalmaduq är sökürüp altï ärdäm bägim-ä

11 ///≪ᐳЧЧ///ЧЧ∈ᚴᛋ1:≪Ͻ:ᛏ∈Y∈

//// T W Q z //// t z g i n p：T N ：r g l g

//// toquz /// täzginip tan äriglig

12 ᐳ≪ ᚷ :ᛏ∈ժ^ᒍDᐳ:≪ᐳ≪ᛘЧᒍ

W T z：r g B ṡ L Y W：T W T G Q a

otuz ärig bašïlayu totoγqa

13 ///ᛗλλ≫ᒍ:≋(Чᒍ)[≋]≫

//// ü č č m a: D (R L) [D] m

//// üč ičim-ä adïrïldïm

14 ///𐰋𐰃𐰼𐰾𐰢:𐰢𐱃𐰃:𐱃𐰲𐰢𐰴𐰀:𐰑𐰺𐰞𐰑𐰢𐰀𐱃(𐰆𐰸)𐰔:𐰋𐰏𐰼///𐰢𐰀

///b i r s m: m T i: T č m q a: D R L D m a T (W Q) z: b g r /// m a

///birišim amtï atačïmqa adïrïldïm-a toquz bäg är /// m a

15 ///𐰆𐰺𐰦𐰉𐰽𐰃:𐰼𐱅𐰢:𐰃𐰣𐰨𐰃:𐰼𐱅𐰢

///W R nt B S i: r t m: i N nč i: r t m

///orunta bašï ärtim ïnančï ärtim

16 𐰞𐱃𐰃:𐰖𐰽𐰢𐱃𐰀:𐰴𐰭𐰑𐰺𐰑𐰢:𐰋𐰃𐰠𐰤𐰢𐰓𐰢:𐰇𐰲𐰃𐰲𐰢𐰀:𐰖𐱃𐰀:𐰑𐰺𐰑𐰢:𐰉𐰲𐰃

///𐰇𐰲𐰲𐰢𐰀:𐰴𐰭𐰢𐰤:𐰼𐰓𐰢:𐰀𐱃𐰢:𐰼𐱅𐰃:𐰋𐰼𐰠𐰀///

L T i: Y S m T a: Q ŋ D R D m: b i l n m d m: ü č i č m a: Y T a: D R D m: B č i/// ü č č m a: Q ŋ m n: r d m: a T m: r t i: b r l ä ///

altï yašïmta qang adïrïdïm bilinmädim üč ičim-ä yïta adïrïdïm B č i / / /üč ičim-ä qang män ärdäm atïm ärti birlä///

17 𐰃𐰠𐰢𐰚𐰀:𐰴𐰣𐰢𐰴𐰀:𐰋𐰜𐰢𐰓𐰢///(𐰆𐰍𐰞)𐰣𐰢𐰀:𐰃𐰤𐰢𐰀:𐰃𐰲𐰢𐰀:𐰢𐰤𐰢𐰚𐰢:𐰇𐰚𐰇𐰼

𐰀:𐰋𐰜𐰢𐰓𐰢:

i l m k a: Q N m Q a: b ük m d m /// (W G L) N m a: i n m a: i č m a: m n m k m: ü k ü r a: b ük m d m:

ilimkä qanïmqa bükmädim /// oɣlanm-a inim-ä ičim-ä män äm kim ökürä bükmädim

[1]因为是男儿的品德吗？万分悲伤！无能为力！他殁了。奴隶把握住勇气的话会强大！我的3位叔叔啊！[2]像訇王一样的我们的军队首领，我们的父亲，[3]从敌人（或在敌人）……树立……百姓曾知道碑文（原义是竖立物）。[4]我的命运（或部分）啊！……9个。[5]上天下达了命令……[6]平民……我的平民，我的3个儿子，啊！我依依不舍。[7]达干将军……他对他的百姓依依不舍。[8]我为颉啜（Il Čor）之国尽了

力……因为男儿的品德，他死了。[9] 没有死亡。工匠(?)……向毗伽匐(Bilgä Bäg)的儿子。[10] 因为我的装饰，从突厥汗杀人石之处驱赶 9 人，一个不剩地让他们屈膝，并获取(他们)。我的男儿品德的匐啊！[11-12]……9 次……巡游，把身体强壮的 30 名战士培养成首领，交给都督。[13]……我的 3 位叔叔啊！我离别了。[14]……我的赠品。现在我离别了我的父亲啊！9 名匐……[15] 我是……地方的首领。我是亦难赤。[16] 在我 6 岁时，我离别了我的父亲，(那时)我不知道自我。我的 3 位叔叔啊！万分悲痛！无能为力！我离别了！……我的 3 位叔叔啊！我是一名父亲。我有男儿品德的名号，一起……[17] 我对我的国家、我的汗依依不舍……我的儿子们啊！我的弟弟啊！我的叔父啊！我享用草药，一点也没有感到厌倦。

词注

2 行(T) č i m z>atačïmïz(我们的父亲)：ata(父亲)后续表示昵称的小品词缀 č，再后续第一人称所属语尾。也可转写作 atačïmïz(我们的马夫)。元代汉文史料的阿塔赤即 atačï(马夫)。兹取前者。

3 行 t i k n>tikän：源自 tik-(竖立)的名词，"刺"之义。〔1〕此处理解作竖立物，概指碑文。

5 行：字数不明，此行据瓦西里耶夫换写，图版上无法确认到。

6 行 Q R a：B W D W N>qara bodun(平民百姓)：此据瓦西里耶夫摹写，图版上无法确认到。

10 行 W D ś r W> udušuru：udušur-(驱赶)。〔2〕此处前舌音 r 概为后舌音 R 的误写。

11 行 täzgin-据克劳森之说，为 tägzin-(旋转，游览)的另一写法。〔3〕

〔1〕 ED, p. 483.
〔2〕 ED, p. 73.
〔3〕 ED, p. 489.

概为辅音换位现象。

17 行 k m＞kim（谁）：此处充当疑问代词，和后面 bükmädim 的-mä-呼应，加强否定语气。

17 行 ü k ü r a＞ökürä（欢喜着）：据克劳森之说，动词 ögrün-是动词 ögir-（高兴）的被动态。[1] 兹视作 ögür-（高兴，欢喜）的清音化形式 ökür-的副动词。

E33 威巴特(Ujbat)第四碑

位置：P. S. Pallas 1793 年发现于威巴特河沿岸的 Uzun Oba 地区的墓地内，具体位置不明。

物理形态：灰色砂岩，共 3 行鲁尼文铭文。年代约 8—9 世纪。见图版 E33。

规格：不明。

主要研究：Radloff 1895，pp. 342；Orkun 1940，pp. 147，154；Malov 1952，pp. 64－65；Vasilyev 1983，pp. 26，65；Recebov and Memmedov 1993，p. 279；Kyzlasov 1994，pp. 183，185；Kormushin 2008，pp. 21－23；Aydin 2013，pp. 96－97。

1 ///ↄ|

/// N s

///

2 /// >ꟼ>Ч: ɺ1ↄ///

W y W R：L p N

uyur alpïn

3 ⩕ɬ϶ꞁϒhꞁ

---

〔1〕 ED, p. 115.

b ŋ g ü r t i

bängü ärti

[1]…… [2]……以能力强大和勇敢…… [3]是永远的。

词注

2行 W y W R> uyur：其中的 y，瓦西里耶夫摹写作 k。前人均按此处理，但无法给出转写。因 y 与 k 写法有近同之处，姑视作与之后的 alp(勇敢)正相呼应的 uyur(能力强大)。

E34　威巴特(Ujbat)第五碑

位置：P. S. Pallas 于 1793 年发现于威巴特河沿岸 Uzun Oba 地区的名为 Khara Kurgan 的墓地内，具体位置不明。

物理形态：棕色砂岩，共 3 行鲁尼文铭文，现只见 1 行。年代约 8—9 世纪。见图版 E34。

规格：高 315 厘米，宽 128—146 厘米，厚 22—27 厘米。

主要研究：Radloff 1895，p. 342；Orkun 1940，pp. 147，154；Malov 1952，p. 65；Vasilyev 1983，pp. 26 - 27，65，66，68，80，105；Recebov and Memmedov 1993，pp. 279 - 280；Kyzlasov 1994，pp. 183 - 184；Kormushin 2008，pp. 23 - 25；Aydin 2013，pp. 97 - 98。

///𐱅///𐰇𐰺𐰘𐰼𐰓𐰀𐰴𐰼////

///t///ü R y r d a Q r////

//////yirdä aq är(或 qar)/////

……在土地上，白色，战士(?)……

词注

如瓦西里耶夫所介绍，关于此碑铭的摹写，前人意见多有不同。

上文中的 𐰓>d，在瓦西里耶夫给出的图版上，呈 𐰔>z 的形状。由于此图版系人为描改后的图版，不否定此 𐰔 为 𐰓 的可能。

E35　图瓦(Tuba)第一碑

位置：M. A. Castrén 在 1847 年发现于距图瓦河畔 Tes 村 3 公里的墓地内，具体位置不明。

物理形态：灰色砂岩，共 2 行鲁尼文铭文。年代约 8—9 世纪。见图版 E35。

规格：高 315 厘米，宽 128—146 厘米，厚 22—27 厘米。

主要研究：Radloff 1895，p. 343；Orkun 1940，p. 169；Malov 1952，pp. 65 - 66；Vasilyev 1983，pp. 27 - 28，66；Recebov and Memmedov 1993，pp. 280，285；Aydin 2013，pp. 98 - 99。

1　𐰼///𐰇𐰲𐰤:𐰖𐰍𐰃𐰴𐰀

R /ü č n：Y G i Q a

///üčün yaγïqa

2　𐰚𐰇𐰤𐰲:𐱃𐰆𐱃𐰆𐰸

k ü n č：T W T W uq

künč totoq

[1]由于……向敌人……[2]Künč 都督。

E36　图瓦(Tuba)第二碑

位置：I. T. Savenkov 在 1885 年发现于图瓦河沿岸 Shelabolinsk 岩画群中。

物理形态：带有古突厥语鲁尼文铭文的石头位于塌方后的岩石群中，共 3 行铭文。另有蒙古文和汉文的黑色铭文。鲁尼文铭文的部分在 1910 年被送至米努辛斯克。年代约 9—10 世纪。见图版 E36。

规格：不明。

主要研究：Radloff 1895，p. 343；Orkun 1940，pp. 169 - 170；Malov 1952，p. 66；Vasilyev 1983，pp. 28，66；Recebov and Memmedov 1993，p. 285；Kyzlasov 1994，p. 188；Aydin 2013，pp. 99 - 101 等。

1 

y ü z Y š Y n a

yüz yaš yana-

2 

s t ŋ r m č ü k b i z k a

-s tängrim čök bizkä

3 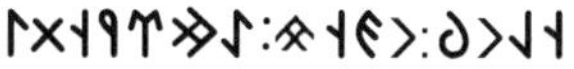

i d ŋ y r m a：b ŋ g W：B W L ŋ

ïdïng yirim-ä bängü bolung

[1-3]百岁的 Yanas 邓林（Tängrim），愿您把威光给我们！给我的土地！愿您永远！

词注

2 行 t ŋ r m> tängrim（邓林）：由 tängri（天，神，神圣的）派生的名词，有神之义，也用于称号，表示君主或地位高贵的女性。汉文史料多音译作邓林。〔1〕

2 行 č ü k> čök（威光）：回鹘文文献中，čoγ 相当于汉语的“威，光”。兹视作 čoγ 的转音。

〔1〕 张广达、荣新江 1989，第 161、164 页。

3行 i d ŋ>ïdïng：ïd-（给）后续动词命令形的第二人称复数词缀 ïng。动作主体 Yanas 邓林是单数，此处用复数形的命令形，概表示委婉的命令或祈使语义。

E37 图瓦（Tuba）第三碑

位置：1721年至1722年，由 P. J. Von Strahlenberg 和 D. G. Messershmidt 率领的科考队发现于叶尼塞河西岸，哈卡斯中部和北部的交界地带。A. V. Adrianov 在1896年组织搬进米努辛斯克博物馆。馆藏编号12。

物理形态：石人形象。石人由灰色砂岩制成，背面有3行鲁尼文铭文。共2个印记。鲁尼文铭文漫漶。年代约8世纪。见图版 E37。

规格：高178厘米，宽42—63厘米，厚35厘米。

主要研究：Radloff 1895，pp. 343－344；Orkun 1940，pp. 66－67；Batmanov 1959，pp. 161－162；Kyzlasov 1964；Vasilyev 1983，pp. 28，67，106；Recebov and Memmedov 1993，pp. 285－286；Kormushin 1997，pp. 123－127；Kormushin 2008，pp. 127－128；Aydin 2013，pp. 101－103。

1 

Q R a Q N i č r g i b n：

qara qan ičrägi bän

2 

（W）N（W）uQ//ük/e l g T č i：ṡ k（z）W N///

on oq /////elig atačï säkiz on///

3 

b n ü l t m：t ü r g ṡ：b n č ŋ ṡ i b n b i t i g

bän öltüm türgiš bän čingisi bän bitig

[1]我是黑汗的内廷大臣。[2] 十箭（即西突厥汗国）……国王的父亲（马夫?）。80［岁时］，[3] 我死了。我是突骑施（人），我是成吉思（Čingisi 强者之义）。（我的）碑文。

词注

关于此碑文，如哈萨克斯坦文化遗产网站的摹写，前人释读意见多有不一致之处。兹在参考瓦西里耶夫换写的基础上，根据上述文化遗产网站提供的整体和局部彩色图版重新释读。与前人之间的不同之处，兹不一一赘述。

1 行 Q R a Q N>qara qan（黑汗）：又见于 E30 威巴特第一碑。E30 墓碑的主人是作为使者前往黑汗处，但没有回来。黑汗，即突骑施汗国的黑姓部落之首领。这可从第 3 行“我是突骑施（人）”获得佐证。此处墓碑主人可能是来自突骑施黑姓部落的使者。

2 行（W）N（W）uQ>on oq（十箭）：即西突厥汗国。西突厥汗国灭亡后，隶属西突厥的突骑施占有西突厥故地。

3 行 č ŋ ś i >čingisi（强者）：词根是名词 čing。构词情况可能是一名词 čing 或由其派生的动词 čingi-后续 š 构成名词 čingiš，但因词中-ng-音是鼻浊音，后续充当尾音的卷舌音 š 时发音困难，故尾音 š 转音为舌尖清音 s。动词 čingi-有“充满，增强，增大”之义，推定 čingisi 原义是“强者”，此处充当人名。关于元太祖成吉思汗的称号，学术界有多种不同意见。笔者依据在米兰出土 Or.8212/76（2）鲁尼文军需文书中发现的人名 č ŋ s>čingis（成吉思），考释其虽然存在是蒙古语 čing（坚硬）后续复数词缀 gis 的可能，但亦存在出自突厥回鹘语 čingis 的可能。〔1〕 此处，突骑施人名 čingisi 的发现，为我们提供了另一条佐证。

---

〔1〕 白玉冬 2019，第 45—58 页。

E38 阿克尤斯(Ak Yus)刻铭

位置：Proskuryakov 于 1888 年发现于哈卡斯共和国阿克尤斯河沿岸的 Toksas 地方的岩壁上，具体位置不明。

物理形态：5 行黑色鲁尼文铭文。年代约 8—9 世纪。见图版 E38。

规格：不明。

主要研究：Radloff 1895，p. 344；Orkun 1940，pp. 187–190；Malov 1952，pp. 67–68；Batmanov 1959，pp. 162–163；Kyzlasov 1994，p. 150；Vasilyev 1983，pp. 28，66；Recebov and Memmedov 1993，pp. 288–289；Aydin 2013，pp. 103–104 等。

1 

L T W š ŋ a：k l p///

altu<n> šonga kälip///

2 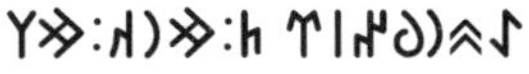

l m：Q N m：t r s n B N T a

elim qanïm tär äsän bunta

3 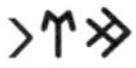

W r m

urïm

4 

B W r T m：ü g d rt i N L p

bu är atïm ögüd art ïnal alp

5 

B G e k l p s n i n p：ŋ L N p///

ab aγï kälip äsän enip anglanïp///

[1]来到了金色的 Šonga(山)。[2]我的国家，我的汗，诚挚的问安(原

义是带有汗水的问候)在这里。[3-4] 我的儿子是这位战士。我的名字是 Ögüd Art İnal Alp。[5] 狩猎的珍宝到来，平安降临，我打着猎……

词注

1 行 L T W š ŋ̇ a＞ altu＜n＞ šonga：E28 碑铭中出现 altun šonga yïš(金色的 Šonga 山林)。E28 与 E38 同位于阿巴坎河流域，故做此复原。

4 行⧗＞⋈(rt)：关于此字，学术界释读意见多有不同。笔者赞成读作 rt。〔1〕

5 行 ŋ L N p＞ anglanïp：前人未能给出完整的释读案。古突厥语中，angčï 是猎人之义。其中，-čï 是表示职业的名词词缀，则 ang 是猎物之义。名词 ang 后续动词构词词缀-la 构成的 angla-，即动词狩猎。angla-后续表示再归的词缀-n 形成 anglan，其副动词形式是 anglanïp。

E39 喀喇尤斯(Kara Yus)刻铭

位置：J. R. Aspelin 最早发现于 1887 年。镌刻鲁尼文铭文的岩石位于哈卡斯共和国距离喀喇尤斯河沿岸 Sulek 村不远的 Pisannaya 山内。

物理形态：据“文化遗产”网站给出的俄罗斯学者素描，在画满鹿、骆驼等动物图案和骑马射箭等生活场景图案的岩石上，镌刻有 10 处鲁尼文铭文。其中，最右侧鲁尼文铭文难以识别。包括瓦西里耶夫、爱丁等在内，以往学者按 6 行释读，且按同一鲁尼文铭文处理。然相关摹写和换写，与上述素描区别甚大。兹按“文化遗产”网站提供的素描释读。年代约 8—9 世纪。见图版 E39。

规格：不明。

〔1〕 见白玉冬 2021。

主要研究：Radloff 1895，p. 345；Orkun 1940，pp. 191－195；Malov 1952，pp. 68－69；Kyzlasov 1994，pp. 186，290，296；Vasilyev 1983，pp. 28－29，67；Recebov and Memmedov 1993，pp. 289－290；Aydin 2013，pp. 104－106 等。

1 𐰋𐰭𐰚𐰇𐰴𐰖𐰀

b ŋ k ü Q Y a

bängkü qaya

永恒的岩石！

2 𐰾𐰉𐰲𐰪𐰏

ṡ B ič ñ g

sabčï anyïγ

信使（或传话的人）恶毒！

3 𐰶𐰔𐰾𐰋𐰏𐱅𐰼𐰇𐰚

ïQ z ṡ b g t r ü k

qïz säbig türük

姑娘娑匐强壮！

4 𐰽𐰖(𐰣𐰖)𐰃𐰺𐰃/////

S Y(N Y)i R i/////

sayan yïrï/////

萨彦之北……

5 𐰾𐰯𐰽𐰭𐰍𐰣𐰼

ṡ p s ŋ G N r

sïp sangγun är

Sïp 将军战士

词注

ṡ p＞ sïp：原义是指一岁的小公马，此处大概充当部族名或人名。

6 𐰋𐰭𐰜𐰇𐰴(𐰖)𐰀

b ŋ k ü Q（Y）a

bängkü qaya

永恒的岩石！

7 𐰪𐰍𐰞𐰶𐰃𐱁𐰭𐰖𐰠𐰃𐰢𐰀𐰪𐰍𐰖𐰞𐰉𐰀(𐰲)𐰼(𐰢)𐰾

ñ G L ïQ i ṡ ŋ Y l i m a ñ G Y L B a（č）r（m）s

anyïγ alqïšïng yälimä anyïγ yalavač ärmiš

不良商队（alqïš＞arqïš）的斥候是不好的使者。

8 𐰋𐰭𐰜𐰇𐰴(𐰖)𐰀

b ŋ k ü Q（Y）a

bängkü qaya

永恒的岩石！

9 𐱅𐰺𐰇𐰚

t R ü k

türük

强壮（或突厥）

10 𐰆𐰲𐰼𐱁𐰢𐰾

W č r ṡ m s

učrušmïš

互相竞争！

E40 踏谢巴（Tasheba）碑

位置：O. Heikel 在 1889 年发现于威巴特河支流踏谢巴河近旁的 Chaa Tas 地方。A. V. Adriyanov 在 1896—1897 年搬移至米努辛斯克博物馆。馆藏编号 43。

物理形态：鲁尼文铭文 1 行垂直镌刻于石碑一面上。字迹漫漶。年代约为 8 世纪。见图版 E40。

规格：高 112 厘米，宽 35 厘米，厚 11 厘米。

主要研究：Radloff 1895, p. 345；Orkun 1940, pp. 173－175；Malov 1952, pp. 69－70；Vasilyev 1983, pp. 29, 67；Recebov and Memmedov 1993, pp. 290－291；Kormushin 1997, pp. 128－129；Kormushin 2008, pp. 128－129；Aydin 2013, pp. 107－108 等。

ṙ d m：W R：T：d ük ü：e l g (a) T G i：B R lt W N Q

ärdäm ur at ädkü elig at aγï barïltï on oq

Ärdäm Ur 名声良好，国王的重臣，他自己去了十箭（即西突厥）。

词注

1 d ük ü>ädkü（好）：ädgü（好）的清音化形式。与之前的 at（名字，名声，名号）构成名声良好之义。关于 at ädkü，此处视作与 Ärdäm Urï 构成主谓句，当然也不否定其充当国王（elig）的修饰语的可能。

2 (a) T G i>at aγï：直译是名重之义。at 除“名字，名声”外，还有“名号，职官”之义。故取重臣之义。

3 B R lt>barïltï（他自己去了）：末尾的 i 未写出。在突厥回鹘的鲁尼文碑文中，代表词尾音的 i 通常不会省略。不过，叶尼塞碑铭存在省略的现象。barïl-视作动词 bar-（去，前往）的被动态或自归动词。

W N Q>on oq（十箭）：鲁尼文碑文中，十箭（即西突厥）通常写作 W N W Q>on oq，即用于表示第二个词 oq（箭）首音 o 的字母 W 不会被省略。不过，on oq（十箭）是专用名词。on oq 二者连读的情况下，用于表示第二个元音 o 的 W 可以被省略。

E41 赫姆奇克·奇尔噶克(Hemchik Chyrgaky)碑

位置：O. Heikel 于 1889 年发现于赫姆奇克河与奇格拉克河交汇口附近的一个古墓旁。A. V. Adriyanov 在 1901 年组织调查并搬移至米努辛斯克博物馆。馆藏编号 34。

物理形态：由蓝灰色板岩制成。两个面上有 11 行鲁尼文铭文和一个印记。年代约 8—9 世纪。见图版 E41。

规格：高 99 厘米，宽 24—28 厘米，厚 27 厘米。

主要研究：Thomsen 1916, p. 68; Malov 1936, pp. 259 - 267; Orkun 1940, pp. 79 - 85; Malov 1952, pp. 73 - 75; Batmanov 1959, pp. 163 - 116; Batmanov and Kunaa 1963b, pp. 13 - 17; Vasilyev 1983, pp. 29, 67, 106; Recebov and Memmedov 1993, pp. 291 - 294; Tekin 1999; Kormushin 2008, pp. 41 - 57; Aydin 2013, pp. 108 - 111 等。

1 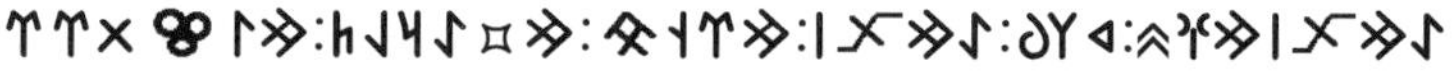

r r d m̊ i m: t L R a ṡ m: b ŋ r m: s z m a: B l ïQ: T G m s z m a

är ärdämim atlar äšim bing ärim esizim-ä balïq taγïm esizim-ä

2 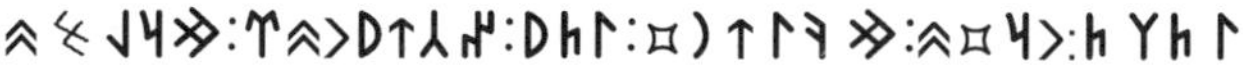

T ñ L R m: r T W Y uq č n: Y t i: ṡ N uQ i k m: T ṡ R W: t l t i

tan yellärim är tuyuq čin yeti ašnuqï ekim tašaru etilti

3 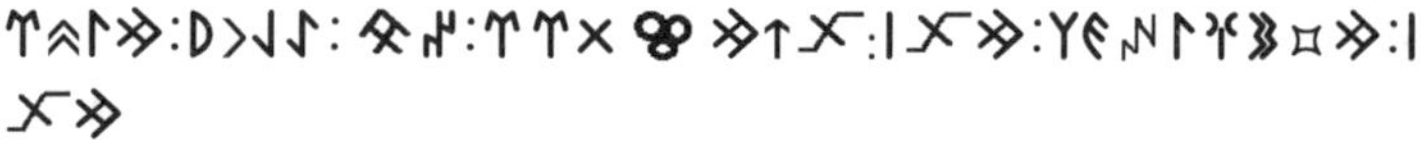

r T i m: Y W L a: b n: r r d m̊ m uQ z: s z m: l g n i G D ṡ m: s z m är atïm yula bän är ärdämim quz esizim el ägini γadašïm esizim

4 

ṡ N uQ i: T L R m: ṡ n t m: B G a: b n r: lt i y z: T m Q T

ašnuqï atlarïm äšintim abaγ-a bän är altï yüz tamqa at

5 

š Y T g: S R g: lt N m : ïQ g r T(?) g // m: G i Y d r: T N m

saytäg sarïg altïnïm //////////////aγï yad är tonum

6 

r r d ṁ m D Q i: g ič m e: N a g ṁ ič g t: y r lt m

är ärdämimdaqï ägäčimä ana egämäči egät yir altïm

7 

B ṡ ič a B R i m: Y ṡ ič a: y l ïQ ï: s z m a: B D a: g y k: T m Q: b r g y

bašïča barïm yïšïča yïlqï esizim-ä abda gäyik tamqa bergäy

8 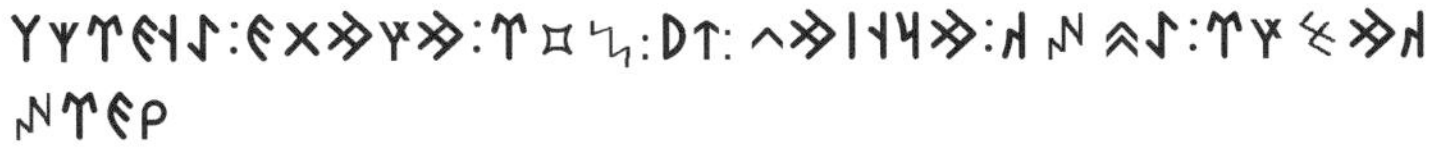

l ič r g ŋ a: g d m š m: r ṡ n: Y uQ: ṡ m s ŋ R m: Q n T a: r ṡ ñ m Q n r g y

el ičirägingä ägidimišim ärsän yoq ešim sangram(?) qanta ärsin ymä(?) äkinürgäy(?)

9 

s k z: y t ṁ ṡ: Y ṡ m: R l t m: s z m a: G m G a: lt m ṡ T: b n t m

säkiz yetmiš yašïm öltüm esizim-ä γamγa altmïš at bintim

10 

z z l: W R G W Q B Y: W R G W: R t m G a lt m:

az äzil uruγuq bay(?) uruγ urït(?) amγa altïm

11 

G ṡ G a: T N m:

γašγa tanïm

[1]我的男儿的品德啊！名士们，我的友人啊！我的一千名战士啊！我的不幸啊！我的城市和山峰啊！我的不幸啊！[2]我的身体和灵魂啊！男儿是吝啬的！真的！我的7个家生子啊！他们被送给了外人。[3]我的成人名字是 Yula，我的男儿的品德是稀有的。我的不幸！国之臂膀，我的家族，我的不幸！[4-5]我骑上我的老马(复数形)缓行，惟妙惟肖啊！我是男儿。六百匹带有印记的马匹像铠甲一样。我的黄金……我的丝绸、乞雨石、军装。[6]基于(?)我男儿的品德，为我的姊妹，我获得了母亲没有修整(原义是研磨)的仆人的土地。[7]像山峰一样的财产，像山林一样的畜群，我的不幸啊！给狩猎获得的野兽打上印记吧！[8]我对国家内廷大臣的乞求是直截了当的：我的配偶 Sangram(?)在哪里还能让她的士兵播种吧(?)！[9]我死于68岁时。我的不幸啊！我为巫师骑了60匹马。[10]我获取了阿兹(Az)族 Äzil Uruγuq Bay(?)、Uruγ Urït 押衙(?)。[11]体黑头白的我的身体。

词注

3行 uQ z>quz：qïz 有"昂贵的，稀有的"之义。[1]兹据前后文义，视作 qïz 的变音。

7行 g y k>gäyik(野兽)：紧前面的 ab 是"狩猎"之义，姑视作 käyik(野兽)的浊音化。

8行 g d m š m>ägidimišim：ägid-动词 äg-(弯曲)的使役动词 ägit-的浊音化形式。ägidimiš 是 ägid-的动名词。

8行 r ṡ n：Y uQ>ärsän yoq：阙特勤碑的 toquz ärsän，即汉籍的九曲。ärsän 原义可推定为弯曲。ärsän yoq 即没有弯曲，兹取直截了当之义。

9行 G m G a>γamγa：视作 qam(巫师)+qa(名词与格词缀)

〔1〕 ED, p. 680.

的浊音化形式。

11 行 G ṡ G a＞γašγa：据克劳森介绍，古突厥语 qašγa 原义是“白头黑身或额头带有白色”。[1] 兹把 γašγa 视作 qašγa 的浊化音。

E42 拜布伦(Baj Bulun)第一碑

位置：A. V. Adriyanov 在 1915 年发现于大叶尼塞河南岸的拜布伦平原的一个古墓旁。1915 年被搬移至米努辛斯克博物馆。馆藏编号 38。

物理形态：由蓝灰色板岩制成。四面各 2 行，共 8 行鲁尼文铭文。见图版 E42。

规格：高 209 厘米，宽 19—30 厘米，厚 15 厘米。

主要研究：Thomsen 1916, p. 68; Malov 1936, pp. 267 - 272; Orkun 1940, pp. 95 - 96; Malov 1952, pp. 75 - 78; Vasilyev 1983, pp. 29 - 30, 68, 107; Recebov and Memmedov 1993, pp. 295 - 297; Bazin 1993, p. 37; Kormushin 1997, pp. 161 - 169; Kormushin 2008, pp. 130 - 131; Aydin 2013, pp. 111 - 116 等。

1 𐰇𐰔𐰘𐰼𐰢:𐰃𐰑𐰸𐰘𐰼𐰢:𐰾𐰔𐰀:𐰾𐰔𐰅𐰞𐰢:𐰴𐰣𐰢:𐰚𐰇𐰭𐰖𐰴𐰓𐰾:𐰖𐱁𐱅𐰏𐰇𐰤:𐰘𐰼𐰢:////𐰏///

ü z y r m：i D uQ y r m：s z a：s z e l m：Q N m：k ü ŋ Y Q d s：Y š t g ü n：y r m：////g///

öz yirim ïduq yirim esizä esiz elim qanïm kü ongay(?) qadaš yašïtäg ün yirim//////

2 (𐰘)𐰇𐰔𐰼:𐰴:𐰑𐱁𐰢𐰃𐰔𐰢𐰀:𐰋𐰭𐰼:𐰉𐰑𐰣𐰢𐰀:𐰾𐰃𐰔𐰢:𐰴𐰃𐰴𐱃///

(y)ü z r：Q：D ṡ m i z m a：b ŋ r：B D N m a：s i z m：Q i Q T

[1] ED, pp. 671 - 672.

L N：B D N m：d g ü///

yüz är qadašïm esizim-ä bing är bodunïma esizim qï qatalan bodunïm ädgü///

3 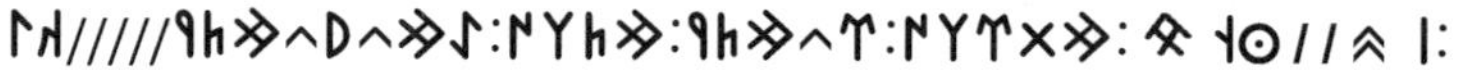

i Q/////y t m ṡ Y ṡ m a：ü l t m：y t m ṡ r：ü l r d m：b ŋ nt // T s：

/////yetmiš yašïma öltüm yetmiš är ölürdim bing /////

4 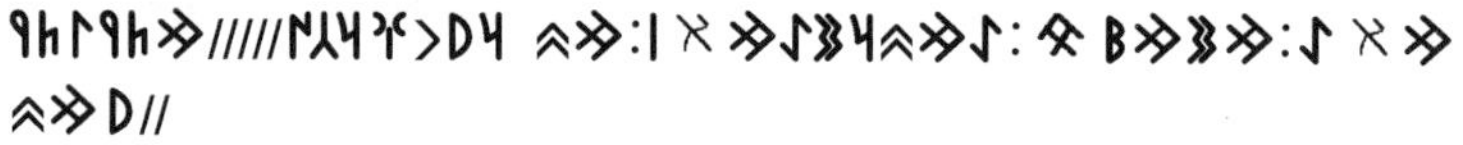

y t i y t m[š Y ṡ m a]ü č R G W Y R T m：s z m a D R T m a：b ük m D m：a z m T m Y//

yeti yetmiš yašïma üč arɣu yarattïm esizim-ä adïrtïma bükmädim azmatïm //

5 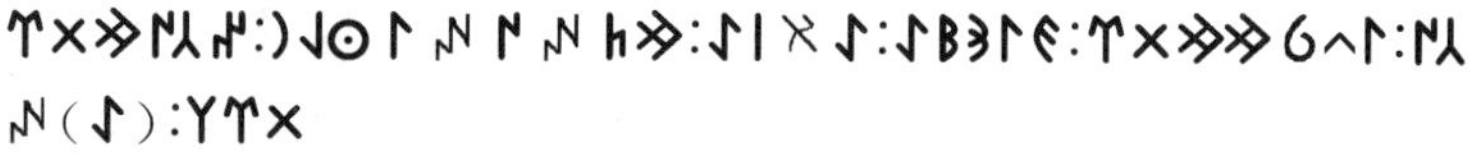

r d m ü č n：N L ŋ̇ i n ü n t m：a s z a：a ük nč i g：r d m m B ṡ i：ü č n (a)：l r d

ärdäm üčün ïnalïngïn üntüm äsizä ä ökünčig ärdämim bašï üčün-ä el ärdä

6 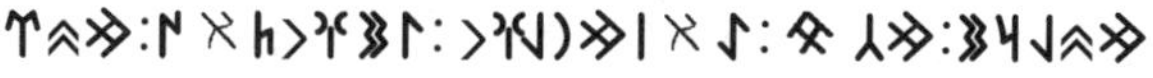

r T m：ü z t W G D i：W G L N m s z a：b č m：D R L T m

är atïm öz toɣdï oɣulanïm esizä äbčim adïrïltïm

7 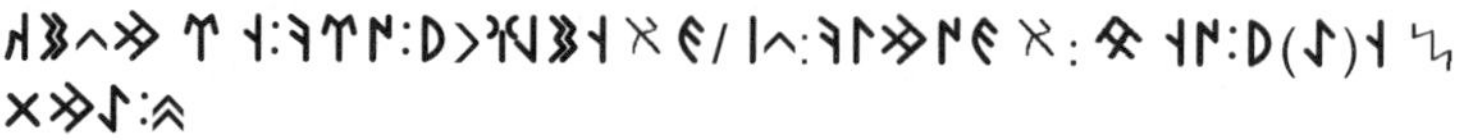

Q D ṡ m r ŋ：k r ü：Y W G L D ŋ z g / s ṡ：k i m ü g z：b ŋ ü：Y (a) ŋ n d m a：T

qadašïm äringä körü yoɣladïngiz //// äkim ögüz bängü yangan? ädmä///

8 𐱁𐰆𐰍𐰆(𐰺)[𐱁]𐰑:𐰋𐱅𐰓𐰢:𐰋𐰔:𐰾𐰚𐰔𐰑𐰴𐰞𐰃𐰍:𐰉𐰺𐰢𐰢:𐰉𐰍𐱁𐰢𐰀:𐱅𐰼𐰏:𐰋𐰜𐰢𐰓𐰢

š W G W(r)[š]D: b t d m: b z: s k z D Q L i G: B R m m: B G ṡ m a: t r g: b ük m d m

šuγur šad bitidim biz säkiz adaqlïγ barïmïm baγšïm-a tirig bükmädim

[1]我的土地，神圣的土地，不幸啊！不幸！我的国，我的汗，名声显赫？的家族，绿油油的名声远扬的我的土地……[2]我的一百名男性家属，我的不幸啊！我的一千名男性民众啊！我的不幸。你们要坚强起来！我的民众，好……[3]……我死于70岁时。我杀掉了70名战士。一千……[4]在我67岁时，我整顿了三阿尔古（Üč Arγu）地方。我的不幸啊！我离别了啊！我依依不舍，我没有误入歧途……[5]由于男儿的品德，我获取了你的亦难（的称号）。不幸啊！由于我男儿的品德最高的缘故，把悔恨带给了国家的男儿。[6]我的成人名字是Öz Toγdï。我的儿子们！不幸啊！我的家人！我离别了。[7]我的家族们！你们按照战士举办了葬礼。……我的子孙、河流，永远的Yangan（大象?），我的移动财产……[8]我Šuγur设写了。我们！八条腿的我的财产，我的博士啊！我没有厌倦生活。

词注

2行Q i>qï：回鹘语文献中，ki是汉语"气"的译写。据笔者浅见，古突厥语中，由单独的qï构成的词汇尚未被得知。考虑到此后的Q T L N>qatalan是动词qatala-（坚强）的自归词的命令形，兹把qï视作汉语"气"的音写，qï qatalan为"坚定信念"之义。

2行Q T L N>qatalan：克劳森词典只给出动词qat-（坚强起来）。语法上而言，此处-la-是由名词派生动词的词缀，qatala-即变硬之义。鉴于"坚强"亦可以充当形容词，兹把qatala-视作从形容词qat派生的动词，qatalan为其自归词。

4 行 ü č R G W>üč arγu(三阿尔古)：包括 Aydin 2013 在内，关于此处的 R G W>arγu，前人未能给出正确的转写。据喀什噶里《突厥语大词典》，arγu 是指“两山之间，从巴剌沙衮到怛逻斯之间的地区名叫 Arγu，因为那些地方都处于两山之间”。[1] Arγu 之名还出现于 10—11 世纪写成的德藏吐鲁番高昌故城出土回鹘语摩尼教写本 TⅡD 171(MIK Ⅲ 198)文书中。从文书内容可知，Arγu 当时是摩尼教在中亚的一大中心，Arγu 与 Talas(怛逻斯)并列出现，Altun Arγu Uluš(金阿尔古地区)包括 Qašu、Ygänkänt、Ordu-känt、Čigil Balïq(炽俟城)等地区。[2] 其中的 Čigil Balïq 的 Čigil，即葛逻禄三族之一的炽俟。《新唐书・回鹘传》黠戛斯条言：“然常与大食、吐蕃、葛禄相依杖，吐蕃之往来者畏回鹘剽钞，必住葛禄，以待黠戛斯护送。大食有重锦，其载二十橐它乃胜，既不可兼负，故裁为二十匹，每三岁一饷黠戛斯。”[3]波斯学者葛尔迪吉(Gardīzī)1050 年前后著《记述的装饰》(*Zainu'I-Axbār*)记录通往黠戛斯的道路，其中一条是从黠戛斯本土往西通往寄蔑和葛逻禄，即中亚地区。[4] 考虑到黠戛斯曾与中亚地区的葛逻禄、大食等保持往来关系，Arγu 之名出现于此并不意外。

5 行 ük nč>ökünč：克劳森词典记录有 ökünč(悔过)和 ögünč(自我赞美)[5]。姑取前者。

7 行 Y (a) ŋ n>yangan：大象之义。然与前后文义不合。可能为山川河流等的专用词。

---

〔1〕 CTD, vol. 1, p. 151;《突厥语大词典》第 1 卷，第 137 页。

〔2〕 关于该文书，前人多有研究，兹不赘引。此据最新研究的森安孝夫 2015，第 47—50 页。

〔3〕《新唐书》卷 117 下《回鹘传下》，北京：中华书局，1975 年，第 6149 页。

〔4〕 Martinez 1982, pp. 126 - 127.

〔5〕 ED, p. 110.

E43 克孜勒奇拉(Kyzyl Chyraa)第一碑

位置：A. V. Adriyanov 于 1916 年发现于克孜勒市西 50 公里的克孜勒奇拉地方，位于 Bayan Khol 河与大叶尼塞河交汇处附近。I. A. Batmanov 于 1961 年搬移至图瓦博物馆。

物理形态：由灰色砂岩制成，顶部倾斜。正面 5 行，侧面 1 行，共 6 行文字。正面底部有一印记。年代约 8—10 世纪。见图版 E43。

规格：高 184 厘米，宽 45 厘米，厚 13 厘米。

主要研究：Malov 1936, pp. 273 - 274; Orkun 1940, pp. 57 - 58; Malov 1952, pp. 78 - 79; Batmanov and Kunaa 1963a, pp. 52 - 54; Vasilyev 1983, pp. 30 - 31, 67, 108; Recebov and Memmedov 1993, pp. 299 - 300; Kormushin 1997, pp. 197 - 200; Kormushin 2008, pp. 132 - 133; Aydin 2013, pp. 114 - 116 等。

1 𐰉𐰆𐰑𐰣𐰢𐰀:𐰆𐰍𐰞𐰢𐰀:𐰖𐰆𐱃𐰔𐰢𐰀

B W D N m a: W G L m a: Y W T z m a

bodunïma oγuluma yutuzuma

2 𐰑𐰺𐰞𐱃𐰢: 𐰾𐰲𐰠𐰤𐱅𐰢: 𐰖𐰃𐱃𐰀𐰉𐰆𐰭𐰀:

D R L T m: s č l n t m: Y i T a B W ŋ a:

adïrïltïm säčilintim yïta bunga

3 𐰼𐰼𐰓𐰢𐰢𐰲𐰤:𐰾𐰇𐰏𐰼 𐰆𐰺: 𐰑𐰺𐰞𐱃𐰢

r r d m m č n: s ü g r W R: D R L T m

är ärdämim čin sü ägri urï adïrïltïm

4 𐰴𐰣𐰃𐰢𐰞𐰯𐰲𐰤: 𐰋𐰃𐰼𐰼𐰏: 𐰆𐰸 𐰋𐰃𐰼𐰠𐰀𐰾𐰤𐰢

Q̇ N i m L p č n: b i r r g: W Q̇ b i r l a ṡ n m

qanïm alp čin bir irig oq birlä äsänim

5 𐰋𐰃𐰼𐰼𐰏

b i r l g

bir älig

6 𐰉𐰆𐰸𐰣:𐰃𐰚𐰃:𐰞𐰏𐰖𐱁𐰃:𐰽𐰔𐰢𐰀

B W Ọ N：i k i：l g Y ṡ i：s z m a

bu qan iki älig yašï esizim-ä

[1]我的百姓，我的儿子，我的妻子，[2]我离别了。我自己被选择了，无能为力，万分悲痛！悲痛啊！[3]我男儿的品德是真的，军队中出类拔萃(原义为弯曲的)的男儿，我离别了。[4-5]我的汗是勇敢的，真的！我的平安和一支硬箭(同)在一只手上。[6]这位汗42岁。我的不幸啊！

E44 克孜勒奇拉(Kyzyl Chyraa)第二碑

位置：A. V. Adriyanov于1916年发现于克孜勒市西50公里的克孜勒奇拉地方，位于Bayan Khol河与大叶尼塞河交汇处附近。I. A. Batmanov于1961年搬移至图瓦博物馆。

物理形态：由紫红色砂岩制成，顶部倾斜。共6行鲁尼文铭文，鲁尼文铭文下方有一印记。年代约9—10世纪。见图版E44。

规格：高186厘米，宽31—41厘米，厚35厘米。

主要研究：Malov 1936，pp. 251－279；Malov 1952，pp. 79－81；Batmanov and Kunaa 1963a，pp. 55－56；Vasilyev 1983，pp. 31，68，109；Recebov and Memmedov 1993，pp. 301－302；Kormushin 1997，pp. 220－223；Kormushin 2008，pp. 133－134；Aydin 2013，pp. 116－118等。

1 𐰞𐰯𐰸𐰆𐰞𐰢:𐰼𐰓𐰢:𐰘𐰇𐰼𐰚𐰢:𐰾𐰔𐰀:𐰖𐱃𐰀

L p Q W L m：r d m：y ü r k m：s z a：Y T a

alp qolum ärdäm yüräkim esizä yïta

2 Q///G D a：Y G č i b n：t z i g k e y k d a ：L p b n：t ŋ r i e l m k a：T W š W m：T W Q z r：ü l r t m：

qa[tïγ ya]γïda yaγïčï bän täzig keyikdä alp bän tängri elimkä tusom toquz är ölürtüm

3 ///m Q N m：s i z a：b ü k m d m：k ü n Y：s i z：Y T a

[e]lim qanïm esizä bükmädim kün ay esiz yïta

4 Q D ṡ m：k i n m a：Y i T a：D R L T m：s i z m a：y ü z k ü m l：B W D N m：Y T a：D R L T m

qadašïm äkinim-ä yïta adïrïltïm esizim-ä yüz kömül bodunum yïta adïrïltïm

5 r r d m i：n d a：g s ük m：Y uQ：Q i R Q：Y ṡ m D a：D R L D m：

är ärdämi indä ägsüküm yoq qïrq yašïmda adïrïltïm

6 R š L N k ü l g：t i r g：W G L i b n：k ü l g T W G N：b n

arslan külüg tiräg oγulï bän külüg tuγan bän

[1]我勇敢的手啊！我强健的心脏啊！不幸啊！无能为力，万分悲痛！[2]在顽强的敌人中我是好斗的，在四散的野兽中我是勇敢的，对神圣的国家(或天堂)我是有益的。我杀死了 9 个战士。[3]我的国家，我的汗，不幸啊！我依依不舍。日月不幸！无能为力，万分悲痛！[4]我的家属，我的子孙啊！无能为力，万分悲痛！我离别了。我的不幸啊！我的一百名 Kömül 民众，无能为力，万分悲痛！我离别了。[5]由于男

儿的高尚品德，我没有屈服。在 40 岁时，我离别了。[6] 我是阿萨兰俱录谛略之子，我是俱录脱干。

词注

1 行 r d m＞ ärdäm（强健的）：är（男人，战士）后续名词或形容词构词词缀 däm 而构成的词，用于表示男人一样的、男人特质之义。此处后续 yüräk（心脏），即"男人特质的心脏"。故转译作强健的。

E45　克哲力格浩布（Kezheelig Khovu）碑

位置：A. V. Adriyanov 于 1916 年发现于大叶尼塞河支流 Ezhim 河右岸的克哲力格浩布地区。I. A. Batmanov 于 1961 年搬移至图瓦博物馆。

物理形态：由灰绿色板岩制成，共 11 行鲁尼文铭文和一个印记。1—8 行鲁尼文铭文位于正面，其余 3 行位于侧面。印记位于正面鲁尼文铭文下方。年代约 9—10 世纪。见图版 E45。

规格：高 248 厘米，宽 44—46 厘米，厚 35—39 厘米。

主要研究：Malov 1952, pp. 81 - 83；Batmanov and Kunaa 1963a, pp. 61 - 64；Şçerbak 1964b, pp. 143 - 146；Vasilyev 1983, pp. 31, 69, 108 - 109；Recebov and Memmedov 1993, pp. 303 - 304；Kormushin 1997, pp. 213 - 220；Kormushin 2008, pp. 134 - 136；Aydin 2013, pp. 118 - 120 等。

1 [illegible]

W G L N T m: č W B W č: i N L///t a: T m: k ü m ü l: ü g a:

oγulan atïm čubuč ïnal /// atïm kömül ögä

2 [illegible]

b e ś： Y ś m T a： Q ŋ s i z： Q L p： T uQ W z： y e g i r m i： Y a ś m G a： ü g s ü z

beš yašïmta qangsïz qalïp toquz yägirmi yašïmγa ögsüz

3 [illegible]

B W L W p： Q T i G L N p： W T W z： Y a ś m G： ü g ä： B W L T W m： Q i R ïQ： Y i L

bolup qatïγlanïp otuz yašïmγ[a] ögä boltum qïrq yïl

4 [illegible]

e l T W T W m： B W D W N： B ś l D m： T a ś： Y G i G： Y G i L D m：e l d m

el tutum bodun bašladïm taš yaγïγ yaγïladïm el[l]ädim

5 [illegible]

b i r： y e t m i ś： Y a ś m G a： k ü k： t ŋ r i d a： k ü n g a： a z D m： s i z m a：

bir yetmiš yašïmγa kök tängridä küngä azïdïm esizim-ä

6 [illegible]

k ü r s i：Y a m D a： e l m： s i z m a ： y e r m： š W B W m： s i z n m a： Q W Y D a： Q W nč W Y W m： T W L Y i T a： s i z m a：

kü är iši yamda elim esizim-ä yerim subum esizim-ä quyda qunčuyum tul yïta esizim-ä

7 [illegible]

k i n m： Q D ś m： s i z m a： W G L N m s z m a： ü r u ŋ ü m： Q R a m： s i z： y ü z： e l i g r m a： s i z m a：

äkinim qadašïm esizim-ä oγulanïm esizim-ä ürüngüm qaram esiz yüz älig ärimä esizim-ä

8 𐰉𐰃𐰭:𐰉𐰆𐰑𐰺𐰴:𐰖𐰆𐰣𐱃:𐰾𐰃𐰔𐰢𐰀:

B i ŋ: B W D R Q: Y W N T: s i z m a:

bïng bodraq yunt esizim-ä

9 𐰀𐰠𐰢:𐰾𐰃𐰔𐰼𐰃𐰨:𐰘𐰇𐰔𐰚𐰇𐰢𐰇𐰠:𐰉𐰆𐰑𐰆𐰣𐰢:𐰾𐰃𐰔:𐰼///𐰨 𐰞𐰨:
𐰚𐰇𐰢𐰠𐰇𐰏:𐰼𐰇𐰚𐰇𐱁:𐰉𐰆𐰞𐱃𐰃:

e l m: s i z r i nč: y ü z k ü mü l: B W D W N m: s i z: r///nč L nč: k ü m l ü g: r ü k ü ś: B W L T i:

elim esiz ärinč yüz kömül bodunïm esiz ä[ri]nč/// kömüllüg är üküš boltï

10 𐰖𐰉𐰃𐰔𐰃𐰍:𐰚𐰇𐰢𐰇𐰠𐰢𐰃𐰤:𐰋𐰓𐰜:𐰴𐰃𐰞𐱃𐰢:𐰾𐰃𐰔𐰢:𐰋𐰜𐰢///

Y B i z i G: k ü m ü l m i n: b d ük: Q i L T m: s i z m: b ük m///

yabïzïγ kömülümin bädük qïltïm esizim bükm[ädim]

[1]我小名叫 Čubuč 亦难……我的名号是 Kömül 于伽。[2-3] 我 5 岁时失去父亲，我 19 岁时失去母亲。我坚强下去，30 岁时当上了于伽。[3-4] 40 年间，我掌控领国、率领民众，抵抗外敌，我进行了统治。[5] 在我 61 岁时，我在蓝天中朝着太阳迷失了方向。我的不幸啊！[6] 具有美名的男儿在处理公务的路上。我的领国，我的不幸啊！我的领地(原义为水土)，我的不幸啊！涧溪里的我的妻子，你要顽强！无能为力，万分悲痛！我的不幸啊！[7] 我的子孙，我的家属，我的不幸啊！我的儿子们，我的不幸啊！我的贵族，我的平民，不幸！我的 150 名战士啊，我的不幸啊！[8] 一千匹散落的马匹，我的不幸啊！[9] 我的领国一定不幸，我的一百名 Kömül 民众一定不幸。Kömül 的战士增多了。[10] 我壮大了我弱小的 Kömül(部落)。我的不幸！我依依不舍。

词注

6 行 k ü r s i>kü är iši：kü 是名号之义，är 是男人、战士之义，

iši 是 iš(工作,事务)后续三人称词缀 i。直译是“具有名号的男人的那个工作”,转译作公务。

E46 铁列(Tele)碑

位置：J.G. Granö 于 1907 年发现于铁列河与 Ezhim 河与大叶尼塞河交汇处。I. A. Batmanov 于 1961 年搬移至图瓦博物馆。

物理形态：由灰绿色板岩制成,共 4 行鲁尼文铭文和一个印记。印记位于鲁尼文铭文下方。年代约 8—10 世纪。见图版 E46。

规格：高 189 厘米,宽 39—57 厘米,厚 40 厘米。

主要研究：Malov 1952, pp. 83 - 84；Batmanov and Kunaa 1963a, pp. 13 - 14；Şçerbak 1964b, pp. 146 - 148；Vasilyev 1983, pp. 31 - 32, 68, 109；Recebov and Memmedov 1993, pp. 304 - 305；Kormushin 1997, pp. 223 - 226；Kormushin 2008, pp. 136 - 137；Aydin 2013, pp. 121 - 122 等。

1 𐰀𐰠𐰢:𐰾𐰔𐰢𐰀:𐰴𐰆𐰖𐰑𐰀:𐰴𐰆𐰨𐰖𐰆𐰢𐰾𐰔𐰢𐰀

e l m ：s z m a：Q W Y D a：Q W nč Y W m s z m a

elim esizim-ä quyda qunčuyum esizim-ä

2 𐰏𐰇𐰤𐰃:𐱃𐰆𐱃𐰸:𐰼𐰼𐰓𐰢𐰃:𐰲𐰇𐰤𐰠𐰢𐰀:𐱃𐰯𐰑𐰢

g ü n i：T W T uQ：r r d m i：č ü n l m e：T p D m

güni totoq är ärdämi üčün elimä tapdïm

3 𐰠𐰓𐰀𐰚𐱁𐰃𐰢:𐰏𐰼𐰃𐱅𐰋𐰀𐰢:𐱅𐰇𐰼𐱅𐰋𐰆𐱃𐰞𐰖𐰠𐰴𐰢

l d e k š i m：g r i t b e m：t ü r t b W T L Y l Q m

eldä kišim ägri täbäm tört butl[uγ] yïlqïm

4 𐰉𐰆𐰭𐰆𐰢𐰖𐰸

b W ŋ W m Y uQ

bungum yoq

[1]我的领国，我的不幸啊！涧溪里的我的妻子，我的不幸啊！[2]（我是）Güni 都督，由于男儿的品德，我侍奉了我的领国。[3] 我领国里的人们，我的独峰驼，我的四条腿的家畜。[4] 我没有悲伤。

E47 苏吉(Suji)碑

位置：兰司铁(G. J. Ramstedt)于 1900 年发现于蒙古国布尔干省赛罕苏木的苏吉大坂(北纬 48°30′，东经 105°)。

物理形态：碑石材质坚硬，绘有经线。单面共 11 行，其中第 1—9 行纵写，第 10—11 行横写于前 9 行下方。碑文现下落不明。年代约 8—9 世纪。见图版 E47。

规格：高 82 厘米，宽 33 厘米，厚度不明。

主要研究：Ramstedt 1913，pp. 3 - 9；Orkun 1936，pp. 143 - 147；Malov 1952，pp. 87 - 88；護雅夫 1992，169—172 页；Bazin 1989，pp. 135 - 146；巴赞 1991，第 127—128 页；耿世民 2005，第 225 页；洪勇明 2010，第 122—128 页；白玉冬 2013，第 106—115 页等。

1 𐰆𐰖𐰍𐰆𐰺:𐰘𐰃𐰼𐰤𐱅𐰀:𐰖𐰍𐰞𐰴𐰺:𐰴𐰣:𐱃𐰀:𐰚𐰠///

WYGWR：yirnta：YGLQR：QN：Ta：kl///

uyγur yirintä yaγlaqar qanta käl[tim]

2 /𐰤𐰴𐰃𐰺𐰴𐰔:𐰆𐰍𐰞𐰃:𐰢𐰤:𐰉𐰖𐰞𐰀:𐰴𐰆𐱃𐰞𐰍𐰖𐰺𐰍𐰣:

/nQiRQz：WGLi：mn：BYLa：QWTLGYRGN：

[män] qïrqïz oγulï män boyla qutluγ yarγan

3 𐰢𐰤:𐰴𐰆𐱃𐰞𐰍:𐰉𐰍𐰀:𐱃𐰺𐰴𐰣:𐰇𐰏𐰀:𐰉𐰆𐰖𐰺𐰸𐰃:𐰢𐰤:

mn：QWTLG：BGa：TRQN：üga：BWYRuQi：mn：

män qutluγ baγa tarqan ögä buyruqï män

4 𐰚𐰇𐰢:𐱁𐰆𐰺𐰆𐰍𐰢:𐰚𐰇𐰤:𐱃𐰆𐰍𐱁𐰆𐰸𐰀:𐰉𐱃𐱁𐰃𐰴𐰀:

küm：šWRWGm：kün：TWGšWuQa：BTš ïQa：

küm suruγum kün toγusuqqa batïsïqqa

5 𐱅𐰏𐰓𐰃: 𐰉𐰖: 𐰉𐰺: 𐰼𐱅𐰢: 𐰍𐰞𐰢: 𐰆𐰣: 𐰖𐰃𐰞𐰴𐰢: 𐱁𐰣𐱁𐰔: 𐰼𐱅𐰃:

tgdi: BY: BR: rtm: GLm: WN: YiL ïQ m: šNšz: rti:

tägdi bay bar ärtim aγïlïm on yïlqïm sansïz ärti

6 𐰃𐰤𐰢: 𐰘𐱅𐰃: 𐰆𐰺𐰢: 𐰇𐰲: 𐰴𐰃𐰔𐰢: 𐰇𐰲: 𐰼𐱅𐰃: 𐰋𐰠𐰓𐰢: 𐰆𐰍𐰞𐰢𐰤:

inm: yti: WRm: üč: Qizm: üč: rti: bldm: WGLmn:

inim yiti urïm üč qïzïm üč ärti äblädim oγulumïn

7 𐰴𐰃𐰔𐰢𐰤: 𐰴𐰞𐰭𐱁𐰔: 𐰋𐰃𐰼𐱅𐰢: 𐰢𐰺𐰢𐰀: 𐰘𐰇𐰔𐰼: 𐱃𐰆𐰺𐰆𐰍: 𐰋/𐱅𐰢

Qizmn: QLŋšz: b i r t m: m Rma: yüzr: TWRWG: b/tm

qïzïmïn qalïngsïz birtim marma yüz är toruγ b[ir]tim

8 𐰘𐰏𐰤𐰢𐰤: 𐱃𐰢𐰤: 𐰚𐰇𐰼𐱅𐰢: 𐰢𐱃𐰃: 𐰇𐰠𐱅𐰢: 𐰴///

ygnmn: Tmn: kürtm: mTi: ültm: Q///

yäginimin atïmïn körtim amtï öltüm q///

9 𐰆𐰍𐰞𐰣𐰢: 𐰼𐰓𐰀𐰢𐰺𐰢𐰤𐰲𐰀: 𐰉𐰆𐰞: 𐰴𐰣𐰴𐰀: 𐱃𐰯: 𐰴𐱃𐰍𐰞𐰣:

WGLNm : rdamRm nč a : BWL : QNQa : Tp : QTGLN:

oγulanïm ärdäm marmïnča bol qanqa tap qatïγlan

10 𐰆𐰞𐰆𐰍: 𐰆𐰍𐰆𐰞𐰢: 𐱁/𐰀: 𐰉𐰺𐰑𐰃:

WLWG: WGWLm: š/a: BRDi:

uluγ oγulum s[ük?]ä bardï

11 𐰚𐰇𐰼𐰢𐰓𐰢: 𐰺//𐰢: 𐰆𐰍𐰆𐰞:

kürmdm: R//m: WGWL:

körmädim ar//m oγul

[1]我从回鹘之地,从药罗葛汗处来。[2]我是黠戛斯之子。我是裴罗骨咄禄判官(Boyla Qutluγ Yarγan)。[3]我是骨咄禄莫贺达干于伽(Qutluγ Baγa Tarqan Ögä)的梅录(Buyruq)。[4-5]我的名气声望到达太阳升起和落下之处。我是富有的。我的畜圈10个,马匹无数。[6]我的弟弟7个、儿子3个、姑娘3个。我给我的儿子成了家。[7]我把我的姑娘不要聘礼地嫁出去了。我给我的(摩尼教)经师一百名战士和骏

马。[8] 我看到了我的外孙和孙子。现在我死了……[9] 我的儿子们，为人上要向（摩尼教）经师一样！奉侍汗！忠诚汗！[10] 我的大儿子……去了。[11] 我没有看见……儿子。

词注

1 行 W Y G W R>uyγur（回鹘）：白玉冬此前据不清晰图版，以为 W Y G W R 之前有 on（十），尝试读作 on uyγur（十姓回鹘）。〔1〕据其他学者刊出的图片，难以认读出 on。有待确认实物。

1 行 Y G L Q R：Q N：T a：>yaγlaqar qanta（从药罗葛汗处）：巴赞认为 T a 应转写作 ata，视作动词 at-（抛弃）的副动词，推定是追逐之义，进而认为碑主是参加对回鹘战争的黠戛斯人。〔2〕

2 行 QiRQz：WGLi>qïrqïz oγulï（黠戛斯之子）：墓主人自称。学术界据此多认为此碑为黠戛斯人所立，纪年应在回鹘汗国崩溃之后，黠戛斯人控制漠北草原时期。〔3〕亦有学者，如兰司铁、马洛夫、護雅夫等认为苏吉碑为回鹘碑文。〔4〕

E48 阿巴坎(Abakan)碑

位置：发现于阿巴坎河西岸。1913 年被搬移至米努辛斯克博物馆。馆藏编号 44。

物理形态：由灰色砂岩制成，表面未加工。共 11 行鲁尼文铭

〔1〕 白玉冬 2013，第 106—115 页。

〔2〕 巴赞 1991，第 127—128 页。

〔3〕 Bernshtam 1946，pp. 52 - 53；伯恩什达姆 1997，第 71—72 页；Klyashtorny 1959，pp. 162 - 165；Bazin 1990，pp. 135 - 136；巴赞 1991，第 127—128 页；耿世民 2005，第 225 页；洪勇明 2010，第 122 页。另哈萨克斯坦网站（http://irq.kaznpu.kz），介绍此碑成立年代为 840—862 年，为黠戛斯碑文。

〔4〕 Ramstedt 1913，pp. 3 - 9；Orkun 1936，pp. 143 - 147；Malov 1952，pp. 87 - 88；護雅夫 1975，第 169—172 页。另克劳森在《十三世纪以前突厥语语言学辞典》中，收入 toruγ（马）与 marïm（关节）时，引用苏吉碑内容，并冠以 Uyγ（回鹘）。见 ED，pp. 538，772.

文,无印记。宽面一面 6 行,其余 5 行分布于碑石两侧面。年代约 8—9 世纪。见图版 E48。

规格:高 262 厘米,宽 65—75 厘米,厚 19—25 厘米。

主要研究:Malov 1952, pp. 93 - 96;Vasilyev 1983, pp. 32, 70, 110;Recebov and Memmedov 1993, pp. 309 - 312;Kormushin 1997, pp. 44 - 60;Kormushin 2008, pp. 138 - 140;Aydin 2013, pp. 122 - 125。

1 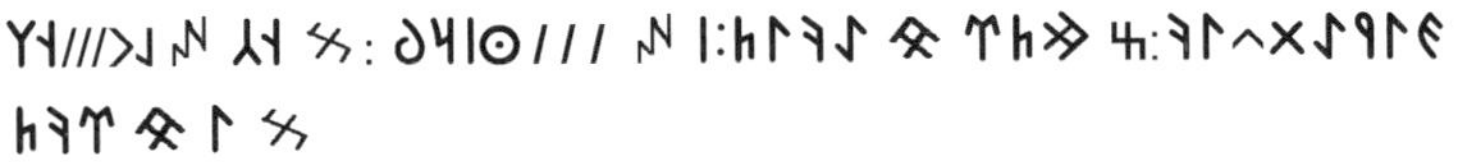

l ŋ[Q]W L n č ŋ z: B R s ŋ ///n s: t i k a b r t m z: k i ś d a y i g t k r b i z

eling qulun čingiz barsïng///n s tike bertimiz kišidä yig tikär biz

2 

r d a m i B R ü č n: Q N i N T a m i T W T uQ: T Q a: t g m ś b g m: s i z r B š i Y T a: č i n: nč a

ärdämi bar üčün qanïn atamï totoq atqa tägmiš bägim esiz är bašï yïta čin anča

3 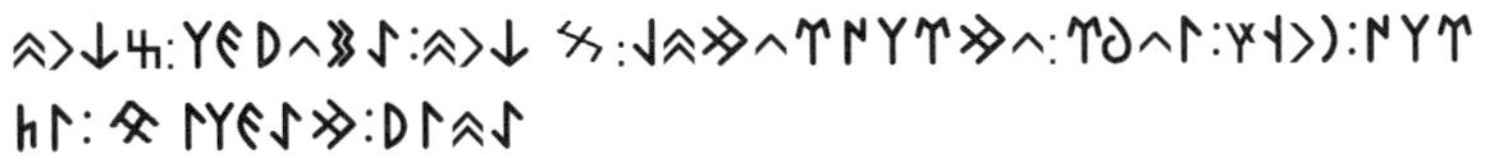

T W uQ z: l g Y ś D a: T W uQ z: L T m ś r ü l r m ś: r B ś i: š ŋ W N: ü l r t i: b i l g a m: Y i T a

toquz älig yašda toquz altmïš är ölürmiš är bašï sangun ölürti bilgäm yïta

4 

i č y r：l k i：R T z W N：T č i：L p T W T uQ Y W uQ：Y W k Q D ŋ l k i s z m T a G ü k z T：Y W uQ：Y i T a

ič yir äliki artzun atačï alïp totoq yoq yoq qadïng äliki esizim taɣ öküz at yoq yïta

5 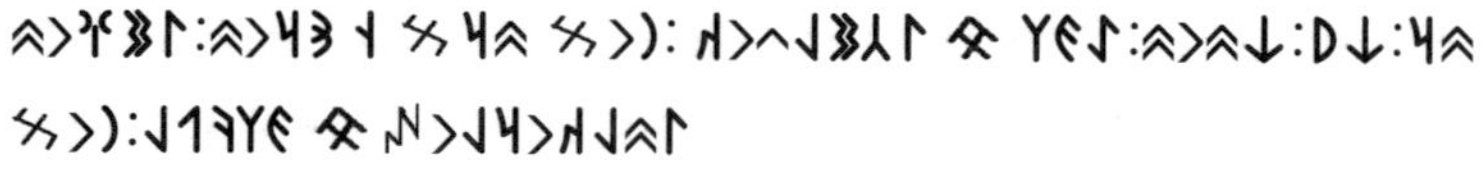

T W G D i：T W R ñ ŋ z R T z W N：Q W ś L D č i b l g a：T W T uQ：Y uQ：R T z W N：L p k l g b n W L R W Q L T i

tuɣdï(?) turnyangïz artzun qušladačï bilgä totoq yoq artzun alp külüg bän oluru qaltï

6 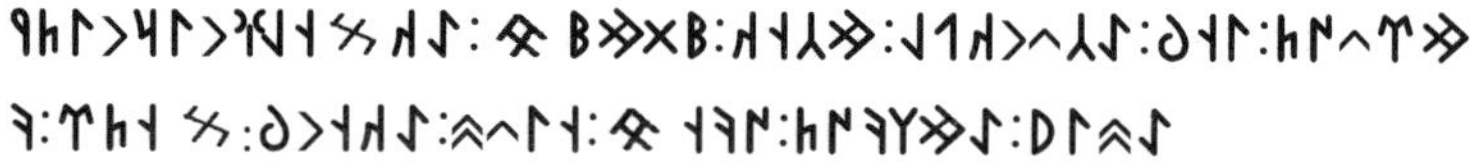

y t i W R i W G L ŋ z Q a：b ük m d ük：Q ŋ č m：L p Q W ś č a：B ŋ i：t ü ś r m k：r t ŋ z：B W ŋ Q a：T ś i ŋ：B ŋ k ü：t ü k l m a：Y i T a

yeti urï oɣulïngïzqa bükmädük qang ičim alp qušča bungï tüšürmäk ärtingiz bungqa tašïng bängkü：tükälmä yïta

7 

t ü l ś：b l g a T m：b n L T i Y g r m i：Y ś m a：L m ś：Q nč Y m i z：b i l m d i：b g d m

tölis bilgä atam[ï] bän altï yegirmi yašïma almïš qunčuyumïz bilmädi bägäd[mäk]

8 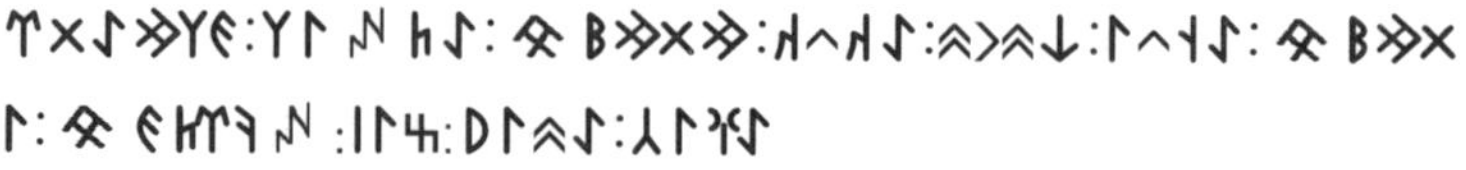

r d a m l g：l i n t a：b ük m d m：Q ś Q a：T W T uQ：i ś ŋ a：b ük m d i：b g t r k n：s i z：Y i T a：č i G a

ärdämlig elintä bükmädim qušqa totoq išingä bükmädi bäg

tärkän esiz yïta ačïɣa

9 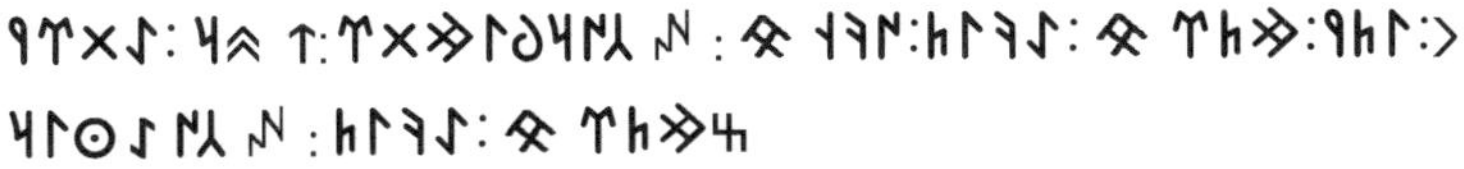

y r d a: R T uQ: r d m i B R ü č n: b ŋ k ü: t i k a: b r t m: y t i: W R i ŋ̈ a ü č n: t i k a: b r t m z

yirdä artuq ärdämi bar üčün bängkü tikä bertim yeti urïnga üčün tikä bertimiz

10 

///m d m: a L p Q i z R D m

//mädäm alp qïz ardam///

11 

///ü č s Y T a

///üč eš yïta

[1]我们树立了国家的马驹、强健的老虎的[纪念碑?]。我们比其他人树立的好。[2]因为他有他男儿的品德，凭借汗获得了 Atamï 都督之称号。我的訇不幸！士兵的首领，无能为力，万分悲痛！是真的！是这样的！[3]在 49 年的时间里，他杀死了 59 名(敌人的)战士，他杀死了(敌人的)士兵之首领、将军。我的毗伽(Bilgä)！无能为力，万分悲痛！[4]愿领地上的獐子增加吧！父亲、勇敢的都督没有了，没有了。暴风雪中的獐子。我的不幸！山上的牛马没有了，无能为力，万分悲痛！[5]愿你们的 tuɣdï 鹤增加起来吧！鹰匠(Qušladačï)毗伽都督(Bilgä Totoq)没有了。愿增加起来！勇敢的有名的我留下了。[6]对您的 7 个儿子依依不舍。我的父亲和叔叔像勇敢的鹰一样。那个不幸让您跌倒了。您要远离不幸！永远！我的所有的一切啊！无能为力，万分悲痛！[7]我是突利施毗伽 Atamï。在我 16 岁时，还不知道迎娶的我们的妻子时，我就获得了统治。[8]我依依不舍具有男儿品德的属民们。(我)对鹰房都督(Qušqa Totoq)的公务依依不舍。訇和女王，不幸！无能为力，万分悲痛！痛苦啊！[9]因为在本地具有极高的品德，我给树

立了纪念碑。由于其7个儿子，我们树立了。[10] 我没有……勇敢的女儿Ardam…… [11]……三位伙伴，无能为力，万分悲痛！

词注

4行i č y r＞ič yir：原义是“内地”。古突厥语中，同样源自ič（内）的ičräki是内廷大臣之义，ičik-本意是进入里面，表示服从。推定ič yir表示属于自己的土地，即领地。

E49 拜布伦（Baj Bulun）第二碑

位置：A. V. Adriyanov于1915年发现于大叶尼塞河南岸拜布伦草原的一个古墓旁。1915年被搬移至米努辛斯克博物馆。馆藏编号22。

物理形态：碑石属于青铜时期。由轻质砂岩制成。正面和侧面共4行鲁尼文铭文。年代约8—9世纪。见图版E49。

规格：高317厘米，宽30—65厘米，厚21—23厘米。

主要研究：Malov 1952，pp. 97－98；Vasilyev 1983，pp. 30，69，107；Recebov and Memmedov 1993，pp. 312－314；Amanzholov 2003，p. 132；Kormushin 2008，pp. 140－141；Aydin 2013，pp. 126－127等。

1 

s z i m a：y ü z Q D ṡ m a：L T i：B D N m a：s z m a：D R L T m

esizim-ä yüz qadašïma altï bodunïma esizim-ä adïrïltïm

2 

r T m：Q rt Ṫ i ïQ：i N L：ü g a：b n：y t m i ṡ：Y ṡ m D a

är atïm qurt atïq ïnal ögä bän yetmiš yašïmda

3 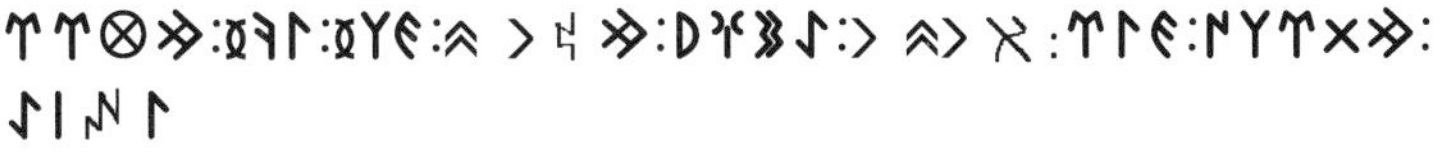

r r d̆ m: e k i: e l g: T W ïQ m: Y G D a: W T W z: r i g: ü l r d m: a s n i

är ärdäm eki elig toqïm yaɣïda otuz ärig ölürdim a-sini

4 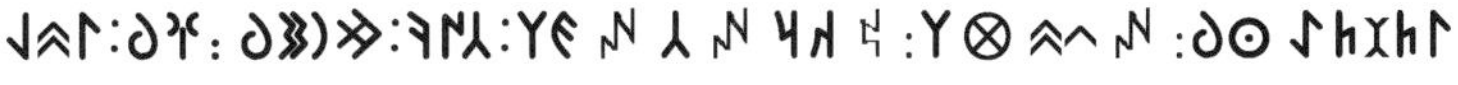

L T i: B G:B D N m: k ü č: l g n č n R Q ïQ: l d̆ T ṡ n: B nt a t e t i

altï baɣ bodunïm küčlügün üčün arquq eld < ä > tašïn bunta teti

[1]我的不幸啊！我的一百名家属啊！我的六(个部落的)民众啊！我的不幸啊！我离别了。[2]我的成人名字是 Qurt Atïq，我是伊难于伽(İnal Ögä)，在我 70 岁中，[3]我是两位具备男儿品德的国王的战士，我杀死了敌人 30 个士兵。啊！[3-4]由于我们六个部落的民众具有力量，在强有力的领国，利用墓石在此纪念(原义为诉说)你！

词注

2 行，Q rt t i ïQ>qurt atïq：墓主名。关于其中的 ⋈，马洛夫、爱丁团队均转写作 baš，分别视作人名 aq baš atïq 或 aq baš atïq ïnal ögä 的一部分。瓦西里耶夫按原字换写。科尔姆辛换写作 lïq，转写作 lïq，视作人名 qalïqtïq ïnal ögä 的一部分。阿曼吉奥洛夫换写作 rt，视作人名 qart atïq 的一部分。按上面介绍的 E2 碑铭墓主名中，Q ⋈ 之前的 Y ṡ >yaš 单独构成一词，然则此处讨论的墓主名 Qt i ïQ 的 Q⋈ 的复原应与 E2 碑铭的 Q ⋈> qurt(狼，或虫)保持一致为好。〔1〕另外，Q ⋈>qurt 之后的 atïq 是突厥语人名之一，〔2〕可能是

〔1〕白玉冬 2020。
〔2〕Rásonyi and Baski 2007, p. 86.

at(名,名声)的派生词。

3行,s n i> sini(把你)：第二人称的宾格形式,此处充当宾语,位置提前,与之后的第4行构成强调句。自此处至第4行末尾以第二人称语气表述,有别于之前的第一人称表述。

E50 图瓦(Tuba)B碑

位置：S. V. Kiselyov在1939年发现于距离Sulek地方数公里远的Pisannaya山区。米努辛斯克博物馆馆藏编码为42号。现所在不明。

物理形态：灰色砂岩,6行鲁尼文铭文。其中,第1、2行与其他行上下逆向镌刻,但第2行字序自左向右。不规格形状。年代约8—9世纪。见图版E50。

规格：高90—215厘米,宽90—130厘米,厚20—25厘米。

主要研究：Malov 1952, pp. 98-99;Batmanov and Kunaa 1963b, pp. 32-34;Vasilyev 1983, pp. 32, 69, 111;Recebov and Memmedov 1993, pp. 314-315;Kormushin 1997, pp. 276-279;Kormushin 2008, pp. 141-142;Aydin 2013, pp. 127-128等。

1 𐰓𐱁𐰖𐰾

d ṡ Y s

ädis yaš

2 𐱅𐰭𐰼𐰃𐰢:𐰾 𐰔 𐰢𐰀:///

t ŋ r i m：s z m a

tängrim：esizim-ä

3 𐰚𐰜𐰢 𐱁 𐱃 𐰆 𐱃 𐰴𐰢 𐰇 𐰲𐰇 𐰤 𐰾𐰼𐰓𐰢

k ük m ṡ T W T (Q) m ü č ü n s r d m

kökmiš totoqum üčün särdim

4 

t ü r t Q D ṣ m a z e D R L D m

tört qadašm-a äzi adïrïldïm

5 

B W G a：r T i k ük d a k

buγa：är atï kökdäk

6 

e t r ük b n Q a

-i türük bänkä

[1-2]我的Ädis(阿跌?)的年轻夫人！我的不幸啊！[3]因为我的曲蜜施都督(Kökmiš Totoq)(之称号)，我忍受了。[4]我的4名家属啊！我擦着(眼泪?)离别了！[5-6](他的)成人名是Buγa。献给天空中的强壮的我。

词注

1行：瓦西里耶夫的摹写除外，其他研究者均未给出该行。

1行 d ṡ Y s> ädis yaš：关于第1行第1字，瓦西里耶夫摹写近似向左侧旋转90°的汉字“又”。经确认图版，并未发现竖线，兹不取，是故读为d。ädis yaš应为紧随其后的第2行tängrim(夫人)的修饰词。回鹘文中，存在s音与z音之间的混同。若叶尼塞碑铭与此相同，则ädis可以视作部族名称阿跌(ädiz)。虽然如此，仍然需要更多例子来佐证。

2行：瓦西里耶夫在第2行末尾摹写换写有D，但确认图版并未发现。相反，上述像D的文字位于a的右上方，看起来更应该是第3行末尾的m。兹不取。

4行 z e>äzi：äz-有“擦、刮”之义。[1]此处大概是形容擦着眼

[1] ED, p. 279.

泪或伤口而离别。

5 行 B W G a＞buγa：人名，姑视作 buqa（公牛）的 q 音的浊音化形式。不否认 buγra（公驼）的词中的 R 被忘写的可能性。

E51 图瓦（Tuba）D 碑

位置：S. V. Kiselyov 于 1939 发现于埃列格斯特河中游西岸，据 E52 碑 5 公里。保管于米努辛斯克博物馆。馆藏编号 36。

物理形态：鹿石由青灰色砂岩制成。共 3 行鲁尼文铭文，一个印记。鹿石上刻有多个其他印记。年代约 8—10 世纪。见图版 E51。

规格：高 171 厘米，宽 43 厘米，厚 25 厘米。

主要研究：Malov 1952，pp. 99－100；Vasilyev 1983，pp. 33，69，111；Recebov and Memmedov 1993，pp. 315－316；Kormushin 1997，pp. 260－264；Kormushin 2008，p. 143；Aydin 2013，pp. 129－130 等。

1 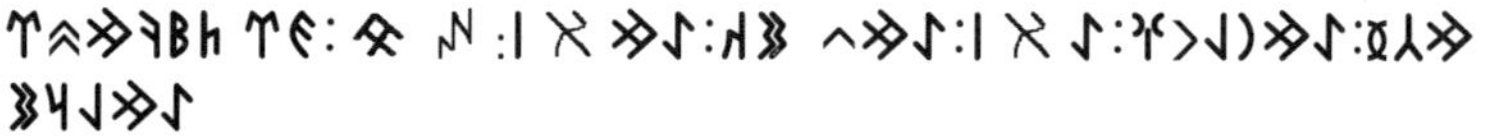

r T m k ük t r g：b n：s z m a：Q D ṡ m a：s z a：G W L N m a：e č m D R L m a

är atïm kök tiräg bän esizim-ä qadašïm-a esiz-ä oγulanïm-a ičim adïrïl[t]ïm-a

2 

e l m Q N m a：s z m a：r r d m i：T uQ z：W G D m D m a：y r m：s z a

elim qanïm-a esizim-ä är ärdämi toquz oγadmadïm-a yirim esiz-ä

3 

y t i č e k m a: s z a: eṡ m a s z a

yeti äčä äkäm-ä esizä ešim-ä esiz

4 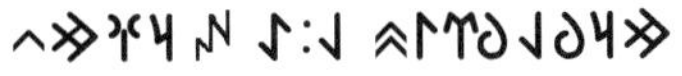

ṡ m G R n a: L T i r B L B R m

ešim γarïn-a altï är balbarïm

[1]我的成人名字是曲谛略(Kök Tiräg)。我的不幸啊！我的家属啊！不幸啊！我的儿子们啊！我的叔叔！我离别了啊！[2]我的国家，我的汗啊！我的不幸啊！男儿的品德是9(人份)。我没有醒来啊！我的土地,不幸啊！[3]我的7名姐妹啊！不幸啊！我的伙伴啊！不幸！[4]我的伙伴是心腹啊！我的6个战士(石人)形状的杀人石。

词注

2行 W G D>oγad-(唤醒)：oγat-(唤醒)的浊音化形式。〔1〕

4行 G R n>γarïn(心腹)：视作 qarïn(腹部，胃部)的浊化音。〔2〕

4行 B L B R>balbar：关于汉籍记录的突厥杀人石，突厥汗国碑文和E32威巴特(Uybat)第三碑记作 B L B L>balbal。据前后文义，此处 balbar 应为 balbal 的变音。

E52　埃列格斯特(Elegest)第二碑

位置：J. G. Granö 于1907年发现于埃列格斯特河西岸埃列格斯特村东南2.5公里处的古墓内。库兹拉索夫(L. R. Kyzlasov)1960年搬移至图瓦博物馆。

物理形态：石碑由棕色砂岩制成。截面为四边形。面部经过处

〔1〕 关于 oγat-，参见 ED，p. 81.
〔2〕 qarïn 见 ED，p. 661.

理。侧面略微光滑。3 行鲁尼文铭文，3 面各 1 行。第 4 面有一印记。年代约 8—9 世纪。见图版 E52。

规格：高 107 厘米，宽 30 厘米，厚 27 厘米。

主要研究：Malov 1959, pp. 70, 72; Kyzlasov 1965, pp. 111 - 113; Vasilyev 1983, pp. 19, 70, 91; Recebov and Memmedov 1993, pp. 316 - 318; Kormushin 1997, pp. 174 - 177; Kormushin 2008, p. 144; Aydin 2013, pp. 131 - 132 等。

1 𐰚𐰇𐰼𐱅𐰠𐰀: 𐱁𐰭𐰆𐰣 𐰋𐰤𐰲𐰢 𐰴𐰣𐰢
k ü r t l a: š ŋ W N b n č m Q N m
körtälä sangun bän ičim qanïm

2 𐰋𐰏𐰇𐱅𐰼𐰚𐰤: 𐰼𐰼𐰓𐰢𐰢𐰓𐰀:
b g ü t r k n: r r d m m d a:
bögü tärkän är ärdämimdä

3 𐰲𐰲: 𐰉𐰺𐱁𐰍:𐰺𐰀𐱁𐰭𐰆𐰣
č č: B R š G: R a š ŋ W N
čač barsγ<an> ara sangun

[1-2]我是 Körtälä 将军，我的叔叔、我的汗是 Bögü Tärkän。由于我男儿的品德，[3](我是)赭时(石国)和拔塞干之间的将军。

词注

3 行 č č>čač：包括 Aydin 2013 的最新研究在内，前人多转写作 äčič，视作人名或部族名。笔者视作隋唐时期汉籍记录的粟特地区的赭时，即石国，源自粟特语 č'č(石)。E42 碑铭记录墓碑主人在 67 岁时，出征过 üč arγu(三阿尔古地方)。如 E42 词注 üč arγu(三阿尔古地方)详细介绍，黠戛斯与中亚的葛逻禄、大食等保持有往来关系。粟特语 č'č，即中亚昭武九姓的石国之名出现于此不无可能。

3 行 B R š G>barsγ<an>：bars 是老虎之义，如视作人名等，

则末尾的G在语法上难以释清。而且,之后的ara(之间)文字确切无疑。鉴于紧前面出现的是粟特人的石国,兹视作粟特地区东北部、中亚的拔塞干(巴儿思寒)。阿拉伯地理学家伊本·胡尔达兹比赫(Ibn Khordādhbeh)在9世纪中后期所撰《道里与诸国志》(*The Book of Roads and Kingdoms*, *Kitāb al-Masālik w'al- Mamālik*)记录了从怛逻斯到碎叶一带的自西向东的城镇道里,言"从怛逻斯到下拔塞干三法尔萨赫……而后至上拔塞干。该城为中国边界,商队经历草原至其地十五日程,突厥驿骑为三日程"。[1] 其中,下拔塞干位于西面、怛逻斯(今江布尔)对岸,上拔塞干位于东面、伊塞克湖东端。[2] 此处所言与Čač(赭石,石国)邻近的Barsγan,当为西面的下拔塞干。虽然不能肯定墓主确切曾在中亚的石国和下拔塞干之间担任将军之职,但或许曾出使该地,或属于遥领。

E53 埃列格斯特(Elegest)第三碑

位置: J. G. Granö 1907年发现于埃列格斯特河中游西岸,西南距E52碑铭5公里处。1961年移入图瓦博物馆。

物理形态:碑石属于早期游牧民青铜器时代的鹿石,由灰白色砂岩制成。鹿石上有4行鲁尼文铭文和多种标记图案。年代约9—10世纪。见图版E53。

规格:高190厘米,宽40—70厘米,厚10—27厘米。

主要研究: Malov 1959, pp. 72 - 74; Vasilyev 1983, pp. 19, 70, 90 - 91; Recebov and Memmedov 1993, pp. 318 - 320; Kormushin 1997, pp. 279 - 281; Kormushin 2008, pp. 144 - 145; Aydin 2013, pp. 133 - 134 等。

---

[1] 张广达1979,第6—7页。此条史料记录的拔塞干(bars γan),原作努尔斯罕(nurs qan),后经学者订正。详见张广达介绍。

[2] 华涛2000,第128—129页。

1 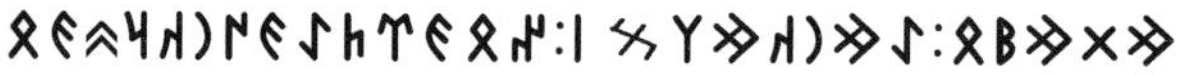

b g T R Q N ü g ä t r g b n：s z l m Q N m a：b ük m d m

bäg tarqan ögä tiräg bän esiz elim qanïm-a bükmädim

2 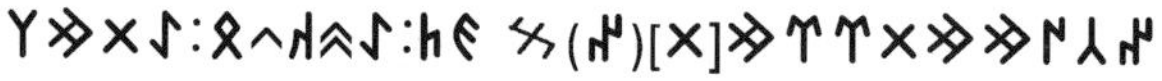

l m d a：b ṡ Q T a：t g z (n) [d] m：r r d m m ü č n

elimdä biš qata tägizindim är　ärdämim üčün

3 

r k ük t ŋ r d a B W L T Q̇ r W L Q N W R (i) t ü r m ṡ

ärk kök tängridä bultuq är ol qan urï törümiš

4 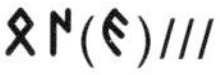

b ü (g)///

bögü///

[1]我是匐达干于伽谛略。不幸！我对我的国家、我的汗依依不舍。[2]我在我的国家巡游了5次。由于我男儿的品德，[3]（我）是从苍天发现力量的男人。（作为）汗的子孙出生。[4]贤明的……

词注

3行 r k>ärk（力量）：关于第3行打头的 r，TURK BITIG 网站公开的图版已见不到。此处据瓦西里耶夫的摹写、图版。

3行 B W L T k > bultuq（发现）：关于其中的 T k，以 Aydin 2013 为代表，前人均读作 T M，视作动词过去式后续第一人称语尾词缀-m。即该处以往被转写作 boltum（我变成，我成为）。据瓦西里耶夫的图版和 TURK BITIG 网站公开的图版，后两字确切无误应为 T k。瓦西里耶夫的摹写和换写亦作 T k。若该行开头的 ärk（力量）被视作墓主获得的某种力量，则该处可转写作 bultuq，视作动词 bul-（发现，获得）的过去式形动词贴合文义。不过，ärk 亦有可能充当紧随其后的 kök tängri（苍天）的形容词，与后者共同构成强有力的苍天之义。如是，此处的 B W L T Q̇ 应转写作 boltuq（成为的），强调墓主是由强有力的苍天而生。此处姑按发现解释。

4 行 b ü (g)> bögü(贤明的)：以往研究者未能读出。惜之后的碑文破损，无法识读。

E54 奥图克达失(Ottuk Dash)第三碑

位置：L. R. Kyzlasov 于 1961 年在大叶尼塞河南岸的奥图克达失山附近发现三方碑刻，具体位于埃列格斯特河口上方 30 公里处。由图瓦博物馆和图瓦历史语言文学研究所工作人员搬移至图瓦博物馆。

物理形态：灰色砂岩制成，碑石截面近方形，几乎未打磨，顶部损毁。碑文一面有一行鲁尼文铭文和印记。年代约 8—10 世纪。见图版 E54。

规格：高 100 厘米，宽 27 厘米，厚 25 厘米。

主要研究：Batmanov and Kunaa 1963a，p. 23；Vasilyev 1983，pp. 16，70，87；Kormushin 1997，pp. 212－213；Kormushin 2008，pp. 145－146；Aydin 2013，pp. 134－135 等。

(Y)ʎΓↄ1: >ᛟ⊙>Y⊙///

(l) č i N p：W b ŋ w l ŋ ///

elči anpo bängü eling ///

使者安保(?)为了永恒的国家……

词注

N p：W>anpo(安保)：此人物充当使者，可能出自中亚粟特地区的安国，即今布哈拉。

E55 图瓦(Tuba)G 碑

位置：S. V. Kiselyov 在 1939 年发现于大叶尼塞河北岸的

Eylik Hem 村北，并搬移至米努辛斯克博物馆。馆藏编号 41。

物理形态：褐色砂岩制成，3 行鲁尼文铭文，鲁尼文铭文下方有印记。年代约 8—10 世纪。见图版 E55。

规格：高 170 厘米，宽 35 厘米，厚度不明。

主要研究：Vasilyev 1983，pp. 33，70，111；Kormushin 1997，pp. 226 - 228；Kormushin 2008，p. 146；Aydin 2013，pp. 135 - 136 等。

1 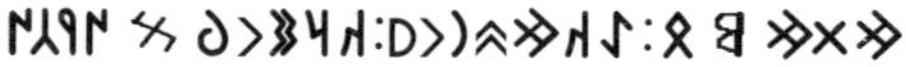

ü č y ü z B W D R Q： Y W N T m Q a： b ük m d m

üč yüz bodraq yuntumqa bükmädim

2 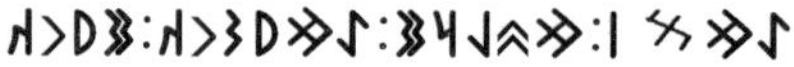

Q W Y D： Q W nč Y m a： D R L T m： s z m a

quyda qunčuyuma adïrïltïm esizim-ä

3 

Q N č G R： t ü l ṡ t i r g

qan čaγar tölis tiräg

[1]我对我的三百匹棕马依依不舍。[2]涧溪里的我的公主（即妻子），我离别了。我的不幸啊！[3]（我是）汗的柘羯（Čaγar，即勇士），突利施谛略（Tölis Tiräg）。

词注

3 行 č G R>čaγar：包括 Aydin 2013 的最新研究在内，前人未能给出确定的读法。鉴于叶尼塞碑铭频繁出现 q 音浊化成 γ 音的现象，č G R 视作 č Q R 的浊化音不悖于理。如是，č G R>čaγar 即 č Q R>čaqar，也即后来蒙古语 čaqar 的古突厥语形式。一般认为 čaqar 源自粟特语，勇士之义。唐代汉籍多以柘羯音写。

E56　马里诺夫卡(Malinovka)碑

位置：S. V. Kiselyov 在 1947 年发现于乌尤克河西 1 公里的马里诺夫卡村附近的古墓内。E. R. Rygdylon 在 1948 年移至米努辛斯克博物馆。后下落不明。

物理形态：砂岩制成，剖面形状不规则，2 行鲁尼文铭文垂直镌刻。研究者采集的拓片彼此之间存在很大差异。库兹拉索夫(I. L. Kyzlasov)进行了重建。年代约 8—10 世纪。见图版 E56。

规格：高 100 厘米，宽 40 厘米，厚度 15—20 厘米。

主要研究：Kyzlasov 1969，pp. 98，115；Vasilyev 1983，pp. 15，70；Aydin 2013，pp. 136 - 137 等。

1 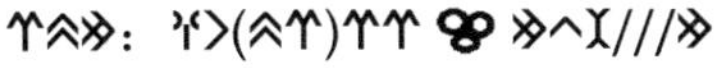

r T m：G W (T r) r r ḋ m ṡ e///m

är atïm γut är är ärdäm ///

2 

///：G D ṡ：s z m：b///

///γadaš esizim///

¹我的成人名字是 Γut Är，我的男儿的品德…… ²……家属，我的不幸……

词注

1 行 G W T>γut：盖为 qut 的浊音化形式。

2 行 G D ṡ>γadaš：qadaš(家属)的浊音化形式。

E57　塞依根(Saygyn)碑

位置：Yu. L. Arančin 在 1950 年发现于塞依根山附近 Keeze

Terek 地方的一个古墓近旁。1963 年搬移至图瓦博物馆。

物理形态：碑石由轻质砂岩制成，上有 2 行鲁尼文铭文和鹿等其他动物图案。年代约 8—10 世纪。见图版 E57。

规格：高 145 厘米，宽 40—56 厘米，厚 14—18 厘米。

主要研究：Vasilyev 1983，pp. 33，71，111；Aydin 2013，pp. 137 - 138 等。

1 𐰋𐰭𐰇𐰲𐰆 𐰺

b ŋ ü č W R

bängü čor

2 𐰾𐰇

s ü

sü

[1]（我是）Bängü Čor [2] 军队。

E58 克兹克胡勒（Kezek Khure）碑

位置：L. A. Yevtyuhova 和 S. V. Kiselyov 在 1947 年发现，具体位置不明。1961 年搬移至图瓦博物馆。

物理形态：鹿石由细粒灰色砂岩制成，椭圆形截面。表面已处理，有划痕。侧面平滑。墓志文字覆盖住鹿石更古老图像。3 行鲁尼文铭文垂直镌刻于两个侧面，字迹漫漶。年代约 8—10 世纪。见图版 E58。

规格：长 229 厘米，宽 37 厘米，厚 25 厘米。

主要研究：Vasilyev 1983，pp. 33，71，111；Aydin 2013，pp. 139 - 140 等。

1 ///𐰋𐰢𐰞𐰨𐰘///

///r T i Q R///

///är atï qar///

2 ///𐰼𐰠𐰼𐰢///

///r l r m///

///ärlärim///

3 ///𐰏///𐱅𐰆 𐰭 ///𐰓𐰇𐰭 ///𐰾𐰼///𐰤///𐰢

///G///t W ŋ̇ (或 nt)///d ü ŋ̇ (或 nt)///S r///n///m

////ong(?)///öng(?)///////

[1](我)成人名字是 Qar……[2] 我的战士们 [3]……王(?)……前面(或颜色)……

E59 科尔比斯巴雷(Kherbis Baary)碑

位置:S. I. Weinstein 1960 年发现于大叶尼塞河北岸的科尔比斯巴雷地区的一个古墓旁。A. M. Sherbak 和 I. A. Batmanov 在 1961 年考察并移入图瓦博物馆。

物理形态:碑石由紫红色板岩制成,顶部倾斜。4 面共 9 行文字。第 2 行字序自左向右,有印记。年代约 10—11 世纪。见图版 E59。

规格:高 132 厘米,宽 20—49 厘米,厚 17 厘米。

主要研究:Şçerbak 1964a, pp. 145 - 149; Vasilyev 1983, pp. 34, 71, 112;Kormushin 1997, pp. 242 - 24;Kormushin 2008, pp. 146 - 148;Amanzholov 2003, pp. 138 - 140;白玉冬 2011,第 106—115 页;白玉冬 2013,第 75—83 页;Aydin 2013, pp. 140 - 143 等。

1 𐰆𐰲: 𐰆𐰍𐰞𐰢𐰣: 𐰆𐰞𐰍𐱃𐰆𐰺𐰢//

W č: W G L N m N: W L G T W R W m [D m]

üč oγlanïmïn ulγaturu umadïm

2 

///s z m a: B W ŋ̇ m a: Q W Y D a: Q W nč Y m a: b ük ṡ m d m

///esizim-ä bungïm-a quyda qunčuyuma　büküšmädim

3 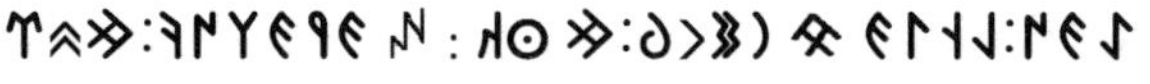

r T m: k ü l g y g n: Q ŋ̇ m: B W D N b g i ŋ L: ü g ä

är atïm külüg yigän qangïm bodun bägi ïngal ögä

4 

Y t i: W T z: Y š m D a: e l m: ü č n: T uQ z T T R (l k B) [D m]

yäti otuz yašïmda elim üčün toquz tatar elikä bardïm

5 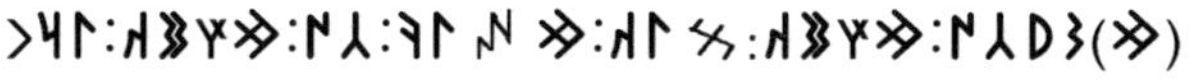

W R i: Q D š m:ü č: k i n m: Q i z: Q D š m: ü č Y nč (m)

urï qadašïm üč äkinim qïz qadašïm üč yančïm

6 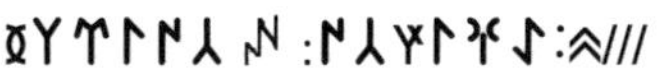

e l r i ü č n: ü č š i G a: T///

el äri üčün üč asïγ-a ta ///

7 

e l m:Q N m a: t ŋ r e t g m: Y T a: b ük m (d m)

elim qanïm-a tängritägim yïta bükmädim

8 

Q L N: Q D š m Q a: b ük m d m: Y e T a: k e n m e č m D R///

qalïn qadašïmqa bükmädim yïta äkinim ičim adïrïltïm

9 

g ü m k a b ük m d m///

ögümkä bükmädim///

1[我未能]将我的 3 个儿子抚养成人。2……我的不幸啊！啊！我的悲痛啊！啊！我未能向溪谷里的我的公主(即妻子)进行告别。3我的成人名字是俱录易言(Külüg Yigän),我的父亲是民众的匐(即部族酋长)英嘎勒于伽(İngal Ögä)。4 在我 27 岁时,为了我的国家,[我]去了九(姓)达靼王国(Toquz Tatar Eli)。5 我的男性亲属啊！我的 3 个孩子啊！我的女性亲属啊！[我的]3 名妻妾啊！6因为是国家的男儿,3 个恩赐……7 我的国家啊！我的汗(即可汗)啊！啊！我的神巫啊！(我)无能为力,万分悲痛！[我]没有鞠躬敬礼(即进行告别)。8 我没有对我众多的亲属鞠躬敬礼。(我)无能为力,万分悲痛！我的孩子啊！我的兄长(或叔叔)啊！[我]离别[了]……9 我没有对我的母亲鞠躬敬礼。

词注

2 行 b ük ṡ m d m>büküšmädim：克劳森的辞典收录有 bük-一词,解释作"把……弯曲"或"对……厌恶、对……反感"。[1] 因碑铭第 7、8、9 行的 bük-解释作由"把……弯曲"之义派生的"鞠躬敬礼"之义较为恰当,本稿视 büküš-为 bük-的交互态,解释作"互相鞠躬敬礼",即"进行告别"。

4 行(l k B)>elikä bardïm：此处为与前人解读不同之处。如笔者下面的局部黑白图片所显示,图版中 T UQ z T T R 后面四字,根据残余笔画可复原作 l k a B。之后的文字,因碑石风化严重,无法判读。

〔1〕 ED, p. 324.

5 行 k i n m>äkinim：希切尔巴克转写作 künim，但在其公开的照片中，文字为 k i n m。科尔姆辛转写作 kinim，译作“我的亲属”。瓦希里耶夫按 k ü n m 摹写和换写，但图版中的第 2 字无法判断是 ü 字。克劳森收录 äkin 时，引用了该段内容，推定 äkin 为“孩子们，子孙”之义。[1]

7 行 t ŋ r e t g m>tängritägim：从语源学角度而言，tängritäg 为名词 tängri(天)后续附加字＋täg(像……似的)而构成的“像天一样”之义的形容词。在这里后续第一人称领属附加成分 ＋m(我的)、与 elim(我的国家)的 el(国)、qanïm(我的汗)的 qan(汗)并列作为名词出现。众所周知，内亚社会自古存在天神(tängri)崇拜，而与包括天神在内的各种神灵进行接触交流，在它们与人类社会之间起桥梁沟通作用的是内亚自有的萨满教巫师。萨满教在古代内亚社会所占地位，从严重威胁成吉思汗权威的巫师阔阔出(Kököčü)身上，可见一斑。[2] 阔阔出又被称为帖卜・腾格里(Teb-tenggeri)。在 Teb-tenggeri 之中，Teb 为起加强语气作用的接头词，只见于形容词之前。即，形容词 tenggeri 构成了巫师名称的一部分，充当名词。这与我们所讨论的 tängritäg 用法相同。对古代内亚人而言，可与其国家和可汗相提并论且近似于天之存在的 tängritäg，视为对萨满教巫师的尊称，应大致不误。

---

〔1〕 ED, p. 109.

〔2〕 关于阔阔出在精神上驾驭民众的能力，见村上正二 1976，第 116、124—126 页注 1。

E60 萨尔噶乐阿克斯(Sargal Aqsy)碑

位置：G. N. Potanin 于 1879 年发现于小叶尼塞河南岸萨尔噶乐阿克斯地方的古墓旁。现仍在最初地点。

物理形态：碑石由深灰色花岗岩制成，单面 3 行鲁尼文铭文。年代约 8—10 世纪。见图版 E60。

规格：高 150 厘米，宽 75 厘米，厚 53 厘米。

主要研究：Vasilyev 1983，pp. 34，71，112；Aalto 1991，pp. 23－28；Kormushin 2008，pp. 58－160；Aydin 2013，pp. 142－144 等。

1 

s z：ük nč Y：b ü k m d m

esiz qunčuy bükmädim

2 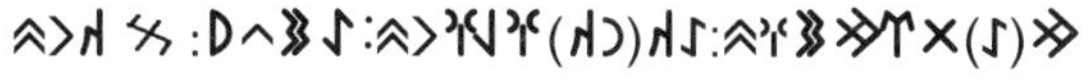

T W Q z：Y ṡ D a：T W G L G（Q N）Q a：T G D m r d（a）m

toquz yašda tuɣluɣ qanqa atïɣ ïddïm ärdäm

3 

b i l m d m：B W ŋ̇ m：（B）W r m s：

bilmädim bungïm bu ärmiš

[1]不幸！公主！我依依不舍。[2]在 9 岁时，我从 Tuɣluɣ 汗获得了称号。男儿的品德，[3]我不知道。我的悲痛是这样的。

词注

1 行 ük nč Y＞kunčuy：笔者读作 Y 的字母，Aydin 读作◊＞ŋ。同一碑文第 3 行中的⊙，确切应读作 ŋ̇，是 ŋ 的异体字，且在叶尼塞碑铭中频繁出现。兹不从 Aydin。ük nč Y＞kunčuy 概为 Q nč Y＞

qunčuy（公主，即妻子）的误刻。

E68 埃勒巴基(El Bazhy)碑

位置：1902 年由民族学者 F. J. A. Kon 发现于今图瓦境内的大叶尼塞河南侧支流 Baryk 河附近的埃勒巴基地方。1903 年和 1916 年被移至米努辛斯克博物馆，馆藏编号为 37 和 37a。

物理形态：碑石为红褐色砂岩，发现时业已断为三块，顶端缺损。依据笔者的释读案，镌刻有印记的面应为正面，即第 1 面，之后是两个侧面，最后是背面。兹依次标作 A 面、B 面、C 面、D 面。A 面竖写 3 行，B 面与 C 面各竖写 1 行，D 面约 4/5 下部横写 20 行，约 1/5 上部竖写 3 行。其中，D 面下段自上而下刻有一行汉字。A、B、C 三面以第一人称语气叙述墓主人的生平，D 面横向部分第 1—3 行首先以第二人称语气客观叙述，第 4—20 行转为第一人称语气，D 面顶端竖写的 3 行同样以第一人称语气写成。关于镌刻在 D 面的汉字，枡本哲读作“易州涞水西炮营内石匠□□之子”，另有意见认为应读作“易州[涞]水[西]炮□内石匠石即盛”。[1] 笔者读作“易州涞水西炮营内石匠福卿之子”。年代约 8—9 世纪。见图版 E68。

规格：高 210 厘米，宽 40 厘米，厚 10 厘米。

主要研究：Nasilov 1963, pp. 124 - 129; Vasilyev 1983, pp. 35 - 36, 72, 113 - 114; Kormushin 1997, pp. 204 - 205; Kormushin 2008, pp. 152 - 154; Kyzylasov 1998, pp. 70 - 74; Aydin 2013, pp. 152 - 154; 白 2019b 等。

A 面(带有印记面，竖写 4 行)

1 𐰯[𐰚] #𐰴𐰞𐰯𐰽(𐱁)𐰓:𐰆:𐰢𐰃[𐰘]:𐰋𐰏𐰯𐱁𐰃///////

〔1〕 枡本哲 2001，第 60 页。

r［k］ ♯ t ŋ r D（m）z：a：b i（š）：y g r m i ///////

ärk tängridämmiz- a biš yegirmi///////

2 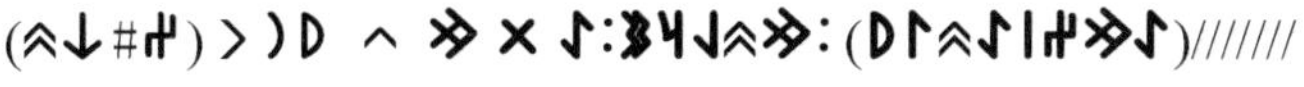

（T uQ ♯ z）W N Y ṡ m d a：D R L T m：（Y i T a s z m a）///////

toquz on yašïmda adïrïltïm yïta esizm-ä ///////

3 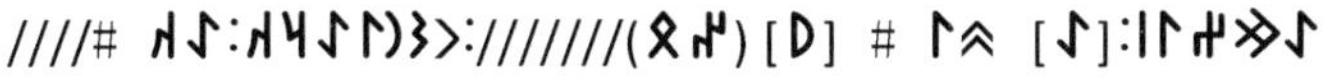

//// ♯ Q a：Q R a i N nč W：///////（b n）［Y］i T［a］：s i z m a

//// qara ïnanču//////// bän yïta esizm-ä

4 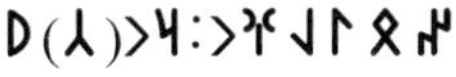

Y(č) W R：W G L i b n

ay čor oɣulï bän

[1]我们强有力的神（或君主），啊！15……[2] 在我90岁时我离别了，无能为力，万分悲痛！我的痛苦啊！[3] 我是喀剌伊难珠（Qara Ïnanču）……无能为力，万分悲痛！我的痛苦啊！[4] 我是爱啜（Ay Čor）的儿子。

B面（侧面，竖写1行）

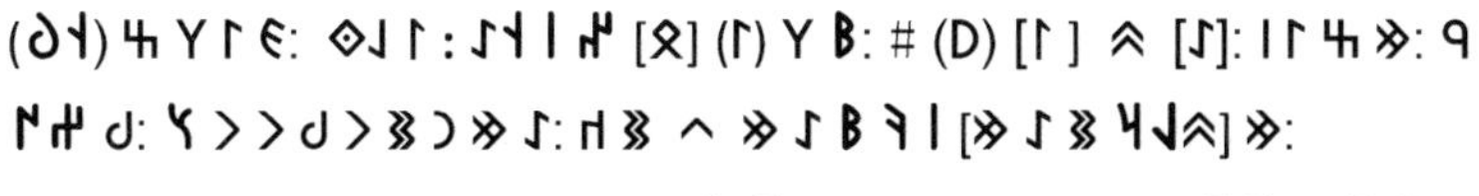

（B）ŋ z l i g：ṅ L ṗ：a ŋ s n［b］（i）l ük：♯（Y）［i］T［a］：s i z m：y ü z B：S W W B W D N m a：Q D ṡ m a ük k s［m a D R L T］m：

bïng az eliging alp ang sän bil ök yïta esizim yüz baš oo bodunïm-a qadašïm-a üküšim-ä adïrïltïm

[1]一千阿兹族（Az），你的国王是勇敢的！首先你要知道！正是！无能为力，万分悲痛！我的痛苦！一百名首领和王，我的人民，我的

家族，我的所有人，我离别了。

C 面（侧面，竖写 1 行）

1 

[ü z d a W G L]m：Q W Y D ≠ a：Q W nč Y m a：Q T [G L ŋ]

özdä oγulïm quyda qunčuyum-a qatïγlang

[1][河谷里的我的儿子]，涧溪里的我的妻子，啊！[你们要]坚强！

D 面（带有印记面的反面，约 4/5 下部横写 20 行，约 1/5 上部竖写 3 行）

横写部分：

1 

uQ z ŋ̇：b ŋ k ü：m i n：e t č b r d i

qïzïng bängkü min eteč berdi

2 

// L ïQ R：b l g ük ü č：s n ////

// al? qïr? bilig küč sän ////

3 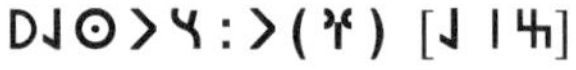

Y L ŋ̇ W S：W (G) [L s n]

yalngus oγul sän

4 

t ü d m：Q R a T ṡ i b (ä) D i z (m a)

ät ödüm qara tašï bädizim-ä

5 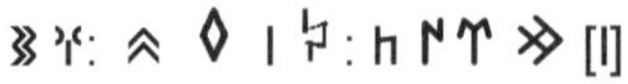

D G：T ṡ s ïQ：t ü r m [s]

adïγ taš asïq törümiš

6 𐱃𐰆𐰍𐰑𐰢:𐰇𐰔𐰢𐰓

T W G D m：ü z m d

tuɣdam özüm äd

7 𐰼𐰢𐰽:𐰖𐱁𐰆𐰢𐰑𐰢

r m S：Y š W m D m

ärmiš yašumadïm

8 [𐱅𐰇𐰼]𐱅𐰆𐰍𐰞𐰢:(𐱅)𐰇𐰔𐰼𐰚𐰑𐰢

[t ü r]t W G L M：(t)ü z r k D m

tört oɣulum tüz(或 töz?) irkdim

9 (𐰔):𐱃𐰆(𐱃)𐰍:𐰨𐰽(𐰭𐰣)𐰑𐰣𐰍𐰀:𐰴//

z：T W (T) G：nč ṡ (ŋ N) D N G a：Q //

az totoɣ enč sangun adïnɣa q //

10 [𐰼]𐰓𐰢:𐰏𐰱:(𐰴)𐰃𐰔𐰅:𐰶𐰞𐰢:𐰇𐰼

[r] d m：g ič：(Q) i z e：ïQ L̇ m：ü r

ärdäm ägäči qïzï qïllïm ürü-

11 𐰭𐱃𐰅𐰠 𐰴𐰃𐰔𐰃:𐰼𐰓𐰢𐰞𐰯𐰼𐰓[𐰃]

ŋ T e l：Q i z i：r d m L p r d [i]

-ng at el qïzï ärdäm alp ärdi

\# # # #

12 ///(𐰖𐰺)[𐰞𐰍]𐰇𐰲𐰇𐰤

/// (Y R) 涞[L G] ü č ü n

/// yarlïɣ üčün

13 𐰖𐰞𐰭𐰆𐱁:𐰖𐰆𐰺𐰯:𐱃𐰸𐱁:𐱅𐰏𐰃𐰤𐰏

Y L ŋ W š：Y W R p：T uQ š：t g i n g

yalngus yorïp toqïs teginig

14 𐱃𐰍𐰑𐰴𐰃𐰴𐰺𐰀𐰑𐰃𐰍𐰃𐰍:𐰠𐰏𐰤𐱃𐰭

T G D Q i Q R a D i G i G：l g n T ŋ

taγdaqï qara adïγïγ äligin atang

15 𐰼𐰓𐰢𐰢:𐰆𐰞:𐰑𐰴𐰃:

r d m m：W L：D Q i

ärdämim ul adaqï

16 𐰖𐰞𐰭𐰉𐱁:𐰘𐰇𐰔:𐰼𐰃𐰏:𐰴𐰞

Y L ŋ b š：y ü z：r i g：Q L

yaling biš yüz ärig qal

17 𐰀𐰠𐰃𐰏:𐰽𐰖福𐰣:𐰖𐰞𐱁𐰭///

e l i g：s Y N：Y L š ŋ ///

elig sayan yalangus ///

18 𐰖𐰘𐰢𐱅(𐰀):𐰑𐰺𐰞𐱃𐰢:𐰇𐰚𐰨𐰀:

Y y m t (a)：D R L T m：ük nč a：

yayïmta adïrïltïm ökünč-a

19 𐰽𐰔𐰢𐰖𐰞𐰭𐱁:𐱅𐰇𐰼𐱅:𐰘𐱅𐰢

s z m Y L ŋ š：t ü r t：y t m [ṡ]

esizm yalngus tört yitmiš

20 (𐰖) //////////////////////////////

[1]你的女儿，她给(你建造)了永恒的碑铭和墓穴。[2]……智慧和力量，你……[3]你是独生子。[4]我生涯的纪功碑的装饰啊！[5]熊(头像)石产生了威力(直译：益处)。[6]我自己是像橐一样的活动的财产。[7]我没有高兴(直译：闪耀)。[8]我把我的4个儿子平等地集合在一起。[9]向阿兹都督(Az Totoγ)恩赤(Enč)将军(和)其他人……[10-11]我们要培育品德高尚(直译：品德像男人一样)的姑娘，白马国(白姓之国?)的姑娘品德高尚且勇敢。[12]因为……的旨意[13-14](你们要)只身前行，把战斗王子，把山中的黑熊，你们要亲手射击！[15-16]我的崇高品德啊！把根脚不硬(直译：赤裸)的五百名战士，[17-18]把勇敢之王萨彦岭(Sayan)，在我孤独的……夏天，我离别了。遗憾！啊！[19]我的痛苦！只有！在14(岁时)……

竖写部分：

1 ⱺYΓЄ#: ⅄ ♀♀(Γ)[Ƴ]>ⱶ≫: Ϸ⅄: >? /////(字数不明)

e l i g ♯ : š b b (i) [r] W z m : ü č : W/////

elig säbibirür ozum üč //////

2 ♀Γ⅃#: D>): ≪ ≫: >): ǀϷ Ƴ: [ϥϷⱶԁ ⅄Γ]

b i ŋ ♯ : Y W N : T m : W N : s ü r : [y ü z b š i]

bing yuntum on sü är yüz baši

3 ϥϷⱶ Կ#ᐅ ᨈ ≫: ϥϷⱶ Ƴ: //////(字数不明)

y ü z R♯ ïQ ṡ m : y ü z r //////

yüz arqïšïm yüz är //////

[1]国王喜爱的优胜者三…… [2]我的一千匹马，十名军队的[百户长]，[3]我的百(人)商队，百名士兵……

词注

B1 行(B) ŋ z> bïng az(一千阿兹族)：瓦西里耶夫换写作 s z。然其换写作 s 的文字，并非 s 那样的一条直线，而是略向左侧倾斜的弧线，且长度不足，其右上方还有一条自左上向右下的斜线，前方(右侧)可见 B 的残余笔画。此处，bïng(一千)应指 Az 族的大概户数。据紧后面的YΓЄ: ◈> l i g : ŋ̇ >eliging(你的国王)而言，墓主人应是统领 Az 族的最高人物。此看法也可以从 C 面横写第 9 行的对 az totoγ enč sangun(Az 都督恩赤将军)等人的训言获得佐证。据枡本哲介绍，米努辛斯克博物馆藏有 F. JA. Kon 在 1903 年发现时拍摄的照片。[1] 其中有一照片是断裂状石板上的动物头像。F. JA. Kon 描述说是“露出牙齿的老虎头部的完美石像”。与墓碑一同被发现的该石像，也透漏出墓主人身份之高。Az(阿兹)之名还多次出现于后突厥汗国时期的鲁尼文碑文中。相关内容，多与突厥征讨黠戛

〔1〕 枡本哲 2001，第 47—48 页。

斯有关，且表明 Az（阿兹）位于 kögmän yïš（曲满山，即萨彦岭）一带。看来，Az 族隶属黠戛斯，此处墓主人所据有的 el（国），应该是黠戛斯辖下的领国。相关 Az（阿兹）族的某些问题，值得进一步探讨。

B1 行 B：S W W > baš oo（首领和王）：瓦西里耶夫换写作 y/// D W。其中的第 1 字，轮廓与 ٩>y 接近，但上半部的椭圆突出方向与 ٩>y 相反，且下端运笔方向也与 ٩ 相反。笔者视作 d 的变体。在瓦西里耶夫给出的叶尼塞碑铭原字表中存在类似文字。[1] 接下来，在第 1 字与第 2 字之间，并不存在如瓦氏所言的缺损文字，而是停顿符号。瓦西里耶夫换写作 D 的文字，相比同一碑文他处 D 的垂直形状（如同行该字之后第 5 字和第 10 字），明显向左侧倾斜近 30°，且底端向右侧延长。笔者把该字视作 ʏ >S 的不规则写法。关于第 3 字与第 4 字，笔者最初尝试读作 W N>on（十）。然第 4 字读作 N 稍显勉强，且 W N>on（十）与紧随之后的 bodun（人民）相抵触。在回鹘文文献中，汉字“王”通常音译为 wang 或 wong。但也有时写作 oo。[2] 此处，笔者把 oo 视作汉字“王”的音译。如此，baš（首领）与 oo（王）正相匹配，且与之后的 bodun（人民）、qadaš（家族）共同构成墓主的告别对象。

D1 行 b ŋ k ü> bängkü（永恒的，永远的）。克劳森辞典收录有 bänggü（永恒的，永远的）。[3] 此处视 bängkü 为 bänggü 的清音化形式。突厥碑文存在 bänggü taš（纪念碑）的字词。此处，bängkü 和紧后面的 min eteč（铭穴）构成纪念墓碑。

D1 行 m i n> min（铭）：汉字“铭”的音译。前人均未能给出确切的解释案。由于紧后面的文字 ᛟh⅄> e t č >eteč 可以视作墓穴，故此词或与墓葬等有关。西安出土回鹘王子葛啜墓志鲁尼文志文第 1 行第 4 字与第 5 字为 m ŋ。关于此 m ŋ，学界有多种解释。[4] 森安

[1] Vasilyev 1983, p. 7.
[2] 庄垣内正弘 2003，第 134 页。
[3] ED, pp. 350 - 351.
[4] 森安孝夫 2015，第 511 页。

孝夫把该第 1 行的可见残余笔画的第 3 字释读作 p，把上述第 3—5 字(p) m ŋ 释读作 pimeng，视作汉字“碑铭”的音译，m ŋ>meng 对应“铭”。[1] m i n> min 与 m ŋ>meng 最大区别在于尾音是 n 或 ŋ (ng)。n 与 ŋ 均属鼻音，其中前者 n 为前鼻音，发音时舌头靠前抵硬腭，后者 ŋ 为后鼻音，发音时舌头靠后抵软腭。n 与 ŋ 在当代多种语言中存在混淆现象(如西北方言，日语等)。而且，如汉语“清明”，蒙古语音译为 čilmen，ŋ 转音为 n 并非个案。故，笔者视作汉字“铭”的音译。

D1 行 e t č >eteč：克劳森辞典引用《突厥语大词典》(*Dīwān Luγāt at-Turk*)例句，解释作扔东西的目标，即孩子们玩坚果游戏时扔进去的洞。[2] 据此笔者理解作洞穴，此处代指墓葬。

D2 行 b l g ük ü č > bilig küč(智慧和力量)：也可转写作 bilig ök üč(智慧正是三个)或 belgü ök üč(印记正是三个)。由于此前文字欠缺，难以判断，姑按此释义。

D4 行 t ü d> ät öd(生涯)：𐱅> t> ät 是肉体之义，öd 是时候、时代之义。ät öd 直译是“肉体的时代”，笔者理解作“一生、生涯”。

D4 行 Q R a T ṡ > qara taš(纪功碑)：𐰴𐰺𐰀 > Q R a > qara 通常是“黑色”之义，此外还有“伟大的，低贱的”等义，𐱁𐱃> T ṡ > taš 是“石头”之义。突厥碑文用 bänggü taš(永恒的石头)表示纪念碑。此处 qara taš 虽然直译是“黑色的石头”之义，但亦可以视作“伟大的石碑”，故笔者取“纪功碑，纪念碑”之义。

D4 行 b (ä) D i z>bädiz(装饰)：前人均未能释读。其中的 𐰑> D，以表示后舌音元音的 D 书写，有悖于鲁尼文的元音和谐律。克劳森按 bädiz 收录。[3] 此处，第 2 音节的元音是以介于 ä 音和 i 音之间的 e 元音文字来书写，亦可以充当 𐰃(i)的同音字。

---

〔1〕 森安孝夫 2015，第 511—512 页。
〔2〕 ED, p. 43.
〔3〕 ED, p. 310.

D5 行 D G：T ṡ> adïγ taš（熊[头像]石）：据紧前一句 Q R a T ṡ i b（ä）D e z（m a）> qara tašï bädizim-ä（我纪功碑的装饰啊！），此熊状石头当为墓主纪念碑的装饰物。如前注 B1，（𐰋𐰭）𐰔>（B）ŋ z> bïng az（一千 Az 族）所介绍，米努辛斯克博物馆藏照片显示，碑文被发现时曾有石板上的动物头像出土。F. JA. Kon 描述说是"露出牙齿的老虎头部的完美石像"。据枡本哲刊出的图版，该动物头像眼部以上缺失，不敢百分之百断言是老虎头部。此处的"熊石"，或许就是见于该照片的动物头像，或已经缺失。

D5 行 s ïQ> asïq（利润，收益，有益）：克劳森辞典收录有 asïγ（利润，收益，有益）。[1] 姑视作 asïγ 的清音化形式。其中，s 以前舌音文字书写，有悖于鲁尼文的元音和谐律。

D9 行 T W（T）G>totoγ（都督的音写）：鲁尼文与回鹘文中，汉语"都督"音写通常为 totoq。此处，写法与 E32 碑铭相同，尾音为浊化音 γ。

D9 行 nč ṡ（ṅ N）> enč sangun（恩赤[enč]将军）：第 1 字 𐰨> nč 与第 2 字◊>ṡ 确切无误。第 3 字 □ 与第 4 字 ɔ 稍显模糊，前人均未释读。其中的第 3 字，下半部近似长方形，读作 𐰋>B 的话，棱角过于鲜明，读作 ïQ 的异体字𐰶的话，缺少下端部分。第 4 字可见到 N 的大半部分。鲁尼文原字 □ 还出现于暾欲谷第一碑南面第 1 行中，然学术界释读意见不一。[2] 其内容讲述突厥部众在占据总裁山与黑沙地方后艰苦度日，其中谈到 b i z：□g：r t m z > biz □g ärtimiz。此处 E68 碑铭中，第一字 𐰨> nč>enč 为宁静、和平、太平、平静之义，可以单独构成人名。以第 2 字◊>ṡ 打头，且以 N 结尾的后舌音词汇，以 sangun（将军）最为适合。而且，此释读案与紧前面的 az tutuγ enč（阿兹都督恩赤）之间，在词汇的衔接与词义的连贯上暗合。如是，关于暾欲谷碑中出现的迄今尚无固定读法的 □，笔者建议其音值

---

〔1〕 ED, pp. 244－245.

〔2〕 Tekin 1968, pp. 249, 284；耿世民 2005，第 96 页第 8 行。

为 ŋ(ng)。上述暾欲谷碑的 b i z: □g: r t m z 应该转写作 biz äng ig ärtimiz(我们处于极度病态)。值得一提的是,在瓦西里耶夫给出的叶尼塞碑铭原字表上,表示 ŋ 音的文字中有近似于 □ 的菱形文字◊。

D9 行 D N G a >adïnγa(向其他人):𐰓𐰣 > D N >adïn 为“其他”之义。𐰍𐰀 >G a>γa 应该是名词与格助词 qa 的浊音化形式。

D10 行 g ič> ägäči(那少女):ägäč(少女)后续第三人称词缀 i。其中的第 2 字,瓦西里耶夫换写作 e。不过,该字写法与同一碑文中 e 的写法 𐰅(如紧下一行第 3 字)不同,上方与汉字“丫”顶端相同开叉,中下部向左侧稍微突出。笔者视作略微变形的 C> ič>。喀什噶里(Mahmūd Kāšγāri)《突厥语大辞典》和克劳森辞典均未收入 ägäč。[1] 然克劳森辞典收录有 äkäč,解释作 äkä(姐姐)的昵称,并举例说明是展示聪明才智并装作成年女子样子的小姑娘。[2] 笔者曾经在威巴特第九碑中发现同一词汇 ägäč,并视作 äkäč 的讹化音。看来,位于威巴特河稍南的 Barik 河流域,具有同样的表达方式。

D10 行(Q) i z e> qïzï:(那少女,那姑娘):qïz(少女,姑娘)后续第三人称词缀 ï。瓦西里耶夫换写作 t r z e。其中,e 写法 Ɪ 有别于同一碑文他处 e 的写法 𐰅。此处,或许是为了表达该字用于表示 ï 音而写作 Ɪ,进而与 𐰅>e 进行区别。

D10 行 ïQ l m> qïllïm(我们做吧!):动词 qïl-(制作)后续第一人称复数形命令词缀 lïm。瓦西里耶夫换写作 ü l m。不过,第 1 字确切可见,并非 𐰇>ü。在瓦西里耶夫给出的叶尼塞碑铭原字表上,表示后舌音元音 L 的文字,除通常所用的 L 外,还有 Y。鲁尼文碑刻中,单独一个 𐰞>L 用于表达连续的两个音-ll-,并非个案。暾欲谷碑文中,讲述暾欲谷成长于唐朝时用 qïlïn-(动词 qïl-后续表示被动的词缀-n-)。故,关于此处的 qïl-,虽然原义为“制作”,但考虑到这里动作

〔1〕 CTD;ED.
〔2〕 ED, p. 102.

对象是 ägäči(那少女)和 qïzï(那姑娘)，笔者解释作“培育”。

D11—12 行 ü r ŋ̇ T e l>ürüng at el(白马国，或白姓之国)：其中的第 1 字 𐰇>ü，瓦西里耶夫未给出换写，第 3 字◊，瓦氏换写作 ṡ。不过，第 3 字属于多音字，亦可释读作ŋ̇ 。笔者视作ŋ̇ ，是因为其与之前第 10 行末尾的 𐰇𐰼>ü r 正好可以构成 ürüng(白色，高贵)。该词频繁出现于鲁尼文文献中，出现于此并不意外。第 4 字𐱅>T，可以复原作 at(马)或 at(姓名)。然则 ürüng at el 即白马国或白姓之国之义。汉籍记录的白马部位于今甘川交界地带，与叶尼塞河流域距离遥远，则此 ürüng at el(白马国)不太可能是指汉籍的白马部。若按白姓之国来解释，或与宋使王延德《使高昌纪》记录的西州回鹘辖下的预龙族有关。[1] 不过，考虑到北方民族盛产马匹，不否定另外存在一个以白马著名的某一部落之可能。相关问题有待进一步探讨。

D12 行(Y R)[L G]> yarlïγ(命令，圣旨)：其中的第 1 字与第 2 字，瓦西里耶夫换写作 D S，第 3 字换写作 m。由于碑文在此行断为上下两截，上述文字均只能见到下半段残余笔画。碑文在此行与紧前面的第 11 行之间，存在约 2 行的空白。自第 11 行第 5 字 𐰴>Q 的下方起，有后人刻写的一行汉字向下方纵贯碑文。关于这行汉字，枡本哲释读作“易州涞水西炮营内石匠□□之子”，并考证其为元代人所刻。笔者依据枡本哲给出的拓片图版确认，文字读作“易州涞水西炮营内石匠福卿之子”更为稳妥。如是，瓦西里耶夫换写作 m 的文字，实际上是汉字“涞”的下半部分。[2] 据瓦西里耶夫给出的此行以下部分的局部图版，第 1 字与第 2 字应该是顶端缺损的 𐰖 >Y 与 𐰺 >R，𐰖 >Y 的右侧(前方)尚有 3 字左右空白。故做如上复原。

D13 行 Y L ŋ̇ W š >yalngus(单独地，唯一地)：其中的第 5 字，瓦西里耶夫换写作 z，库兹拉索夫的释读与笔者相同。克劳森辞典收录有 yalangus，指出 11 世纪之前，词尾-s 作为提示某一个没有明显

[1] 预龙可以复原作 ürüng，见哈密顿 1982，第 213 页 örüng / ürüng 条。
[2] 枡本哲 2001，第 43、50 页。

词源的词汇是外来起源的现象非常罕见，但后来-s 通常变成-z。[1] 虽然其引用的《福乐智慧》的例句中出现 yalnguz，但此处文字不同于同一碑文他处 z 的写法（如同一面第 16 行第 8 字 z），显然更接近于𐱁> š。

D13 行 𐰖𐰆 水 𐰺𐰯> Y W R p > yorïp（行走，进军）：瓦西里耶夫换写作 Y W Q nč p，是因为未辨别出汉字“水”所致。实际上，𐰺> R 右侧的竖线和“水”的中心竖线重合，在“水”的左偏旁之下，可见到 𐰺 的左侧部分。库兹拉索夫释读案与笔者相同。

D13 行 T uQ š > toqïs（战斗）：瓦西里耶夫换写作 T a：e，库兹拉索夫换写作 T uQ z。笔者最初倾向后者的读法。不过，最后一字如瓦西里耶夫释读的 e，近似于横向扩张的 𐰔，但与碑文他处 z 的写法（如同一面第 16 行第 8 字 z）明显不同。其中，左半部分可以视作𐱁> š 的左半部，右半部概为𐱁> š 的右上部的扩张版。关于 toqïs（战斗），参见克劳森词典。[2]

D14 行 T ŋ > atang（你们要射击）：动词 at-（抛射，投掷，射击）后续第二人称复数的命令形。其中的第 2 字，瓦西里耶夫换写作 m，库兹拉索夫按 W T 释读，与第 1 字结合起来转写作 tut(ï)m（我捕捉了）。然文字确切呈菱形状，且之后并无任何残余笔画。兹不从。该字还出现于第 11 行第 1 字。如前注𐰇𐰼 𐰭𐱃𐰀𐰞>ü r ŋ T e l>ürüng at el（白马国或白姓之国）所介绍，结合第 10 行末尾的 𐰇𐰼>ü r，笔者释读作 ürüng（白）。故，关于第 2 字𐰭，兹同按 ŋ 释读，解释作构成第二人称复数命令形词缀 ŋ，即墓主人对第 9 行记录的对“阿兹都督恩赤（enč）将军（和）其他人”的命令。值得一提的是，第 13 行提到的 toqïs tegin（战斗王子），据第 14 行应该是指 qara adïγ（黑熊）。吉尔吉斯斯坦伊赛克湖州 Ton 地区 Ak-Ölön 村发现的鲁尼文 Ak-Ölön 第 2 鲁尼文铭文言：t ŋ r d k i t g l ük t g n a y r d k i y g r n D G> tängridäki täglük tegin-ä yirdäki yägrän adïγ（天上的盲王子，啊！

[1] ED, pp. 930 - 931.
[2] ED, p. 474.

地上的棕熊)。[1] 即,棕熊被比喻为王子。这与此处 toqïs tegin(战斗王子)和 qara adïγ(黑熊)的并列暗合。

D16 行 b š > biš(5)：瓦西里耶夫和库兹拉索夫均视作与之前的 𐰖𐰞𐰭> Y L̇ ŋ 构成同一词汇。其中,前者换写作 W z,后者读作 W š。不论哪种读法,如前注𐰖𐰞𐰭𐰆𐱁> Y L̇ ŋ W š >yalngus(单独地,唯一地)所介绍,其可能复原的 yalnguz 或 yalngus 均为"单独地,唯一地"之义。然第 1 字明显不是 W,而是 b。而且,据笔者释读,第 15 行的 ul adaqï 是"根脚"之义,然则𐰋𐱁> b š > biš 之前的 𐰖𐰞𐰭> Y L̇ ŋ >yalïng(赤裸,裸体)用于形容五百名战士根脚不硬。

D16－17 行 Q L e l i g > qal elig(勇敢之王)：其中的第 2 字 𐰞 >写法近似于 𐰆> W。不过,若视作 W,很难给出合理的释读案。据克劳森之说,qal 有"野蛮,勇猛"之义。[2] 则 qal 用于形容之后的 𐰀𐰠𐰃𐰏 >e l i g > elig(国王)较为贴切,故取此读法。

D17 行 𐰽𐰖福𐰣> s Y N > sayan(萨彦)：在瓦西里耶夫给出的图版上,第 3 字作◇。不过,在枡本哲给出的图版上,第 3 字上面刻写有汉字。笔者多方探讨,发现枡本氏未能给出释读案的该字应该是"福"字,瓦西里耶夫视作◇的文字,其左半部分是"福"字"礻"旁的一部分,瓦氏给出的图版中只有 𐰣>N 确切。如此释读无误,则 s Y N > sayan 即萨彦岭之萨彦。诚然,萨彦岭在汉籍中写作"曲满山",在突厥汗国碑文中写作 kögmän,西方波斯文史料所记音值亦与此同。不过,sayan 的写法还见于 E39 碑铭中。Sayan 萨彦岭之名出现于此,并不意外。

D18 行 Y y >yay(夏天)：其中的第 2 字,在瓦西里耶夫给出的整面图版中,近似于 𐰀> e 或 𐰋>b,在其局部图版中为 𐰘> y。兹据后者。只是此处 yay(夏天)带有前元音字 𐰘> y,此与元音和谐律相

〔1〕 图版和摹写见 Alımov 2014,第 229 页,换写、转写和译文见同书第 157 页;又见白玉冬《突厥鲁尼文原字 ⋈ 的释音》,待刊稿。

〔2〕 ED, p. 614.

悖。另,据枡本哲给出的图版,第 5 字(𐰀) >a 的上方有汉字残余笔画。笔者意见应为“卿”。即,该面竖刻的汉字是“易州涞水西炮营内石匠福卿之子”。

D19 行 Y L ŋ̇ š> yalngus(只有,唯独):其中的第 4 字𐱁> š,近似于 𐰪 >ñ。

D21 行 W z m> ozum(优胜者):前两字也可转写作 uz(技术高),然第 3 字 m 语法上难以释清。此处姑视作动词 oz-(超越)的派生名词,然不敢断言确切。

D22 行[y ü z b š i] >yüz baši̇(百人长):根据碑文整体内容,可推知墓主人是 Az 族的领主,Az 族概有一千户。然则,此处 on sü är(10 名军队)后续百户长 yüz baši̇ 方能与碑文内容相合。故做此复原。

E69 车尔查瑞克(Cher Charyk)碑

位置:F. Ya. Kon 1902 年发现于赫姆奇克河北岸车尔查瑞克地方。1963 年,由 D. M. Nasilov 搬移至米努辛斯克博物馆。馆藏编号不明。

物理形态:石碑由灰色砂岩制成,四边形,表面处理良好,棱角分明。有一个圆圈和一些模糊的标识痕迹。第 1—2 行在一面,第 3 行在另一面,文字残损。年代约 8—10 世纪。见图版 E69。

规格:高 88 厘米,宽 14 厘米,厚 12 厘米。

主要研究:Vasilyev 1983, pp. 36, 72, 114;Kormushin 2008, pp. 60 - 62;Aydin 2013, pp. 155 - 157 等。

1 𐰀𐰯𐰘𐰇𐰼𐰚𐰭𐰀: 𐱃𐰢: 𐰯𐰇𐰠𐰾𐰀: 𐰲𐰲𐰢𐰀

a p y ü r k ŋ a: T m: p ü l s a: č č m a

apa yüräkingä atïm pülüs-ä čačïm-a:

2 𐱃𐰀𐰣 𐰚𐰼𐰺𐰆𐰴𐰠𐰺: 𐰽𐰖𐰠𐰣𐰢𐰖𐰣𐰀: 𐰾𐰖𐰣(𐰢𐰀)

T a t ŋ r i uQ W L̇ i：D R L̇ Ṫ m z a：s z (m a)

ata tängri qulï adïrïltïmïz-a esizm-ä

3 ///𐰺𐰤///𐱃/// 𐰉 ///𐰆 𐰖///

///r n///T///b///W Y///

//////////

[1] 由于祖先的心，我的名字是 Pülüs，啊！我的赭石(石国)啊！[2] 我们离别了父亲神之奴(或天之奴)啊！我的不幸啊！[3] ……

词注

1 行 a p>apa(祖先)：最初尝试读作 alp(勇敢)，但图片显示文字确切是 a p。

1 行 p ü l s>pülüs：王丁教授赐教，吐鲁番中古波斯语摩尼教文书 M433a+M3706(Sundermann 解读)中出现人名 pwlys，《圣经》人名保罗的希腊拉丁语形式，景教粟特语拼写作 pwlws。Pülüs 大概率是 pwlys 或 pwlws 的古突厥语形式。

1 行 č č>čač(赭时，石国)：最初尝试读作 ečič，视作 eči(兄长，叔叔)的昵称。鉴于此前墓碑主人名 Pülüs 大概率属于非突厥语人名，且 E52 埃列格斯特(Elegest)第二碑出现 č č>čač(赭时，石国)，兹作此转写。

E98 威巴特(Ujbat)第六碑

位置：1959 年由 A. N. Lipsky 发现于威巴特河沿岸，现保管于阿巴坎市哈卡斯博物馆内。

物理形态：明色砂岩制成，两面各 3 行，共 6 行文字。年代约 10—11 世纪。见图版 E98。

规格：高 260 厘米，宽 60 厘米，厚 18 厘米。

主要研究：Vasilyev 1983, pp. 27, 76, 106; Kormushin 1997,

pp. 117－123；Kormushin 2008，pp. 157－158；Amanzholov 2003，pp. 145－150；Aydin 2013，pp. 187－189；白玉冬 2018 等。

1 [Old Turkic runic text]

r B W ŋ̇ Y W L：Q z G N D m a：B ü k（m）d m：m ///

är bung yol qazɣandïm-a bükmädim///

2 [Old Turkic runic text]

[B] ŋ̇ a：D R L D ŋ̇ z：č s G a：Q i r Q r g：Q ŋ̇ s z Q a L ///

bung-a adïrïldïngïz：ič asïɣ-a qïrq ärig qangsïz qal///

3 [Old Turkic runic text]

ïQ R Q N：y i r n L D W uQ D a：（z）G L G T W ŋ̇ z t g：t r g b g：s i z

qïr qan yirin alduqda azïɣlïɣ tonguz täg tiräg bäg siz

4 [Old Turkic runic text]

ŋ č B R s t r g：b g m Y ṡ i r d m// s i z a

angčï bars tiräg bägim yasï ärdäm// esizm-ä

5 [Old Turkic runic text]

/ / l / č r r t（m）// s k（z）W（G）W z（ŋ）：b g i

//ilig čor ärtim //säkiz oɣuzing bägi

6 [Old Turkic runic text]

ü l r t m：k ü ük b ü r i：Q R ṡ B G N：ü l r t m a

ölürtim kök böri qars baɣïn ölürtim-a

[1]我把男人痛苦的路程努力（走完）了！啊！我没有感到满足……[2]悲痛啊！你们离别了，家里的宝贝啊！把40个男儿失去了父亲而留在……[3]当夺取葛儿汗（Qïr Qan）的领土时，谛略匐（Tiräg Bäg），您像长着獠牙的野猪一样。[4]我是按赤末斯谛略匐（Angčï Bars Tiräg Bäg），清纯高尚的品德…… 我的不幸啊！[5-6]……我是国王的啜（Čor）……我杀死了八姓乌纥（Säkiz Oɣuz）的匐（Bäg），我杀死了青

狼皮(Kök Böri Qars)部族(Baγ),啊!

词注

2行 č s G ＞ič asïγ：直译为“内部的利润,利益,有利条件,益处”等。据此后谈到死者的40个儿子而言,此处代指家庭内部带来益处的成员,即死者的孩子。姑转译为“宝贝”。

3行 ïQ R Q N＞ qïr qan(葛儿汗)：瓦西里耶夫换写、摹写均作W R Q N;爱丁等摹写同瓦西里耶夫,转写作 orqon(鄂尔浑);科尔姆辛、阿曼吉奥洛夫和哈萨克斯坦“文化遗产”网站摹写均作 W Y G R Q N,转写作 uyγur qan (回鹘汗),其中科尔姆辛在前面补加 küč＞küč(力量),阿曼吉奥洛夫的 W Y 为推测复原。据瓦西里耶夫给出的图版,笔者释读作 ïQ(图版1)的文字前(右侧)根本没有文字,且该字相比同碑文 G(如第3行第15字,图版2),不仅缺少 G 的右上部,且左上部与正下方的竖线之间有一明显的横线相连。瓦西里耶夫的摹写和换写,以及爱丁的转写 orqon(鄂尔浑),就 orqon(鄂尔浑)之名出现在回鹘汗国碑铭中而言,极具魅力。不过,相比同碑文W(如第1行第6字,图版3),该字并不向右方尖出呈>状,而是部分像汉字“中”的左半部,呈ᒥ状。该字与 E49 拜布伦第2碑铭第3行第13字、第4行第19字相同。[1] 关于柏布伦第2碑铭的该字,科尔姆辛把第3行的转写作 s,把第4行的转写作 š,[2]爱丁均读作 qïš,[3]阿曼吉奥洛夫均转写作 š。[4] 不过,瓦西里耶夫换写作 Q,并在叶尼塞碑铭的字体表上归类为 ïQ◁。[5] 笔者以为,在拜布伦第2碑铭中,该字完全可以按瓦西里耶夫读法,视作 ïQ◁ 的异体字。其第3行的相关文字可转写作 T W ïQ m,转写作 toqïm,视作动词

[1] Vasilyev 1983, pp. 30, 69, 108.
[2] Kormushin 1997, pp. 172 - 174.
[3] Aydin 2013, pp. 126 - 127.
[4] Amanzholov 2003, pp. 131 - 132.
[5] Vasilyev 1983, p. 7.

toqï-(击败)后续构词词缀-m 而形成的名词。同样情况可见 ölüm(死亡)、ičim(饮料)。此种读法与之后的 yaγï(敌人)正好呼应,二者共同构成“击败的敌人”之义。而第 4 行的相关部分,可换写作 R Q ïQ,转写作 arquq(固执的、倔强的),[1]与之后的 el(地方)相结合,构成“险要之地”的意思。是故,笔者把出现于此的该字读作 ïQ,与之后的 R 连读作 ïQ R > qïr,视作是限定 Q N> qan 的称号。笔者以为,qïr qan 与“葛儿汗”有关,详见后文。

图版 1

图版 2

图版 3

图版 4

5 行 s k (z) W (G) W z> säkiz oγuz(八姓乌纥,八姓铁勒,八姓乌古斯):瓦西里耶夫和爱丁读出了开头的 s k,但把末尾三字读作 Q i z。如图版与摹写(见下一页)所显示,在笔者读作 G、上述二位读作 Q 的文字上方,有一与行文方向几近 90°的近似 ^ 状文字。该字读作 W 或 N 均可。按部族名称 säkiz oγuz 之名还出现于回鹘汗国希内乌苏碑而言,[2]该名称出现于此并不令人感到意外。且 k 左侧文字,据其残余笔画复原作 z,亦完全可能。据希内乌苏碑相关内容,säkiz oγuz 是与九姓达靼一同发动针对回鹘统治之叛乱的部族集团。就拔野古部首领大毗伽都督是这场叛乱的领导者而言,八姓乌纥可能是指回纥部除外的九姓乌纥中的八个部落。[3] 日后的乃蛮部之乃蛮在蒙古语中是“八”之义,故前田直典以为 säkiz oγuz 后来发展成为乃蛮部。[4] 关于此处出现的 säkiz oγuz 与乃蛮之关系,笔者曾略作介绍,详见白玉冬 2018。

---

〔1〕 ED, p. 216.
〔2〕 东面第 1 行,参见白玉冬 2013b,第 85 页。
〔3〕 白玉冬 2013b,第 103 页注释 säkiz oγuz。
〔4〕 前田直典 1948,第 249 页。

6行 k ü ük b ü r i：Q R s B G ＞kök böri qars baγ（青狼皮部族）：其中的 Q R s，多出现于敦煌出土回鹘语粟特语写本文献中，是毛织品的一种，粟特语作 x'rs，汉语作褐子。[1] 克劳森解释作"衣服"。[2] 按原义，该句大概代指穿戴狼皮服装之部族。《周书》卷 50《突厥传》言"侍卫之士，谓之附离，夏言亦狼也"。[3] 据此可知，"青狼皮部族"是八姓乌纥君主的侍卫。

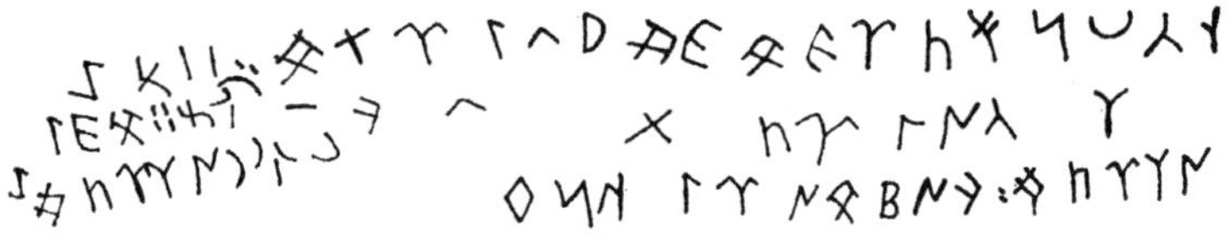

E100 巴彦考勒（Bayan Khol）碑

位置：瓦西里耶夫（D. D. Vasilyev）在 1971 年发现于距叶尼塞河北岸 40 公里的巴彦考勒之东北，现存克孜勒博物馆。

物理形态：碑石由数片细纹砂岩组成，文字镌刻于最大一块的四面。据科尔姆辛介绍，印记主体部分为䒑。年代约 9—10 世纪。见图版 E100。

规格：最大块高 134 厘米，长 25 厘米，宽 15 厘米。另一块高 118 厘米，长 41 厘米，宽 10 厘米。[4]

主要研究：Vasilyev 1983, pp. 42 - 43, 76, 120 - 121; Kormushin 1997, pp. 247 - 252; Kormushin 2008, pp. 158 - 159; Aydin 2013, pp. 190 - 191 等。

---

〔1〕 Hamilton 1986, p. 234; Sims-Williams and Hamilton 1990, p. 87.

〔2〕 ED, p. 663.

〔3〕 北京：中华书局，1974 年，第 909 页。

〔4〕 瓦西里耶夫介绍作一方碑石，高 266 厘米，长 27 厘米，宽 16 厘米。据彩色图版，应为 2 方碑石。

1 

b R S (y) T a (W?)//////

< b>ars < y>ïta//////

2 

e l m Y T (W) z m ü ük nč g b ük m d m

elim yutuzum öküněüg bükmädim

3 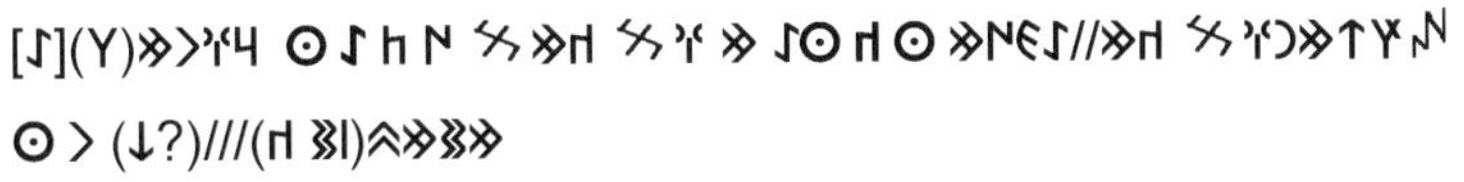

[e] (l) m W G R nt a t ü z m Q z G m a ŋ̇ Q ŋ̇ m ü g a //m Q z G N m uQ š n ŋ̇ W (uQ?)///(Q D s) T m D m

elim uγurïnta tözüm qïz aγmang qangim ögä////m qazγanmaq isining////////qadaš atmadïm

[1]末斯,无能为力,万分悲痛!……[2]我的国家!我的妻子!我心存遗憾。[3]在我的国家,我的本性高贵。你们不要吃惊变色,我父亲是于伽……你们要勤于努力。……我没有抛弃亲属。

词注

1行 b R S (y) T a >< b>ars < y>ïta:其中的第4字 y,读作后舌音字 R 也未尝不可。而且,按此读法,则第3、4、5字可转写作 S R T>sart(商人),似乎是个不错的选择。不过,此处第2字虽然可视作突厥碑文标准写法 n 的右下部脱落所致,但对比第3行 š n ŋ̇ > isining(你们要勤奋)的 n 的写法,无法视作是 n 的变体或误写。即,第1、2字代表第一人称主格 bän 的可能性不大。故,读作 S R T> sart(商人)虽很有魅力,但难以解决连带问题。相反,人名 bars(虎),以及频繁出现在叶尼塞碑铭中的表示悲伤的语气词 yïta 出现于此并无不妥。而且,该碑铭他处并未出现后舌音字 B 与后舌音字 Y,即此处存在以前舌音字 b 与 y 分别代书 B 与 Y 的可能。据此,笔者将第1字 b 视作是 B,第4字 y 视作是 Y 的误写,整句译作"末斯,无能为力，万分悲痛”。

2行 Y T (W) z m> yutuzum：W只能见到下半部，“我的妻子”之义。

2行 ü ük nč g b ük m d m> ökünčüg bükmädim：其中，末尾的 d m 在 b ük 上方反方向小写。整句直译为“我对遗憾的事情没有感到厌恶”。[1] 此处转译作“我心存遗憾”。

3行 t ü z m Q z>tözüm qïz：关于 töz（根，基础，起源）和 qïz（昂贵，稀有）参见克劳森解释。[2] “我的本性高贵”之义。

3行 G m a ŋ̇ > aγmang：aγ-（变色）据克劳森解释。[3] “你们不要吃惊变色”之义。

3行（Q D s） T m D m> qadaš atmadïm：反方向倒写于第2行后，“我没有抛弃亲属”之义。

3行 Q z G N m Q š n ŋ̇ > qazγanmaq isining：其中的 qazγan-有“赚取报酬，增加利润，为成功而努力，为获得而努力”等多种含义。[4] 至于 isin-，克劳森给出有“使暖和，热情地干，使友好，使满足”等意思。[5] 庄垣内研究的回鹘语佛教文献中，isin-对应汉语“勤”。[6] 故，此处取“勤”义，整句译作“你们要勤于努力”。

E108　乌尤克欧尔匝克（Uyuk Oorzaq）第一碑

位置：图瓦历史语言文学科考队1974年发现于乌尤克盆地附近的欧尔匝克平原，现存图瓦博物馆。

物理形态：鹿石由四面体深灰色砂岩制成。上有多个动物图案和4行鲁尼文铭文。年代约8—10世纪。见图版E108。

---

[1] ökünč（悔恨，遗憾）见 ED p. 110；bük-除“弯曲”之义外，还有“对某物感到厌恶”之义，见同书第324页。

[2] ED, pp. 572, 680.

[3] ED, p. 77.

[4] ED, p. 683.

[5] ED, p. 248.

[6] 庄垣内正弘1985，第99页。

规格：高 364 厘米，宽 22—31 厘米，厚 23—31 厘米。

主要研究：Vasilyev 1983，pp. 15，77，85；Kormushin 2008，pp. 66－69；Aydin 2013，pp. 199－201 等。

1 [illegible]

r r d m m (a) s ük i Y uQ e r (m i ṡ č) N (b)l g r：Y uQ：e d z W uQ nč / ：Y ṡ m s///

är ärdämim-ä söki yoq ärmiš čin bilig är yoq ediz qunčuy yašmïš///

2 [illegible]

e l m k a：Q r G Q r d m m：b e ṡ y g r m r：ü l r m ṡ m///

elimkä qarγaq ärdämim beš yegirmi är ölürmišim///

3 [illegible]

W L ṡ m n：ṡ b s ṡ：W Y uQ e n：l g Q：W W：e g ü k Y W Q：e n///G W Y//r ü n e č：Y e ü//

ulušïmïn sub saš uyuqïn elig aq oo ig ök yoq //////////

4 [illegible]

m (a) n：l T Y W G l i：(b)ü g ü：T i m：t ŋ r i：g//////b ŋ k u：g//l m(i n)：m n

män el tay oγlï bögu atïm tängri///bängkü/////män

[1]我男儿的品德是前所未有的。真正睿智的男儿没有了。阿跌(Ediz)公主 Yašmïš(或：躲藏了?)……[2] 把我诅咒的男儿能力！向我的民众[给予]。我杀死了 15 名[敌人的]战士……[3] 由于我的国度，由于领地(原义是水和原始地标)，由于国王——白色王才没有疾病……[4] 我是 El Tay(国驹之义)的儿子匐惧(Bögu)，我的名字是神

圣的……永远……我。

词注

1 行 s ük i>söki：Aydin 2013 读作 g s ük i>ägsüki。然其读作 g 的文字，更接近 a。söki 有前任、以往之义。[1] 与前后文义正合。

1 行（č ）N（b)l g>čïn bilig（真正睿智）：前人未能释读出。其中的 čïn 是汉语“真”的音写。在回鹘文文献的研究中，多把此字写作前元音字 čin。此处以后元音字标记，提供了一个新的词例。

1 行 e d z>ediz（阿跌）：前人未能释读出。铁勒部落名称，汉文记作阿跌。

1 行 W uQ nč：Y>qunčuy（公主，实指妻子）：W 和 uQ 的前后顺序颠倒。另，Y 在图版上未见到，兹据瓦西列耶夫素描复原。

2 行 Q r G Q>qarγaq（诅咒）：瓦西里耶夫和 Aydin 均读作 Q z G Q。然第 2 字并非 z，而是 r。据词典介绍，qarγaγ 是诅咒之义。[2] 此处 qarγaq 是 qarγaγ 的尾音-γ 的清音化形式。据紧后面的 ärdämim（我男儿的能力）而言，墓主有诅咒能力，可能是巫师。

3 行，以 Aydin 2013 的最新研究为主，前人多未能给出完整的转写，且换写与笔者差异巨大，兹不赘述。

E147　埃尔别克（Eerbek）第一碑

位置：发现于距叶尼塞河北岸埃尔别克县相距 19 公里的 Ongar Khovu 地方，现存图瓦博物馆。碑石为紫色砂岩，共 5 行。碑石底部有卝状印记。年代约 10 世纪。见图版 E147。

规格：高 270 厘米，长 36 厘米，宽 28 厘米。

主要研究：Kormushin 1997，pp. 252 - 254；Kormushin 2008，

---

〔1〕 ED，p. 819.
〔2〕 ED，p. 653.

p. 164；Aydin 2013，pp. 235 - 236 等。

图版：见 http：// irq. kaz- npu. kz. 网站，（2020 年 3 月 1 日后无法访问该网站）。

1 [illegible]

y e t e y g r m（i） Y š m（a m） [n] t（ŋ r i e）l m k a：Q Y a B W L D i m：s z Y i T a s n（a）

yeti yegirmi yašïma män tängri elimkä qaya boldïm esiz yïta esi< z > -ä

2 [illegible]

（Q）W Y D a（Q W ）nč W Y m a b ük（m） d（m） Y i（T a）B W（ŋ̇ ） a s z m a（W G）L m Q a b ük m d m Y i T a B W ŋ̇ a

quyda qunčuyuma bükmädim yïta bung-a esizm-ä oγulumqa bükmädim yïta bung-a

3 [illegible]

W G L N T m y r l g（č W）R：t ŋ r i e l m d a：t g（i） n [t]（i） m t（ŋ） r i Lp T R Q N T m Q a：b ü ük m d m

oγulan atïm yerlig čor tängri elimdä tägintim tängri alp tarqan atïmqa bükmädim

4 [illegible]

k（ü） ük t ŋ r i d a s z：k ü n Y r m s Y G z y（r） d a s z（e） l QN r m s：b ü ük m d m：Y i T a：s z a

kök tängridä esiz kün ay ärmiš yaγïz yirdä esiz el qan ärmiš bükmädim yïta esiz-ä

5 [illegible]

B W D N m a B ük n m a b ük (m)d m Y i T a：s z m a：W L G m：k č g m a：b ük m d m a：Y T a：s z l r m a

bodunïma bo＜qunï＞ma bükmädim yïta esizm-ä uluγum kičigim-ä bükmädim-a yïta esizlärm-ä

[1]在我17岁时，我前往我的天国。不幸！无能为力，万分悲痛！不幸！啊！[2]我对溪谷里的我的公主（妻子）依依不舍，无能为力，万分悲痛！悲痛！啊！我的不幸！啊！我对我的儿子依依不舍，无能为力，万分悲痛！悲痛！啊！[3]我小名是拽历啜（Yerlig Čor），我到达了我的天国。对我的称号登里合达干（Tängri Alp Tarqan），我依依不舍。[4]苍天上有不幸的日月！褐土上有不幸的国家之汗！我依依不舍，无能为力，万分悲痛！不幸！啊！[5]我对我的民众依依不舍。无能为力，万分悲痛！我的不幸！啊！我对我的大小（亲人）依依不舍，啊！无能为力，万分悲痛！我的众多不幸！啊！

词注

图版：Vasilyev 1983 未给出此碑文的图版、摹写和换写。笔者释读据2016年4月11日 http：// irq. kaz- npu. kz 网站图版。以下图版即由上述网站下载。惜自2020年3月1日起，从国内无法访问上述网站，相关图版未能完整下载。

1行Q Y＞qay-：科尔姆辛读作qara，但难以解释。qay-在今图瓦语中仍有访问之义。[1]

1行s z＞esiz：科尔姆辛读作bükmädim，然没有其所需4—5字空间。其中的s清晰可见，仔细观察可见到z。

1行s n (a)＞esi＜z＞-ä（不幸啊）：此据科尔姆辛意见，n为z之误写。不过，叶尼塞碑铭中亦有z写作𐰕。但与之前的z的写法不同。

[1] ED，p. 674.

4 行 s z>esiz：esiz 原义为“坏的，恶作剧的”。对日月与汗而言，“坏事”当为墓主之死。故取表示情态的形容词之义。

5 行 B ük n>bo<qunï>ma：此处以前舌音文字 ük 与 n 代书 uQ 与 N，概为误刻。

E149 埃尔别克(Eerbek)第二碑

位置：与 E147 同时发现于距叶尼塞河右岸埃尔别克县相距 19 公里的 Ongar Khovu 地方，现存图瓦博物馆。碑石为紫色砂岩，顶部呈圆弧状，渐窄，顶部文字偏移。不规则 4 面，共 9 行。其中，第 4 行自左向右反向逆写。碑石底部有状印记。年代约 8—10 世纪。见图版 E149。

规格：高 141 厘米，长 43 厘米，宽 27 厘米。

主要研究：Kormushin 1997, pp. 254 - 256；Kormushin 2008, pp. 165 - 166；Aydin 2013, pp. 236 - 237 等。

图版：见 http：// irq. kaz- npu. kz.（2020 年 3 月 1 日后无法访问该网站）。

1 

T W ŋ a k ü l g：T R Q N：b (a)g m(n)

tonga külüg tarqan bäg män

2 

r：r d m m

är ärdämim

3 

k ü k t ŋ r i d a：k ü n Y s z m a：b ük m d m

kök tängridä kün ay esizm-ä bükmädim

4 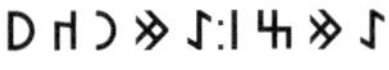

Y Q N m a：s z m a

ay qanïm-a：esizim-ä

5 

Y T a

yïta

6 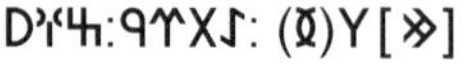

Y G z：y r d a：(e) l [m]

yaγïz yirdä elim

7 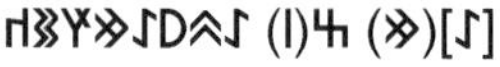

Q D š m a Y T a (s) z (m) [a]

qadašm-a yïta esizm-ä

8 

(m) n //////// m / i

män////////

9 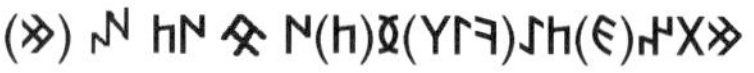

(m)n t ü b ü(t) e (l i k)a t (g)n d m

män tübüt elikä tägindim

[1]我是同娥俱录达干匐(Tonga Külüg Tarqan Bäg)。[2]我的男儿的品德啊![3]苍天上的日月,我的不幸!啊!我依依不舍![4]哎!我的汗啊!我的不幸啊![5]无能为力,万分悲痛![6]褐色大地上的我的国家![7]我的家属!啊!无能为力,万分悲痛!我的不幸!啊![8]我……[9]我到达了吐蕃国(Tübüt Eli)。

词注

图版：Vasilyev 1983 未给出此碑文的图版、摹写和换写。笔者释读据 2016 年 4 月 16 日 http：// irq. kaz- npu. kz 网站图版。以下图版即由上述网站下载。惜自 2020 年 3 月 1 日起，从国内无法访问上述网站，相关图版未能完整下载。

8 行(m) n ///////// m / i>män/////////：科尔姆辛与埃尔汗·爱丁等人均未发现。据紧下面提到到达吐蕃国，且参考 E59 内容而言，män 紧下面或可复原做 elim üčün（为了我的国家）。

9 行(m)n t ü b ü(t) e (l i k)a t (g)n d m > män tübüt elikä tägindim（我到达了吐蕃国）：科尔姆辛读作 t ü p t ü p ä d ä b i r k ä t ük n d i m ä>töp töpädä birkä tükändimä（我在顶上整一天干枯[耗尽?]）。埃尔汗·爱丁等人读作 töpöt üpede? birke tükendim e（我死在吐蕃? 国?），以示存疑。tükän-原义为"停止、终了"或"疲惫、耗尽"。科尔姆辛虽作转译，但其解读出来的内容与碑文整体内容并不融洽，令人生疑。其中，t ü b ü t 的末尾的 t 只见下半部分，但之后的 e 确切可见，e 后面的 l 可见到下半部。唯前人读作 p 的文字，笔者看来应是 b。后突厥汗国碑文上的吐蕃写作 t ü p ü t> tüpüt。[1] 叶尼塞碑铭中，哈卡斯地区出土的阿勒坦湖第 2 碑(E29)，记录墓主作为使者出使吐蕃 t ü p ü t> tüpüt。[2] 关于阿勒坦湖第 2 碑的年代，巴赞认为是在黠戛斯南下的 840 年至 9 世纪末，很可能属于 840—848 年之间。[3]《新唐书》卷 217 下《回鹘传下》黠戛斯条云"然常与大食、吐蕃、葛禄相依杖，吐蕃之往来者畏回鹘剽钞，必住葛禄，以待黠戛斯护送"。这段内容反映的是回鹘与吐蕃发生北庭争夺战的贞元六年(790)之后不久的情况。[4] 笔者以为，阿勒坦湖第 2 碑所言出使吐蕃属于黠戛斯与吐蕃直接发生接触的 8 世纪末的可能性更大。而回鹘语文献，由于 P、B 写法相同，仅依据文字，实际上我们无法了解到当时的发音是 tüpüt，还是 tübüt。[5] 此处的 t ü b (ü) t > tübüt，相比后突厥汗国碑铭与阿勒坦湖第 2 碑，p

[1] 阙特勤碑东面第 4 行，毗伽可汗碑东面第 5 行。见 Tekin 1968, pp. 232, 264；耿世民 2005，第 121、151 页。

[2] 第 8 行。见前文 E29 译注。

[3] 巴赞 1991，第 126—127 页。

[4] 森安孝夫 1979，第 252 页。

[5] 如回鹘文密宗文献残卷中，柏林藏 U3568 文书背面第 1 行出现 TWYPUT，参见 Kara and Zieme 1976，第 79 页，图版 47。

音浊化为 b 音。据巴赞之说，叶尼塞碑铭中，清辅音的浊化现象，反映相比突厥碑文，这些碑铭在语言上存在更发达的形式。[1] 如是，E149 碑铭年代要晚于突厥与回鹘时期。进言之，此处所言“到达吐蕃国”，或许未必与吐蕃本土直接相关，可能与 9 世纪后半叶在河西走廊活动的吐蕃部落有关。[2]

威巴特(Ujbat)第九碑

位置：1976 年由苏联考古学者库兹拉索夫(I. L. Kyzlasov)发现于威巴特河河谷地带。

物理形态：天然岩石上镌刻有 9 行短小鲁尼文。其中，第 3 行自左向右镌刻。字迹漫漶。年代约 9—10 世纪。见图版威巴特(Ujbat)第九碑。

规格：不明。

主要研究：Kyzlasov 1987, pp. 21 - 22；Klyashtorny 1987, pp. 33 - 36；白玉冬 2014。

1 𐱅𐱅𐰺:(𐰖)𐰏𐰃𐰞𐰱𐰃(𐰽)𐰤

T T R：(Y) G i l ič i (s) n

tatar yaγï eli ičisin

2 𐰀𐰏𐰲 𐰣 𐰋𐱁𐰋𐰼𐰇𐰼

a g č n b š b r ü r

ägäčin beš berür

---

〔1〕 巴赞 1991，第 131 页。

〔2〕 据山口瑞凤介绍，敦煌出土斯坦因所获藏文文书 Ch. 73Ⅳ收有马年 leng cu(凉州)仆射给沙州和瓜州刺史之信件，其中谈到黠戛斯攻击楼馆。据山口意见，该年为 863 年。如是，黠戛斯在 863 年左右仍在河西一带活动。而河西地区在 851 年之前受吐蕃统治 80 多年，吐蕃统治结束后仍有大批吐蕃遗民在河西活动，且后吐蕃时期藏文曾长期在河西地区行用。故，河西走廊一带的吐蕃部落存在被称为吐蕃国的可能。相关介绍，见山口瑞凤 1985，第 511 页。

3 𐰋(𐰤)

b（n）

bän

4 //𐰋𐰚𐰃𐰢𐰃𐰤

//b k i m i n

// ekimin

5 //𐱁𐰇𐰋𐰃𐰼𐱅[𐰢]

//š ü b i r t[m]

//šü birtim

6 𐰋(𐰠)𐰏𐰀////

b(l)g a ////

bilgä/////

7 𐰚(𐰠)𐰼///

k(l) r////

kälür////

8 𐰋𐰏 𐰋𐰠(𐰀)𐱃𐱃𐰺(𐰴𐰀)

b g b l a T T R（Q a）

bäg bilä tatarqa ///

9 ///𐰚𐰠𐰼 /////

///k l r /////

///kälür ///

[1-2]敌国达靼国，把壮男少女送来五人[3] 我[4]……把我自己的两人[5]我……了。[6] 毗伽……[7] 带来……[8] 和匐一起向达靼……[9] 带来……

词注

1 行：库兹拉索夫与克里亚施托尔内分别正确解读了 tatar 与 yaγïeli，笔者读出了第 6、8、10 号文字 i、ič、n。其中，i 的长牙向左方突出，伸入左侧 r 顶端的右下方。这种写法，多见于叶尼塞碑铭。[1] 之后的 ič，在库兹拉索夫给出的照片上，可裸眼观察到。最后的 n，写法接近于突厥、回鹘碑铭的 z，亦见于叶尼塞碑铭。[2] 另名词 iči 与表示第三人称客体格的接尾辞＋in 之间，刻有 ¦ 字。[3] 此文字若按停顿符号 : 来处理，则有悖于古突厥语语法。考虑到碑铭年代久远，受到风化等因素，此处读作 ǀ，解释作 iči 与＋in 之间应有的中介辅音 s。

2 行 a g č n>ägäčin：前人读作 i 的第 1 个文字，根据照片发现其下端带有伸向左上方的小勾，实应读作 a。如此，该行 a g č 三字，可复原作 ägäč。喀什噶里（MahmūdKāšγāri）的《突厥语大辞典》（Dīwā Luγāt at-Turk），以及克劳森（G. Clauson）的《十三世纪以前突厥语语源词典》均未收入该词。[4] 然克劳森收有 äkäč 一词，是 äkä（姐姐）的昵称。[5] 如回鹘文字不区分 k 与 g 的写法，古突厥语中 k 音与 g 音似比较容易混淆。另外，第 1 行末尾 ičisin 的 iči 是“哥哥，叔叔”之义。考虑到古突厥语存在近义词重叠现象，此处的 ägäč 视作 äkäč 的讹化音，概无问题。

2 行 b š>beš：笔者最新读法。其中，š 向左上方倾斜。

3 行 b (n)>bän：前人未注意到此行。从左端开始，能够见到小于同一碑铭其他文字与 n 的残余笔画。

4 行 k i m i n>ekimin：克里亚施托尔内解释作 ekimiz（我们两人）。然其读作 z 的文字，虽不如前面第 2 行 ägäčin 的 n 长大，但与第 1 行末的 n 相同。

5 行 š ü b i r t[m]>šü birtim：克里亚施托尔内读作 k ü l ü r，解释作 külür（笑，高兴）。然按此读法，文义难通。能够确认到的第

---

[1] Vasilyev 1983, p. 7; Kormushin 1997, p. 18.
[2] Vasilyev 1983, p. 7; Kormushin 1997, p. 18.
[3] eči 见 ED, p. 20.
[4] CTD; ED.
[5] ED, p. 102.

3、4个文字 š ü ，一般可复原作 äsü/äšü，[1]但也有可能与前面的破损部分构成某一词汇，此处留待存疑。

6—9行：第6—9行前人未能识读。其中，第6、7行较为模糊，第9行文字很小。幸运的是，第8行较为清晰。其中，tatar（达靼）后面的Q字，只能见到下半部。不过，Q后面的文字，确切无疑应是a。据此，接在tatar（达靼）后面的＋qa，应是表示名词与格的词尾。按整体内容而言，第6行出现的bilgä（毗伽）即为碑铭主人。看来，该人物负责与达靼间的事务往来，是其让敌国达靼带来了五名男女。

[1] ED, pp. 240－241, 255－256.

发现与收获

叶尼塞碑铭存在大量异体字和多音字，且行文不遵守鲁尼文碑刻正字法，这使得解读和研究工作相比突厥汗国和回鹘汗国的大型碑文，更为困难。百年来的研究积淀，为笔者的再释读提供了便捷的条件。不过，由于受镌刻浅薄、字迹模糊等诸多因素影响，前人关于叶尼塞碑铭的释读尚不能称为定案。为确保有新的发现，笔者对约145方(条)叶尼塞碑铭逐字逐句进行了识别认读和归纳整理。本书就是对其中历史文献学价值相对较高的、以墓志铭为核心的68方(条)碑铭的解读成果。以下着重对有别于前人释读的新发现进行简要介绍。其他，如与突厥回鹘碑铭的共有特点，与前人观点相同的，或是学术界常识等，尽可能不再一一重复。

一、语言学方面

1. 以专用文字表示古突厥语的第9个元音e。关于古突厥语前元音ä与i之间的轻元音e，突厥回鹘的大型碑文并未以专用文字表示，回鹘文以字母 'Y 或 Y 书写。不过，在叶尼塞碑铭中，有一个专用字母𐰅 / 𐰄用于表示e音。如，𐰅𐰠𐰏>e l g>elig(国王)。不过，𐰅有时还用于表示i音或ï音。

2. 清音的浊音化现象。如，qunčuyumγa(对我的妻子)的-γa，ürüngümgä(朝着我的贵族)的-gä，分别是名词与格词缀-qa和-kä的浊化音，č G R>čaγar是čaqar的浊化音。

3. 浊音的清音化现象。如，bängü（永远）有时写作𐰋𐰭𐰚𐰇>b ŋ k ü>bängkü（E48，E68），𐰴𐰺𐰍𐰴>Q r G Q>qarγaq（诅咒）是 qarγaγ 的尾音清音化形式（E108）。

4. 关于汉语借入词的新发现。除为人所知的 qunčuy（公主）、čigši（刺史）、totoq（都督）等外，此次解读还发现有 min（铭，E68），oo（王，E54、E68、E108）等汉语借入词。

5. r 音与 l 音的混用。如，L ïQ i ś>alqïš（商队）是 arqïš 的变音（E39）。

二、历史文献学方面

1. 关于部族名称的新发现。如，e d z>ediz（阿跌，E50，E108），z>az（阿兹，E16，E28，E68），s k（z）W（G）W z> säkiz oγuz（八姓乌纥，八姓铁勒，八姓乌古斯，E98），Q ŋ L>qanglï（康里，E30），qïtay（契丹，E24），käräy（克烈，E24）等。

2. 关于地名的新发现。如，S Y N > sayan（萨彦，E39），s Y N > sayan（萨彦，E68），ü č R G W>üč arγu（三阿尔古，E42），č č>čač（赭时，E52），B R š G>barsγan（拔塞干，巴尔斯汗，E52）等。

3. 关于北族特色词汇的新发现。如，č G R>čaγar（čaqar，柘羯，今译察哈尔，E55），č ŋ̇ ś i >čingisi（强者，E37），ïQ R Q N> qïr qan（葛儿汗，E98），R ïQ ś>arqïš（商队，E39，E68），s ŋ R m> sangram（僧伽蓝，E41），ü t k（n）>ötükän（于都斤，E24）等。

除此之外，叶尼塞碑铭还有望为我们提供一些珍贵的历史语言学材料。如，学术界有意见认为由于黠戛斯人操用的语言特点是词首 j 音，故被借入蒙古语中的古突厥语借词是 j 起始音，如蒙古语 jil（年）来自古突厥语黠戛斯方言的 jil（年）。不过，纵观叶尼塞碑铭，y 起始音词汇频现。而且，麻赫默德·喀什噶里在《突厥语大词典》中介绍黠戛斯人只讲一种纯粹的突厥语，汉籍言黠戛斯语言与回鹘“正同”。可以说，他者的记录和黠戛斯人自身留存的历史文献，均不支持上述意见。

关于叶尼塞碑铭之研究，不能仅停留在语言文字上。如何把在研究过程中的新发现与历史考释相结合起来，达到“知其然，更要知其所以然”，这是叶尼塞碑铭研究的最终目标。相关研究更要将其反映的历史、语言、宗教、文化等进行横向拓展与纵向延伸，方能体现叶尼塞碑铭之价值。如，关于后突厥汗国碑文记录的 az 族，相关考证性研究极少。而据笔者对 E68 碑铭的详细释读，发现碑文主人是部族 az 的首领，另 az 族名还出现于 E16、E28 碑铭中。可以推测出，az 族在 8—9 世纪是黠戛斯汗国的构成部分。此外，依据 E24 叶尼塞碑铭所记录的祈求 ötükän（于都斤）的护佑而言，看得出圣地于都斤崇拜不仅限于突厥回鹘，还曾在当今的图瓦地区流传，于都斤具备神灵的功能。进言之，于都斤最早的音值可推定为 ötük-kän，其中的 ötük 在中古蒙古语中有“大地”之义，于都斤即地神之山。此外，围绕叶尼塞碑铭中新发现的部族名称 az（阿兹）、qïtay（契丹）、käräy（克烈）、qanglï（康里）、ediz（阿跌），čač（赭时，石国），地名 barsγan（拔塞干，巴尔斯汗）、sayan（萨彦）、üč arγu（三阿尔古），特有表现 sangram（僧伽蓝?）、ötükän（于都斤）、yad（乞雨石）、sadan（撒旦?）等的历史学、文化人类学方面的考察，有待学界同仁的共同挖掘。

综上，突厥鲁尼文叶尼塞碑铭是祖国民族文献中的一朵绚丽瑰宝。受困于国内鲁尼文碑铭研究之现状，叶尼塞碑铭所蕴含的历史学、语言学、民族学等方方面面的学术价值，很难说在相关研究中得到了应有的体现。关于叶尼塞碑铭的整理与研究，可以为相关民族历史语言研究人员提供一批珍贵的第一手资料。历史学研究人员，更应该把有关叶尼塞碑铭的最新解读成果及时利用于历史学研究，从而在相关研究领域获得创新与突破，为国内相关学术的发展贡献力量。可以说，叶尼塞碑铭是剑河岸边的一团璞玉，有待我们学人精雕细磨，进一步挖掘它的学术价值。

图版部分

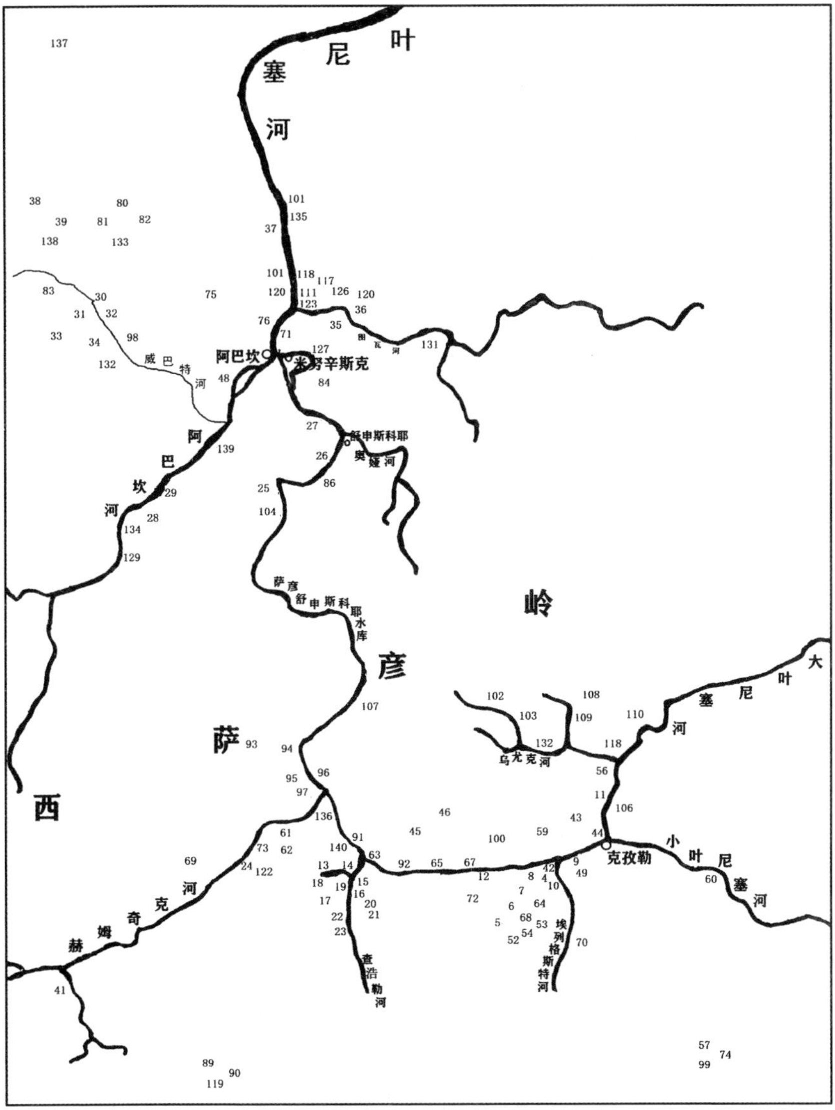

图 1　叶尼塞碑铭分布图(绝大部分)

据 Vasilyev 1983：D. D. Vasilyev，*Korpus Tyurkskikh runicheskikh pamyatnikov basseyna Eniseya*，Leningrad，1983，p. 10 补充改正。

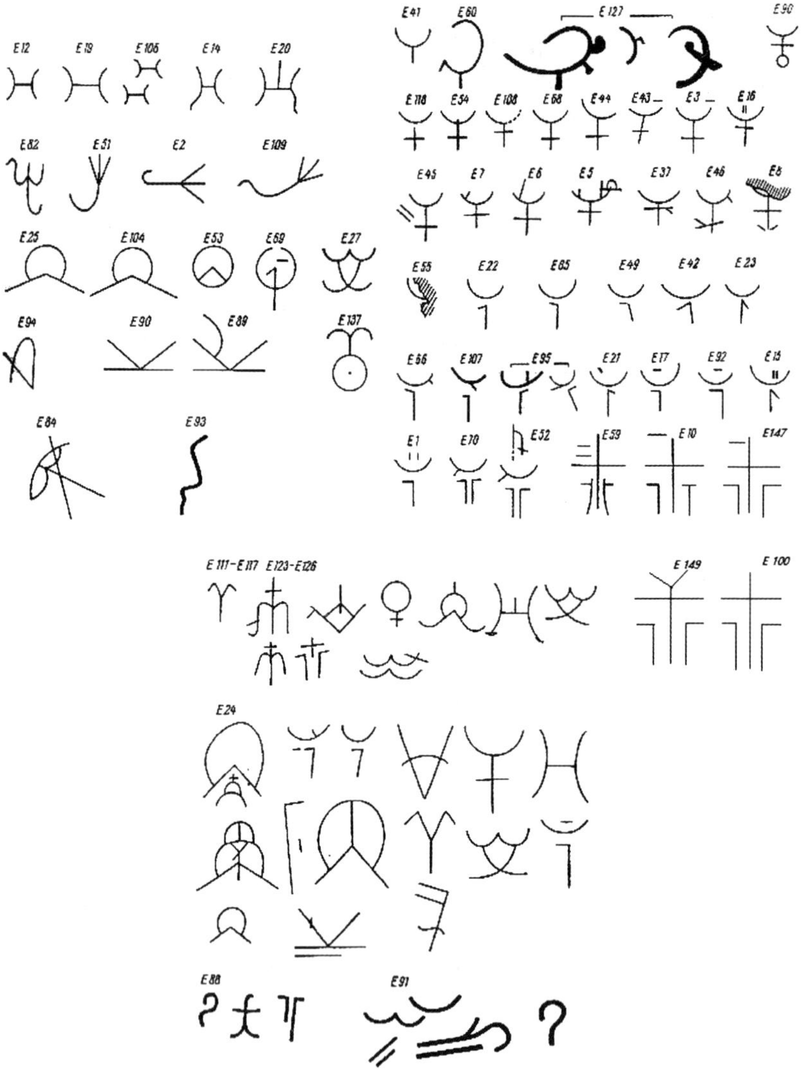

图 2 叶尼塞碑铭印记图

据 Vasilyev 1983：D. D. Vasilyev，*Korpus Tyurkskikh runicheskikh pamyatnikov basseyna Eniseya*，Leningrad，1983，p. 52；Vasilyev 1991：D. D. Vasilyev，"New Finds of Old Turkic Inscriptions in Southern Siberia." in G. Seaman / D. Marks (eds.)，*Rulers from the Steppe: State Formation on the Eurasian Periphery*，Los Angeles，1991，pp. 116－125 补充。

词汇索引

（一）

M

O

Q

参考文献

(一) 中文(以汉语拼音为序)

阿不都热西提 1993：

阿不都热西提·亚库甫《鄂尔浑—叶尼塞碑铭语言名词的格位系统》,《新疆大学学报》(哲学社会科学版)第 21 卷第 1 期,1993 年,第 105—116 页。

阿不都热西提 1999：

阿不都热西提·亚库甫《鄂尔浑—叶尼塞碑铭的语言学研究：研究史分期的尝试》,《新疆大学学报》(哲学社会科学版)第 27 卷第 3 期,1999 年,第 104—107 页。

巴赞 1991：

路易·巴赞著,耿升译《突厥历法研究》,北京：中华书局,1991 年。

白玉冬 2011：

白玉冬《鄂尔浑突厥鲁尼文碑铭的 čü l g l(čü l g i l)》,《西域研究》2011 年第 1 期,第 83—92 页。

白玉冬 2013a：

白玉冬《十至十一世纪漠北游牧政权的出现——叶尼塞碑铭记录的九姓达靼王国》,《民族研究》2013 年第 1 期,第 74—86 页。

白玉冬 2013b：

白玉冬《〈希内乌苏碑〉译注》,朱玉麒主编《西域文史》第 7 辑,北京：社会科学出版社,2013 年,第 77—122 页。

白玉冬 2014：

白玉冬《叶尼塞碑铭威巴特第 9 碑浅释》,《民族古籍研究》第 2 辑,2014 年,第 143—149 页。

白玉冬 2017：

白玉冬《九姓达靼游牧王国史研究(8—11 世纪)》,第六批《中国社会科学博士后文库》,北京：中国社会科学出版社,2017 年。

白玉冬 2018：

白玉冬《葛儿罕称号考》,朱玉麒主编《西域文史》第 12 辑,北京：社会科学出版社,2018 年,第 233—247 页。

白玉冬 2019：

白玉冬《成吉思汗称号的释音释义》,《历史研究》2019 年第 6 期,第 45—58 页。

白玉冬 2021：

白玉冬《突厥鲁尼文原字 ⋈ 的释音》,《西夏学的黄金时代和中国民族史的新篇章——史金波先生 80 华秩纪念文集》,2021 年,待刊。

白玉冬、吐送江 2018：

白玉冬、吐送江・依明《蒙古国新发现毗伽啜莫贺达干碑文释读》,《敦煌学辑刊》2018 年第 4 期,第 6—16 页。

波塔波夫 1957：

波塔波夫(L. P. Potapov)著,蔡鸿生译《古突厥于都斤山新证》,载蔡鸿生著《唐代九姓胡与突厥文化》,北京：中华书局,1998 年,第 235—236 页(原载 *Sovetskoye vostokovedeniye*《苏联东方学》1957 年第 1 期)。

耿世民 1980：

耿世民《回鹘文亦都护高昌王世勋碑研究》,《考古学报》1980 年第 4 期,第 517—520 页。

耿世民 2005：

耿世民《古代突厥文碑铭研究》，北京：中央民族大学出版社，2005年。

耿世民、阿不都热西提·亚库甫1999：

耿世民、阿不都热西提·亚库甫《鄂尔浑—叶尼塞碑铭语言研究》，乌鲁木齐：新疆大学出版社，1999年。

宫海峰2009：

宫海峰《蒙元时期的"奄出"及其相关问题》，《西北民族研究》2009年第1期，第42—62页。

哈密顿1982：

哈密顿著，耿升、穆根来译《十世纪突厥语的汉文对音研究》，载氏著《五代回鹘史料》，乌鲁木齐：新疆人民出版社，1982年。

哈密顿1982：

哈密顿著，耿升译《五代回鹘史料》，乌鲁木齐：新疆人民出版社，1982年。

胡振华1992：

胡振华《黠戛斯文献语言特点》，《民族语文》1992年第6期，第40—46页。

华涛2000：

华涛《西域历史研究（八至十世纪）》，上海：上海古籍出版社，2000年。

黄文弼1983：

黄文弼《亦都护高昌王世勋碑复原并校记》，新疆社会科学院考古研究所编《新疆考古三十年》，乌鲁木齐：新疆人民出版社，1983年。

荒川正晴2016：

荒川正晴著，白玉冬译《西突厥汗国的Tarqan达官与粟特人》，载荣新江、罗丰编《粟特人在中国：考古发现与出土文献的新印证》，北京：科学出版社，2016年，第13—23页。

洪勇明 2010：

洪勇明《古代突厥文〈苏吉碑〉新释》,《中央民族大学学报》(哲学社会科学版)2010 年第 1 期，第 122—128 页。

罗依果 2003：

罗依果著,陈得芝译《成吉思汗—合罕称号再释》,《元史及民族史研究集刊》第 16 辑,2003 年,第 276—287 页。

塞诺 1985：

丹尼斯·塞诺著,罗新译,毕波校《"乌迈",一个受到突厥人礼敬的蒙古神灵》,载北京大学历史系民族史教研室译《丹尼斯·塞诺内亚研究文选》,北京：中华书局,2006 年,第 359—366 页。

塞诺 2006：

丹尼斯·塞诺著,北京大学历史系民族史教研室译《丹尼斯·塞诺内亚研究文选》,北京：中华书局,2006 年。

森安孝夫 2015：

森安孝夫著,白玉冬译《漠北回鹘汗国葛啜王子墓志新研究》,《唐研究》第 21 辑,2015 年,第 499—526 页。

王洁 2011：

王洁《黠戛斯文化管窥》,《广播电视大学学报》(哲学社会科学版)2011 年第 4 期,第 90—96 页。

王媛媛 2007：

王媛媛《中古波斯文〈摩尼教赞美诗集〉跋文译注》,《西域文史》第 2 辑,2007 年,第 129—153 页(后收入王媛媛 2012：王媛媛《从波斯到中国：摩尼教在中亚和中国的传播》,北京：中华书局,2012 年)。

姚大力 1991：

姚大力《蒙元时代西域文献中的"因朱"问题》,《南京大学学报(哲学人文社会科学版)》1991 年第 2 期,146—152 页。

张广达 1979：

张广达《碎叶城今地考》,《北京大学学报》(哲学社会科学版)1979年第5期,收入张广达著《文书典籍与西域史地》,桂林:广西师范大学出版社,2008年,第1—22页。

张广达、荣新江1989:

张广达、荣新江《有关西州回鹘的一篇敦煌汉文文献——S.6551讲经文的历史学研究》,《北京大学学报》(哲学社会科学版)1989年第2期,收入张广达著《文书典籍与西域史地》,桂林:广西师范大学出版社,2008年,第153—176页。

(二)日文(以日文假名为序)

大澤孝1992a:

大澤孝《イェニセイ河流域の突厥文字銘文石人について——その作成年代を中心に——》,载《古代文化》第12辑,1992年,第1—17页。

大澤孝1992b:

大澤孝《8世紀初頭のイェニセイ・キルギズ情勢——バルス・ベグの出自と対東突厥征伐計画をめぐって—》,《史朋》第28辑,1992年,第1—24页。

大澤孝2001:

大澤孝《ハカス共和国スレク岩絵の三角冠帽画像についての一解釈——И.Л.クィズラソフ説の紹介とその検討を中心に——》,大阪外国語大学编《中東イスラムアフリカ文化の諸相と言語研究》,大阪:大阪外国語大学,第231—258页。

庄垣内正弘1985:

庄垣内正弘《ウイグル語・ウイグル語文献の研究》(《観音経に相応しい三篇のAvadana及び阿含経について》)第2册,《神戸市外国語大学研究丛书》第15册,1985年。

庄垣内正弘2003:

庄垣内正弘《ロシア所蔵ウイグル文献の研究—ウイグル文字

表記漢文とウイグル語仏典テキスト》，京都大学大学院文学研究科编《ユーラシア古文献研究叢書》第1辑，2003年。

庄垣内正弘2008：

庄垣内正弘《ウイグル文アビダルマ論書の文獻學的研究》，东京：宋香堂，2008年。

白玉冬2011：

白玉冬《10世紀から11世紀における九姓タタル国》，《東洋学報》第93卷第1号，2011年，第1—27页。

前田直典1948：

前田直典《十世纪時代の九族達靼——蒙古人の蒙古地方の成立——》，《東洋学報》第32卷第1号，1948年；收入氏著《元朝史の研究》，东京：东京大学出版会，1973年，第233—263页。

枡本哲2001：

枡本哲《エニセイ川上流発見のルーン文字石碑に刻まれた漢字について》，載尼崎博正编《史迹と美術》第71卷第2号，京都：史迹美術同攷会，2001年，第43、46—60页。

村上正二1976：

村上正二《モンゴル秘史——チンギス・カン物語》第3册，东京：平凡社，1976年。

護雅夫1962a：

護雅夫《イェニセイ碑文に见えるqu(o?)y，öz両語について》，《東洋学報》第45卷第1号，1962年；收入氏著《古代トルコ民族史研究》第1卷，东京：山川出版社，1967年，第515-554页。

護雅夫1962b：

護雅夫《古代チュルクの社会に関する覚書—〈イェニセイ碑文〉を中心に—》，载石母田正等编《古代史讲座》第6卷，东京：学生社，1962年；后改名《古代チュルクの社会構造》，收入氏著《古代トルコ民族史研究》第1册，第94—160页。

護雅夫 1986：

護雅夫《イェニセイ銘文に見える“säkiz adaqlïγ barïm”について》,《日本大学人文科学研究所研究纪要》第 32 期,1986 年;收入氏著《古代トルコ民族史》第 2 卷,东京：山川出版社,1992 年,第 441—493 页。

護雅夫 1987：

護雅夫《アルトゥン＝キョル第二銘文考釈》,《東方学会創立 40 周年記念東方学論集》,东京：东方学会,1987 年;收入氏著《古代トルコ民族史研究》第 2 卷,东京：山川出版社,第 517—533 页。

護雅夫 1975：

護雅夫《スージ碑文の一解釈——最初の三行について》,《榎博士還暦記念東洋史論叢》,东京：山川出版社,1975 年;收入氏著《古代トルコ民族史研究》第 2 卷,东京：山川出版社,1992 年,第 158—176 页。

森安孝夫 1979：

森安孝夫《増補：ウイグルと土蕃の北庭争奪戦及びその後の西域情勢について》,载流沙海西奨学会编《アジア文化史論叢 3》,东京：山川出版社,1979 年;收入氏著《东西ウイグルと中央ユーラシア》,名古屋：名古屋大学出版会,2015 年,第 230—274 页。

森安孝夫 1991：

森安孝夫《ウイグル＝マニ教史の研究》,京都：朋友书店,1991 年。

森安孝夫 2015：

森安孝夫《ウイグル＝マニ教史関係史料集成》,《平成 26 年度近畿大学国際人文科学研究所紀要》,第 1—137 页。

森安孝夫、敖其尔 1999：

森安孝夫、敖其尔《モンゴル国現存遺跡・碑文調査研究報告》,丰中：中央ユーラシア学研究会,1999 年。

山口瑞鳳 1985：

山口瑞鳳《吐蕃支配期以後の諸文書》，山口瑞鳳编《講座敦煌 6 敦煌胡語文獻》，东京：大东出版社，1985 年，第 511—521 页。

（三）西文（以英文字母为序）

Aalto 1991：

P. Aalto, "Old Turkic Epigraphic Materials, Gathered by J. G. Granö." *Journal de la Société Fino-Ougrienn*, vol. 83, 1991, pp. 7-78.

Aalto and Tryjarsky 1971：

P. Aalto and E. Tryjarsky, "A Runic Tombstone Inscription Presumably from Minusinsk." Rocznik Orientalistyczny, vol. 24, no. 1, 1991, pp. 35-38.

Alımov 2014：

R. Alımov, *Tanrı Dağı Yazıtları: Eski Türk Runik Yazıtları Üzerine Bir İnceleme*, Konya, 2014.

Amanzholov 1981：

A. S. Amanzholov, *Tyurkskaya runiçeskaya grafika II*, Naglyadnıy material. Metodiçeskaya razrabotka, Alma-Ata, 1981.

Amanzholov 2003：

A. S. Amanzholov, *Istoriya i teoriya drevnetyurkskogo pis'ma*, Almaty: Mektep, 2003.

Aydın 2011：

E. Aydın, "Remarks on the QATUN in the Yenisei Inscriptions." *Acta Orientalia Academiae Scientiarum Hungaricae*, vol. 64, no.3, 2011, pp. 251-256.

Aydın 2013：

E. Aydin, R. Alimov and F. Yıldırım, *Yenisey-Kırgızistan*

Yazıtları ve Irk Bitig, Ankara, 2013.

Batmanov 1959:

I. A. Batmanov 1959, *Yazık Yeniseyskih pamyatnikov drevnetyurkskoy pis 'mennosti*, Frunze, 1959.

Batmanov and Kunaa 1963a:

I. A. Batmanov and A. ç. Kunaa, *Pamyatniki drevnetyurkskoy pis 'mennosti Tuvi*, vol. 1, Kizil, 1963.

Batmanov and Kunaa 1963b:

I. A. Batmanov and A. ç. Kunaa, *Pamyatniki drevnetyurkskoy pis 'mennosti Tuvı*, vol. 2, Kızıl, 1963.

Bazin 1989:

L. Bazin, "L'inscription kirghize de SUǰ I." *Documents et archives provenant de l'Asie Centrale. Actes du Colloque Franco-Japonais*, Kyoto, 1990, pp. 135-146.

Bazin 1993:

L. Bazin, "Quelques remarques d'Epigraphie Turque ancienne." *Türk Dilleri Araştırmaları*, vol. 3, 1993, pp. 33-41.

Bernshtam 1946:

A. N. Bernshtam, *Sotsialno-ekonomicheskiy stroy Orkhono-Eniseyskikh Tyurok VI-VIII vekov*, St. Petersburg, 1946.

Erdal 2002:

M. Erdal, Anmerkungen zu den Jenissei-Inschriften. M. Ölmez and S. Ch. Raschmann eds., Splitter aus der Gegend von Turfan, İstanbul, Berlin, 2002, pp. 51-73.

Hamilton 1986:

J. Hamilton, *Manuscrits Ouïgours du IXe-Xe siècle de Touen-Houang, Textes Établis, Traduits*, Paris, 1986.

Kara and Zieme 1976:

G. Kara and P. Zieme, *Fragmente tantrischer Werke in uigurischer Übersetzung*, *Berliner Turfantexte*, vol. 7, Berlin, 1976.

Klyashtorny 1959：

S. G. Klyashtorny, "Istoriko-kul'turnoe znacheniye sudzhinskoy nadpisi." *Problemy Vostokovedeniya*, 1959, vol. 5, pp. 162-165.

Klyashtorny 1976：

S. G. Klyashtorny, "Stely zolotogo ozera." Turcologica: K semidesyatiletiyu akademika A. N. Kononova, Leningrad, 1976, pp. 258-267.

Klyashtorny 1992：

S. G. Klyashtorny, "Das Reich der Tataren in der Zeit vor Ćinggis Khan." *Central Asiatic Journal*, vol. 36, 1992, pp. 72-83.

Klyashtorny 1987：

S. G. Klyashtorny, "Drevyataya nadpis's Ujbata." *Sovetskaya Tyurkologiya*, 1987, vol. 1, pp. 33-36.

Kormushin 1997：

I. V. Kormushin, *Tyurkskie Enisejskie epitafii: teksty i issledovaniya*, Moskva, 1997.

Kormushin 2008：

I. V. Kormushin, *Tyurkskie Enisejskie epitafii grammatika*, *tekstologiya*, Moskva Nauka, 2008.

Kyzlasov 1987：

I. L. Kyzlasov, "Zemledelcheskoye jertvoprinosheniye drevne Xakasskoy obshchiny." *Sovetskaya Tyurkologiya*, 1987, vol. 1, pp. 21-22.

Kyzlasov 1994：

I. L. Kyzlasov, *Runicheskie pis'mennosti evrazijskih stepej*,

Moskva: Rossijskaya Akademiya Nauk, Institut Arheologii, 1994.

Kyzlasov 1998:

I. L. Kyzylasov, "Materialy k ranney istorii tyurkov Ⅲ, Rossijskaya arheologiya." 1998, no. 2, pp. 70 – 74.

Kyzlasov 1960:

L. R. Kyzlasov, "Novaya datirovka pamyatnikov Enisejskoj pis'mennosti." Covetskaya Arheologiya 1960, no. 3 , pp. 93 – 120.

Kyzlasov 1964:

L. R. Kyzylasov, "O naznachenii drevnetyurskih kamennyh izvayanij, izobrazhayushchih lyudej." Covetskaya Arheologiya 1964, no. 2, pp. 27 – 39.

Kyzlasov 1965:

L. R. Kyzlasov, "Novıy pamyatnik Yeniseyskoy pis'mennosti." *Covetskaya Arheologiya* 1965, no. 2, pp. 104 – 113.

Kyzlasov 1969:

L. R. Kyzlasov, *Istoriya Tuvı sredniye veka*. Moskva, 1969.

Malov 1936:

S. Ye. Malov, "Noviye pamyatniki s Turetskimi runami." *Yazik i Myshlenie*, vol. 6, no. 7, 1936, pp. 251 – 279.

Malov 1952:

S. Ye. Malov, *Enisejskaya pis'mennost' tyurkov: teksty iperevody*, Moskva: Izd-vo Akademii Nauk SSSR, 1952.

Malov 1959:

S. Ye. Malov, *Pamyatniki drevnetyurkskoj pis'mennosti Mongolii i Kirgizii*. Moskva-Lenigrad: Izdatel'stvo Akademii nauk SSSR, 1959.

Martinez 1982:

A. P. Martinez, "Gardīzī's Two Chapters on the Turks."

Archinum Eurasiae Medii Aevi, vol. 2,1982, 109 - 217.

Müller 1912：

F. W. K. Müller, "Ein Doppelblatt aus einem manichäischen Hymnenbuch（*Mahrnāmag*）." *Abhandlungen der Preussischen Akademie der Wissenschaften*, 1912 - 5, 40 p. +2 pls.（Repr.: *Sprachwissenschaftliche Ergebnisse der deutschen Turfan-Forschung*, vol. 3, Leipzig 1985）

Nasilov 1963：

D. M. Nasilov, "O nekotorih pamyatnikah Minusinskogo muzeya." *Narody Azii i Afriki*, no. 6, 1963, pp. 124 - 129.

Orkun 1936：

H. N. Orkun, *Eski Türk Yazıtları*. vol. 1, Istanbul, 1936.

Orkun 1940：

H. N. Orkun, *Eski Türk Yazıtları*, vol. 3, Istanbul, 1940.

Rachewiltz 1989：

Igor de Rachewiltz, " The Title Cinggis Qan / Qagan Re-examined." in W. Heissig & K. Sagaster eds., *Gedanke und Wirkung, Festschrift zum 90. Geburtstag von Nikolaus Poppe*, Wiesbaden, 1989, pp. 281 - 298.

Radloff 1894：

W. Radloff, *Die alttürkischen Inschriften der Mongolei*, vol. 1, St. Petersburg, 1894.

Radloff 1895：

W. Radloff, *Die alttürkischen Inschriften der Mongolei*, vol. 2, St. Petersburg, 1895.

Ramstedt 1913：

G. J. Ramstedt, "Zwei Uigurische Runenin Schriften in der Nord-Mongolei." *Journal de la Société Finno-Ougrienne*, vol. 30, no.3, 1913, 63 p+3 pls.

Rásonyi and Baski 2007:

L. Rásonyi, I. Baski, *Onomasticon Turcicum*, *Turkic Personal Names*, Bloomington, 2007.

Recebov and Memmedov 1993:

E. Recebov and Y. Memmedov, *Orhon-Yenisey Abideleri*, Bakı, 1993.

Sinor 1985:

D. Sinor, "'Umay', A Mongol spirit honored by the Türks." *Proceedings of International Conference on China Border Area Studies*. Natipnal Chengchi University, April 22 - 29, 1984, Taipei, 1985, pp. 1771 - 1781.

Stebleva 1965:

I. V. Stebleva, *Poeziya Tyurkov* Ⅵ - Ⅷ. *vekov*, Moskva, 1965.

Şçerbak 1964a:

A. M. Şçerbak, "L'inscription runique d'Oust-Elégueste (Touva)." *Ural-Altaische Jahrbücher*, vol. 35, 1963, pp. 145 - 149.

Şçerbak 1964b:

"Pamyatniki runiçeskogo pis'ma Yeniseyskih Tyurok." *Narodi Azii i Afrikii*, 1964, no. 4, pp. 140 - 151.

Tekin 1968:

T. Tekin, *A Grammar of Orkhon Turkic*, Bloomington: Indiana University, 1968.

Tekin 1997:

T. Tekin, "The first Altınköl Inscription." *Turkic Languages*, vol. 1, no.2, 1997, pp. 210 - 226.

Tekin 1998:

T. Tekin, "The Second Altınköl Inscription." *Türk Dilleri*

Araştırmaları, vol. 8, 1998, pp. 5 - 14.

Tekin 1999:

T. Tekin, "Hemçik-Çırgakı Yazıtı." *Türk Dilleri Araştırmaları*, vol. 9, 1998, pp. 5 - 15.

Tekin 2000a:

T. Tekin, *Orhon Türkçesi Grameri*. Anakara, 2000.

Thomsen 1916:

V. Thomsen, "Turcica. Mémoires de *la Société Fino-Ougrenne*." vol. 37, pp. 1 - 108. rep. *Türkçesi: Orhon Yazıtları Araştırmalar*, Ankara, 2002, pp. 315 - 425.

Vasilyev 1983:

D. D. Vasilyev, *Korpus Tyurkskikh runicheskikh pamyatnikov basseyna Eniseya*, Leningrad, 1983.

Vasilyev 1991:

D. D. Vasilyev, "New Finds of Old Turkic Inscriptions in Southern Siberia." in G. Seaman / D. Marks eds., *Rulers from the Steppe: State Formation on the Eurasian Periphery*, Los Angeles, 1991, pp. 116 - 125.

Wilkens 2009:

J. Wilkens, "Ein Bildnis der Göttin Ötükän."张定京、阿不都热西提·亚库甫编《突厥语文学研究——耿世民教授八十华诞纪念文集》,北京：中央民族大学出版社,2009年,第449—461页。

Williams and Hamilton 1990:

N. Sims-Williams and J. Hamilton 1990, *Documents Turco-Sogdiens du IXe-Xe Siècle de Touen-Houang*, (*Corpus Inscriptionum Iranicarum*, Part. 2: *Inscriptions of the Seleucid and Parthian Periods and of Eastern Iran and Central Asia*, vol. 3: Sogdian), London, 1990.

Zieme 1975：

P. Zieme, *Manichäisch-türkische Texte: Texte, Übersetzung, Anmerkungen*, *Berliner Turfantexte*, vol. 5, Berlin, 1975.

缩略语

CTD：

Dankoff and J. Kelly, eds. and trs., *Compendium of the Turkic Dialects, by Maḥmūd al Kāšγārī*, Cambridge: Harvard University Printing Office, 1982－1985, 3vols.

ED：

G. Clauson, *An Etymological Dictionary of Pre-Thirteenth Century Turkish*, Oxford: Clarendon Press, 1972.

《突厥语大词典》：

麻赫穆德·喀什噶里著，校仲彝等译《突厥语大词典》第1卷，北京：民族出版社，2002年。

后　记

自魏晋南北朝时期以来，操用古代突厥语的部族集团于中国历史是个重要的存在。对治北方民族史和西北史地的学者来说，中国历史上的这些部族民族以自己的语言，以自己的文字（这里主要指鲁尼文和回鹘文）书写的碑刻题记、出土文献等，绝对是个不可忽略的存在。原因在于以其他语言书写的文献绝大多数属于“他者”的记录，而古代突厥语文献是代表他们内心思想的第一载体。如果我们能够深刻理解到时人对自身所持有的思想文化，所体验到的社会经历等的感受，那么我们就可以进一步加深对他们历史的了解，在历史研究中掌握学术主动权。

叶尼塞河流域是古代鲁尼文碑铭的重点分布地区之一，碑铭数量较多。叶尼塞碑铭记录了黠戛斯汗国的社会发展、政治制度、对外交流、宗教信仰和经济生活等，无论是在语言学还是在历史学、文化人类学等方面，均具有重要的学术研究价值。自 19 世纪末以来，俄罗斯、土耳其、德国、法国、日本等国学者均投入其研究中。相比国外，我们中国学者在这一领域起步较晚，长时间没有一部完整的释读著作，这一空白亟待填补。《牢山剑水：鲁尼文叶尼塞碑铭译注》是笔者在前人研究基础上，直接根据铭文，去伪存真，字斟句酌，给出的中国第一部叶尼塞碑铭释读本，以为引玉之砖。

叶尼塞碑铭物理形态欠佳，其中出现大量的异体字和同音字，且早年拉德洛夫据修改过的拓片研读的影响至今仍存在。上述现状，要求我们的相关研究必须从图版和原字逐一识读。最后的威巴特第九碑除外，笔者的黑白图版均取自 Vasilyev 1983，彩色图版均取自哈萨克斯坦文化信息部网站“TYPIK БITIK”（http：//bitig. org/）。此外，中国人民大学李肖教授为笔者提供了阿巴坎博物馆、米努辛斯克地方志博物馆和图瓦博物馆公开的馆藏部分文物照片。E3 的彩色图版即采用了李肖教授提供的图版。值得一提的是，2019 年冬，俄罗斯科学院新西伯利亚分院嘉娜教授邀请笔者一行前往图瓦和哈卡斯，进行科研考察并采集叶尼塞碑铭图版。遗憾的是，受新冠肺炎疫情影响，寒假期间的俄罗斯之行未能成功。还有，自 2020 年 3 月 1 日起，从国内无法再访问“TYPIK БITIK”网站（http：//bitig. org/）。上述情况给笔者的研究带来不小困难。多方努力下，笔者依据此前入手的黑白图版和彩色图版完成了全部碑铭的解读。

本书原是国家社科基金项目研究报告文集，成果鉴定为良好。共有 5 位专家参与该项目研究成果的评审工作，均非常客观公正地进行了评审，既有肯定，又指出不足。成书过程中，对上述专家提出的建议进行了回应与反馈。兰州大学敦煌学研究所所长郑炳林教授专为本书撰写书序，中国人民大学李肖教授和兰州大学张丽香教授为碑铭的释读提供了帮助，兰州大学俄罗斯籍留学生奥莉娅（OLGA PRONKINA）协助笔者检查了俄语文献。此外，北京大学人文社会科学研究院为我提供了优越的办公条件和周到的服务，使我在任邀访学者期间（2021 年 3—6 月）能够安心修改本书稿。在此一并谨致谢意。

白玉冬

2021 年 6 月 28 日

图书在版编目(CIP)数据

牢山剑水：鲁尼文叶尼塞碑铭译注 /白玉冬著. —
上海：上海古籍出版社，2021.11
(丝绸之路历史语言研究丛刊)
ISBN 978-7-5732-0038-9

Ⅰ.①牢… Ⅱ.①白… Ⅲ.①突厥—碑文—研究
Ⅳ.①K289

中国版本图书馆 CIP 数据核字(2021)第 137599 号

封面插图：庞　磊
责任编辑：曾晓红
封面设计：黄　琛
技术编辑：耿莹祎

丝绸之路历史语言研究丛刊
牢山剑水：鲁尼文叶尼塞碑铭译注
白玉冬　著
上海古籍出版社出版发行
(上海市闵行区号景路 159 弄 1-5 号 A 座 5F　邮政编码 201101)
(1) 网址：www.guji.com.cn
(2) E-mail：guji1@guji.com.cn
(3) 易文网网址：www.ewen.co
常熟市人民印刷有限公司印刷
开本 635×965　1/16　印张 13.5　插页 33　字数 176,000
2021 年 11 月第 1 版　2021 年 11 月第 1 次印刷
ISBN 978-7-5732-0038-9
K·3032　定价：128.00 元
如有质量问题，请与承印公司联系